2614

Kohlhammer
Urban-
Taschenbücher

Band 162

Walter Weiss
Josef Donnenberg
Adolf Haslinger
Karlheinz Rossbacher

Gegenwartsliteratur

Zugänge zu ihrem Verständnis

Verlag W. Kohlhammer
Stuttgart Berlin Köln Mainz

Alle Rechte vorbehalten
© 1973 Verlag W. Kohlhammer GmbH
Stuttgart Berlin Köln Mainz
Verlagsort: Stuttgart
Umschlag: hace
Gesamtherstellung: W. Kohlhammer GmbH
Grafischer Großbetrieb Stuttgart
Printed in Germany
ISBN 3-17-001174-X

Inhalt

Vorwort

Dieses Buch ist als Sendereihe für den Österreichischen Rundfunk entstanden; seine Kapitel entsprechen Sendeeinheiten. Der Verzicht auf räumliche Breite, bis hin zur Abbreviatur, hängt also mit den Entstehungsbedingungen zusammen. Ob dies ein Geburtsfehler oder allenfalls ein Vorzug ist, werden die Leser entscheiden. Die Verfasser arbeiten in einem Institut zusammen und haben sich um Teamwork bemüht.

In unserer Gegenwart stehen sehr verschiedene bis unvereinbare Arten und Auffassungen von Literatur nebeneinander. Dieser Einführung geht es nun nicht darum, sie alle in einem Totalbild zu versammeln. Sie wählt vielmehr bewußt aus, mit dem Blick auf die sehr große Gruppe von Lesern, deren Leseerfahrungen und mehr noch deren Auffassungen von Literatur – zumeist lehrplanbedingt – stärker durch die deutsche Klassik und den bürgerlichen Realismus des 19. Jahrhunderts als durch die Literatur des 20. Jahrhunderts und ihre besonderen Strukturen geprägt sind. Sie sind so für die Begegnung mit der Gegenwartsliteratur nur sehr begrenzt vorbereitet. Sie interessieren sich für sie, aber sie haben große Schwierigkeiten mit ihr, so daß sie immer wieder versucht sind, den Umgang mit ihr abzubrechen oder ihn doch auf solche Autoren und Werke zu beschränken, die ihren mitgebrachten Voraussetzungen zumindest einigermaßen entsprechen.

Hier soll nun versucht werden, Schwierigkeiten mit der Gegenwartsliteratur insofern abzubauen, als sie durch nicht angemessene Vorerwartungen und Deutungsschemata bedingt sind. Daraus ergibt sich, daß Strukturen und Prinzipien den Vorrang vor einer möglichst großen Menge von Einzelinformationen haben.

Das erste Kapitel bringt als Einführung einen Grobvergleich zwischen Dichtung im herkömmlichen, vertrauten klassisch-realistischen Sinn und Gegenwartsliteratur in ihren davon abweichenden, unvertrauten Zügen. Das zweite Kapitel geht knapp auf geschichtliche, gesellschaftlich-kulturelle Voraussetzungen und Zusammenhänge ein. Das dritte, vierte und fünfte Kapitel beschäftigen sich mit den heutigen besonderen Verfahrensweisen bzw. Techniken im Gedicht, im Drama und in der erzählenden Prosa. Das sechste und siebte Kapitel sind den in der Gegenwartsliteratur neu bzw. bevorzugt hervortretenden und für sie daher charakteristischen Gattungen gewidmet, etwa dem Hörspiel, dem Fernsehspiel, der Kurzgeschichte, der Reportage, dem Protokoll. Das achte und das neunte Kapitel wenden sich der Literatur der Texte und der mit ihr gegebenen Problematisierung der herkömmlichen Gattungen zu, einer ebenso repräsentativen wie für das herkömmliche Literaturverständnis schwer zugänglichen Erscheinung der Gegenwartsliteratur. Das zehnte und das elfte Kapitel behandeln den auffallend engen Zusammenhang zwischen Gegenwartsliteratur und politisch-gesellschaftlichem Engagement. Dieser erstreckt sich auf Inhalte wie auf Formen und schließlich auf die Konzeption der Literatur im ganzen. Das zwölfte Kapitel skizziert die heute führenden Literaturtheorien und fragt nach den spezifischen Zugängen, die sie zur Gegenwartsliteratur eröffnen können, nach den Entsprechungen, die zwischen diesen Literaturtheorien und den besonderen Strukturen der Gegenwartsliteratur zu erkennen sind. Dabei sollen zugleich Anregungen und Literaturhinweise für eine weiterführende Auseinandersetzung mit dem hier Gebotenen gegeben werden.

All dies soll und darf freilich nicht einfach auf ein Glätten, Harmonisieren, Stimmigmachen und Neutralisieren hinauslaufen. Stellt doch der Bruch mit der glatten, eingefahrenen Kommunikation eines der wenigen übergreifenden Merkmale der so widersprüchlich-vielfältigen Gegenwartsliteratur dar. Häufig verwendete Leitwörter bzw. Schlagwörter wie Innovation (Neuerung), Verfremdung (Aufhebung der Vertrautheit), Veränderung, Emanzipation (Loslösung von herrschenden Gewohnheiten bzw. gewohnten Herrschaftsstrukturen) weisen darauf hin.

Von den Lesern dieses Buches muß also, bei aller gebotenen und geübten Rücksicht auf ihre mitgebrachten Voraussetzungen, Bereitschaft zur Offenheit gegenüber dem noch oder grundsätzlich Unvertrauten, zum mehr als bloß passiven Eingehen darauf und womöglich auch zum grundsätzlichen Umdenken gefordert werden.

Salzburg, im Frühjahr 1973   Walter Weiss

1. Gegenwartsliteratur und Literatur im überkommenen (klassisch-realistischen) Sinn

Der ersten Annäherung soll ein Grobvergleich zwischen vertrauter Literatur und unvertrauter Gegenwartsliteratur an Beispielen dienen. Dabei wird ein Verfahren angewendet, das auf die Herkunft des Buches aus einer Sendereihe zurückverweist: Im Gegensatz zur nachträglichen Analyse vorher dargebotener Texte werden hier zuerst vorbereitende Hinweise gegeben. Sie lenken die Aufmerksamkeit auf bestimmte Züge in den darauffolgenden Texten. Nur in wenigen Fällen wird eine »Nachbereitung« gegeben: Die Beispiele der Konfrontation sind thematisch-motivisch verwandt, um den Vergleich zu erleichtern.

Die erste Strophe des berühmten ›Abendlieds‹ von Matthias Claudius entwirft ein sprachliches Abbild abendlicher Natur im Sinne der aristotelischen »Nachahmung« (Mimesis).[1] Dieses Naturbild verwandelt sich in ein Sinnbild (Symbol), indem es fortschreitend auf die ganze, die äußere wie die innere, Welt des sprechenden und des angesprochenen Menschen und auf Gott, als seinen Schöpfer, Erhalter und Erlöser, bezogen wird. Die Symbolsprache deutet sich bereits am Ende der ersten Strophe an: Das auch syntaktisch hervorgehobene letzte Wort »wunderbar« öffnet das Naturbild hin zu Gott und zur Seele des Menschen. Die (sprachliche) Verwandlung der Welt in eine »stille Kammer« (zweite Strophe) führt die integrierende Bewegung weiter, die sich in der Hinwendung zu Gott, dem Vater der Menschen und dem Quell alles Lebens, vollendet (fünfte Strophe).

Matthias Claudius: Abendlied [2]

Der Mond ist aufgegangen,
Die goldnen Sternlein prangen
  Am Himmel hell und klar.
Der Wald steht schwarz und schweiget,
Und aus den Wiesen steiget
  Der weiße Nebel wunderbar.

Wie ist die Welt so stille
Und in der Dämmrung Hülle
  So traulich und so hold,
Als eine stille Kammer,

Wo ihr des Tages Jammer
   Verschlafen und vergessen sollt.

. . .

Gott, laß uns dein Heil schauen,
Auf nichts Vergänglichs trauen,
   Nicht Eitelkeit uns freun!
Laß uns einfältig werden
Und vor dir hier auf Erden
   Wie Kinder fromm und fröhlich sein!

. . .

Im Vergleich zu dem »stillen« Gedicht von Claudius nun das titel-
verwandte ›alles ruht‹ von Eugen Gomringer. Er ist einer der Weg-
bereiter der sogenannten Konkreten Poesie, auf welche die Kapitel
über die Literatur der Texte genauer eingehen werden. Gomringers
Gedicht steht im Zeichen der Reduktion und der Kombination. Es
baut sich auf aus zwei Sätzen, mit sehr allgemeinen Aussagen über
gegensätzliche Verhaltensweisen: »ruht« – »bewegt sich«, und
Dingkategorien: »alles« – »einzelnes«. Sie erfahren eine systematische, eher wissenschaftlich als poetisch anmutende Wort- und Satz-
umstellung, ohne daß es zu einer Veränderung im ganzen kommt.
Das Verfahren und die Aussage des Gedichts entsprechen einander:
Einzelnes bewegt sich, während alles unverändert bleibt. Die Wörter und Sätze, d. h. die Elemente des Gedichts, weisen kaum über
sich hinaus auf Gegenstände und Sachverhalte, wie zum Beispiel im
›Abendlied‹ von Claudius, sondern beziehen sich gleichsam auf sich
zurück. Sprache verselbständigt sich, kreist in sich, entledigt sich
weitgehend der Funktion, für etwas anderes außerhalb ihrer selbst
zu stehen, wird als eigenständiges, dingliches, »konkretes« Material
behandelt, dessen angelegte Möglichkeiten systematisch erprobend
herausgeholt werden.

Eugen Gomringer: alles ruht [3]

alles ruht
einzelnes bewegt sich

bewegt sich einzelnes
alles ruht

ruht alles
einzelnes bewegt sich

bewegt sich einzelnes
ruht alles

alles ruht
einzelnes bewegt sich

Nach den »Naturgedichten« (mit und ohne Anführungszeichen) nun zwei Gedichte der Beziehung zwischen zwei Menschen, einem sprechenden Ich und einem angesprochenen Du: Goethes ›Maifest‹ und Paul Celans ›Sprachgitter‹.

Im ›Maifest‹ greift die personale Liebesbeziehung aus auf die ganze umgebende Natur. Innerer Vorgang und Naturgeschehen; Gefühltes, Erlebtes und Gesehenes; geistige Schöpfung und Naturproduktion verschmelzen untrennbar miteinander: aufbrechende Liebe und aufbrechende Blüten, der Gesang der Lerche und der Gesang des Menschen. All das mündet am Ende in das Lied des Dichters, in das es doch schon von Anfang an eingegangen, aus dem es hervorgegangen ist, und in die Gewißheit der erwiderten Liebe, welche dieses Lied und seine alles verbindende Sprache prägt.

Johann Wolfgang von Goethe: Maifest [4]

Wie herrlich leuchtet
Mir die Natur!
Wie glänzt die Sonne!
Wie lacht die Flur!

Es dringen Blüten
aus jedem Zweig
Und tausend Stimmen
Aus dem Gesträuch

Und Freud und Wonne
Aus jeder Brust.
O Erd', o Sonne,
O Glück, o Lust,

O Lieb', o Liebe,
So golden schön
Wie Morgenwolken
Auf jenen Höhn,

. . .

So liebt die Lerche
Gesang und Luft,
Und Morgenblumen
Den Himmelsduft,

Wie ich dich liebe
Mit warmem Blut,
Die du mir Jugend
Und Freud' und Mut

Zu neuen Liedern
Und Tänzen gibst.

. . .

Ganz anders Celans ›Sprachgitter‹: Die Sätze ziehen sich da gleichsam zusammen und lassen Lücken dazwischen aufklaffen. Es ent-

11

steht der Eindruck einer diskontinuierlichen, traumartigen Assoziationsabfolge, in der fremdartige, rätselhafte Bilder (Chiffren) vorherrschen. Der Sprechende, seine Assoziationen und Bilder, seine Sprachbewegung entziehen sich weitgehend dem einfühlenden Nachvollzug, der im ›Maifest‹ so leicht gelingt. Die Sprache des Celan-Gedichts wirkt, in Übereinstimmung mit dem Chiffren-Titel, abweisend, esoterisch, privat, nicht öffentlich. Die schmerzliche Problematik, das Scheitern der Kommunikation zwischen dem Ich und dem Du, wovon es spricht, erstreckt sich also auch auf das Verhältnis des Gedichts zum Aufnehmenden. Im Gegensatz zur universalen Integrationsgebärde des Goetheschen Mailiedes herrscht hier Desintegration vor.

Paul Celan: Sprachgitter [5]

Augenrund zwischen den Stäben.

Flimmertier Lid
rudert nach oben,
gibt einen Blick frei.

Iris, Schwimmerin, traumlos und trüb:
der Himmel, herzgrau, muß nah sein.

Schräg, in der eisernen Tülle,
der blakende Span.
Am Lichtsinn
errätst du die Seele.

(Wär ich wie du. Wärst du wie ich.
Standen wir nicht
unter e i n e m Passat?
Wir sind Fremde.)

Die Fliesen. Darauf,
dicht beieinander, die beiden
herzgrauen Lachen:
zwei
Mundvoll Schweigen.

Schillers ›Lied von der Glocke‹ und der Song ›Kleinstadtsonntag‹ des Ostberliner Bänkelsängers Wolfgang Biermann erlauben einen Vergleich der gesellschaftlichen Perspektiven.

Im ›Lied von der Glocke‹ erscheint der Bürger als der typische Mensch, seine Lebensordnung als Norm, als gesunde Mitte. Dem entspricht die typisierende, stilisierte Sprache. Sie folgt dem klassischen Anspruch von Goethes berühmtem Aufsatz ›Über einfache Nachahmung der Natur, Manier, Stil‹. Dieser Stil ist gleich weit entfernt von objektivistischer einfacher Nachahmung wie von subjektivistischer Manier. Die Darstellung des Bürgerlebens ist Abbild und Hochbild bzw. Vorbild zugleich.

Friedrich Schiller: Das Lied von der Glocke [6]

Heil'ge Ordnung, segenreiche
Himmelstochter, die das Gleiche
Frei und leicht und freudig bindet,
Die der Städte Bau gegründet,
die herein von den Gefilden
Rief den ungesell'gen Wilden,
Eintrat in der Menschen Hütten,
Sie gewöhnt zu sanften Sitten
Und das teuerste der Bande
Wob, den Trieb zum Vaterlande!

Tausend fleiß'ge Hände regen,
Helfen sich in munterm Bund,
Und in feurigem Bewegen
Werden alle Kräfte kund.
Meister rührt sich und Geselle
In der Freiheit heil'gem Schutz,
Jeder freut sich seiner Stelle,
Bietet dem Verächter Trutz.
Arbeit ist des Bürgers Zierde,
Segen ist der Mühe Preis;

. . .

Ganz anders ›Kleinstadtsonntag‹. Der Bürger tritt da als Spießer auf. Doch erscheint er so nicht aus der Perspektive genialer Philisterverachtung, wie einst bei den Stürmern und Drängern und bei den Romantikern, sondern im Sinne heutiger Gesellschaftskritik als Manipulierter, der dem programmierten Teufelskreis von entleerender Arbeit und leerer Entspannung ausgeliefert ist. Die Sprache des Gedichts bietet eine kritische Wiederholung (Reproduktion) der Alltagssprache des manipulierten Bürgers. Ihre Reduktionen und Wiederholungen dienen nicht der Innovation, wie bei Celan oder auch bei Gomringer, sondern dem Ausdruck des Verlusts an Mitteilungswert; heute spricht man in diesem Zusammenhang mit einem Begriffsnamen aus der Informationstheorie von »Redundanz«. Andeutungen, fragmentarische Zitate genügen; alles übrige kann ergänzt werden, weil es ebenso Klischee ist wie die Arbeit, das Vergnügen, das ganze Leben dieser Bürger. Klischierte Sprachform und klischierte Lebensform entsprechen einander.

Wolf Biermann: Kleinstadtsonntag [7]

Gehn wir mal hin?
Ja, wir gehn mal hin.
Ist hier was los?
Nein, es ist nichts los.
Herr Ober, ein Bier!
Leer ist es hier.

Der Sommer ist kalt.
Man wird auch alt.
Bei Rose gabs Kalb.
Jetzt isses schon halb.
Jetzt gehn wir mal hin.
Ist er schon drin?
Er ist schon drin.
Gehn wir mal rein?
Na gehn wir mal rein.
Siehst du heut fern?
Ja, ich sehe heut fern.
Spielen sie was?
Ja, sie spielen was.
Hast du noch Geld?
Ja, ich habe noch Geld.
Trinken wir ein'?
Ja, einen klein'.
Gehn wir mal hin?
Ja, gehn wir mal hin.
Siehst du heut fern?
     Ja ich sehe heut fern.

Auch die vertraute Literatur des bürgerlichen Realismus kennt den bedrängten Bürger, der übermächtigen Zwängen ausgesetzt ist. Besonders bekannt ist in diesem Zusammenhang Hebbels ›Maria Magdalene‹. Doch obwohl Klara, die Heldin dieses »bürgerlichen Trauerspiels«, von gesellschaftlichen Zwängen in eine ausweglose Situation getrieben wird, behält sie doch noch einen entscheidenden Rest von Entscheidungsfreiheit, und sei es auch nur die Freiheit zum Selbstmord. Dem entspricht die Fähigkeit zur Reflexion, zum Urteil und zur gedanklichen wie zur handelnden Schlußfolgerung, die sie sich bis zum Letzten bewahrt. Mit anderen Worten: die Persönlichkeit, die Individualität, das Ich sind zwar gefährdet, aber nicht aufgehoben.

Friedrich Hebbel: Maria Magdalene [8]

Leonhard.
. . . Wer die Aussteuer seiner Tochter wegschenkt, der muß sich nicht wundern, daß sie sitzen bleibt. . . . Was auch daraus entsteht, er hat's zu verantworten, das ist klar! . . .
Klara.
Ich danke dir, wie ich einer Schlange danken würde, die mich umknotet hätte und mich von selbst wieder ließe und fortspränge, weil eine andere Beute sie lockte. Ich weiß, daß ich gebissen bin, ich weiß, daß sie mich nur läßt, weil es ihr nicht der Mühe wert scheint, mir das bißchen Mark aus den Gebeinen zu saugen, aber ich danke ihr doch, denn nun hab' ich einen ruhigen Tod. . . . Nur eins noch: mein Vater weiß von nichts, er ahnt nichts, und damit er nie etwas erfährt, geh' ich heute aus der Welt! . . .
Leonhard.

14

Es kommen Fälle vor! Was soll man tun? Klara!
Klara.
Fort von hier! Der Mensch kann sprechen!

. . .

Leonhard.
Du kannst gottlob nicht Selbstmörderin werden, ohne zugleich Kindesmör-
derin zu werden!
Klara.
Beides lieber, als Vatermörderin! O ich weiß, daß man Sünde mit Sünde nicht
büßt! Aber was ich jetzt tu', das kommt über mich a l l e i n ! Geb' ich mei-
nem Vater das Messer in die Hand, so trifft's ihn, wie mich! Mich trifft's im-
mer! Dies gibt mir Mut und Kraft in all meiner Angst! Dir wird's wohlgehen
auf Erden!

Demgegenüber unterliegt Peter Handkes typisierter ›Kaspar‹, der
sich im Laufe des Dramas in viele Kaspars vervielfältigt, der totalen
Manipulation durch die Einsager, die anonym gehaltenen Instanzen
der herrschenden Ordnung. Sie lehren ihn sprechen und schreiben
ihm damit den Spielraum seines Denkens und Handelns, anders gesagt, sein sprachliches Weltbild, seine Lebensform vor. Der Prozeß
der Spracherlernung wird als Prozeß der Anpassung an die Ideologie
der Herrschenden vorgeführt. Sie bringen dem Beherrschten in
scheinbar allgemeinen, bloß grammatischen Satzmustern Unterwer-
fung, Bescheidung, Genügsamkeit, Zufriedenheit mit der geltenden, vorgegebenen Ordnung bei. Die Verbindung von kommentar-
loser Wiedergabe der Ordnungsklischees, bei den Einsagern, und
teilweise abweichender Nachahmung, bei Kaspar, erzeugt Distanz.
So werden für das Publikum scheinbar unabsichtlich die Klischees
als Klischees in ihrem ideologischen Charakter durchsichtig gemacht. Diese Verbindung von kritischer Reproduktion und Abweichung von der geltenden Regel, von der herrschenden Norm, nimmt
dem vorgeführten Indoktrinationsprozeß den Charakter des Vertrauten, Selbstverständlichen, seine scheinbare »Natürlichkeit«.

Peter Handke: Kaspar [9]

(Einsager:). . . Du hast einen Satz, mit dem du jede Unordnung in Ordnung
bringen kannst: mit dem du jede Unordnung im Vergleich zu einer anderen
Unordnung als verhältnismäßige O r d n u n g bezeichnen kannst: mit
dem du jede Unordnung zur Ordnung erklären kannst: dich selber in Ord-
nung bringen kannst: jede Unordnung wegsprechen kannst. Du hast einen
Satz, an dem du dir ein Beispiel nehmen kannst. Du hast einen Satz, den du
zwischen dich und alles andere stellen kannst. Du bist der glückliche Besitzer
eines Satzes, der dir jede unmögliche Ordnung möglich und jede mögliche
und wirkliche Unordnung unmöglich machen wird: der dir jede Unordnung
austreiben wird. . . .

. . .

(Einsager:) Der Raum ist klein, a b e r mein. Der Schemel ist niedrig, a b e r bequem. Das Urteil ist hart, a b e r gerecht. Der Reiche ist reich, a b e r leutselig. Der Arme ist arm, a b e r glücklich. Der Alte ist alt, a b e r rüstig. Der Berühmte ist berühmt, a b e r bescheiden. Der Irre ist irr, a b e r harmlos. Der Verbrecher ist Abschaum, a b e r t r o t z a l l e m ein Mensch. Der Krüppel ist bedauernswert, a b e r a u c h ein Mensch. Der Fremde ist anders, a b e r e s m a c h t n i c h t s:
(Kaspar:) Der Schnee trifft aber genügsam. Die Fliege läuft über das Wasser aber maßvoll. Der Soldat kriecht durch den Schlamm aber zufrieden. Die Peitsche knallt auf den Rücken aber ihrer Grenzen bewußt. Der Pferdenarr rennt in die Falle aber mit der Welt versöhnt. Der Verurteilte macht einen Luftsprung aber einsichtig. Das Fabriktor knarrt aber das geht vorbei.

Neben der Sprachordnung und Hand in Hand mit ihr wird in der Gegenwartsliteratur die Erzählordnung problematisiert. Zwei Erzählanfänge sollen dies zeigen. Auf der einen Seite ›Stechlin‹ von Theodor Fontane, auf der anderen Seite ›Der Kopf des Vitus Bering‹ von Konrad Bayer, einem Mitglied der Wiener Gruppe, die in der österreichischen Literatur der Gegenwart eine entscheidende Rolle spielt bzw. gespielt hat.

Am Beginn des Fontaneschen Romans wird der Leser an einer ebenso übersichtlichen wie vertrauten Reihenfolge von Angaben über Ort (Raum), Zeit, Vorgeschichte und Charakter des Helden kontinuierlich und zusammenhängend in die fiktive Welt eingeführt, in der er sich in der Folge bewegt.

Theodor Fontane: Stechlin [10]

Im Norden der Grafschaft Ruppin, hart an der mecklenburgischen Grenze, zieht sich von dem Städtchen Gransee bis nach Rheinsberg hin (und noch darüber hinaus) eine mehrere Meilen lange Seenkette durch eine menschenarme, nur hie und da mit ein paar alten Dörfern, sonst aber ausschließlich mit Förstereien, Glas- und Teeröfen besetzte Waldung. Einer der Seen, die diese Seenkette bilden, heißt »der Stechlin«. . . .
Aber nicht nur der See führt diesen Namen, auch der Wald, der ihn umschließt. Und Stechlin heißt ebenso das langgestreckte Dorf, das sich, den Windungen des Sees folgend, um seine Südspitze herumzieht. . . .
Und wie denn alles hier herum den Namen Stechlin führte, so natürlich auch der Schloßherr . . .
Dubslav von Stechlin, Major a. D. und schon ein gut Stück über sechzig hinaus, war der Typus eines Märkischen von Adel, aber von der milderen Observanz, eines jener erquicklichen Originale, bei denen sich selbst die Schwächen in Vorzüge verwandeln. . . . Des alten Schloßherrn Lebensgang war märkisch-herkömmlich gewesen. Von jung an lieber im Sattel als bei den Büchern, war er bei den Brandenburgischen Kürassieren eingetreten, bei denen selbstverständlich auch schon sein Vater gestanden hatte. Dieser sein Eintritt in das Regiment fiel so ziemlich mit dem Regierungsantritt Friedrich Wilhelms IV. zusammen . . .

›Der Kopf des Vitus Bering‹ gibt sich dagegen ausgesprochen diskontinuierlich, als Versammlung verschiedenartiger Texte, Textstücke, Textsorten, die nicht für dieses Werk neu geschaffen scheinen, sondern verschiedenen vorgegebenen Quellen entnommen sind oder doch jedenfalls so tun. Konrad Bayer bedient sich dabei des literarischen Verfahrens der Montage aus Fertigteilen bzw. Halbfertigteilen, das er bevorzugt und das in der Gegenwartsliteratur eine bedeutende Rolle spielt. In unserem Textausschnitt folgen einander Sätze patriotischer Geschichtsbücher, der Heiligen Schrift, der Biographie des Forschungsreisenden Bering im engeren Sinn und aus Spielanleitungen zu Spielen wie Münzwerfen, Schach; oder doch jedenfalls im Charakter solcher Quellen. Wenn sich trotzdem so etwas wie Sinnverbindungen in dieser sprunghaften Abfolge der Sätze einzustellen scheinen – etwa im Zeichen von Ordnung und Bindung an Regeln innerhalb der Schöpfung bzw. innerhalb einer hierarchisch verfaßten Gesellschaft –, so wirken diese nachträglich hergestellt und bleiben recht unfest.

Konrad Bayer: Der Kopf des Vitus Bering [11]

steigerung des idealen sinnes
der kaiser, von gottes stellvertreter auf dem planeten erde mit öl gesalbt, hatte die wichtige aufgabe, ordnung zu halten. ende des jahrhunderts erliess der zar die verordnung zur allgemeinen strassenbeleuchtung. und gott sprach: es werde licht! vitus bering sass mit vorliebe in einem der vier wirtshäuser, die der windrose in petersburg entsprachen. man verschloss die tür und der wirt bewachte den schlüssel, da hielt sich der zar tag und nacht bereit, sein land auch persönlich zu verteidigen. dann warf der eine ein stück geld in eine gewisse entfernung. der andere hatte zu versuchen, seine münze der des gegners möglichst nah zu werfen. der könig konnte sich sowohl vorwärts als auch rückwärts bewegen. der könig zog auf ein feld. lange vorher nahm gott ein stück lehm und knetete den menschen, der ebenso aussieht, wie gott. der mensch kann sich sowohl vorwärts als auch rückwärts bewegen.

Was hier begegnet, läßt an Reflexionen über die Erzählordnung erinnern, wie sie Robert Musil, ähnlich anderen Autoren seiner und unserer Zeit, anstellt bzw. den Helden seines Romans ›Der Mann ohne Eigenschaften‹ anstellen läßt:

Die meisten Menschen sind im Grundverhältnis zu sich selbst Erzähler . . . und wenn in den Faden des Lebens auch ein wenig »weil« und »damit« hineingeknüpft wird, so verabscheuen sie doch alle Besinnung, die darüber hinausgreift: sie lieben das ordentliche Nacheinander von Tatsachen, weil es einer Notwendigkeit gleichsieht, und fühlen sich durch den Eindruck, daß ihr Leben einen »Lauf« habe, irgendwie im Chaos geborgen. Und Ulrich bemerkte nun, daß ihm dieses primitive Epische abhanden gekommen sei, woran das private Leben noch festhält, obgleich öffentlich alles schon unerzählerisch geworden ist und nicht einem »Faden« mehr folgt, sondern sich in einer unendlich verwobenen Fläche ausbreitet. [12]

Die überkommene Erzählordnung wird zunehmend fragwürdig, weil sie der heutigen Wirklichkeit(serfahrung) nicht mehr entspricht. Dies gilt nicht mehr nur für das öffentliche Leben, sondern auch für das private, wie die symptomatischen Tagebuchaufzeichnungen des Lagerarztes von Auschwitz, Dr. Kremer, erschreckend deutlich machen. Er notierte zum 9. 9. 1942:

Heute früh erhalte ich von meinem Rechtsanwalt in Münster, Prof. Dr. Hallermann, die höchst erfreuliche Mitteilung, daß ich am 1. dieses Monats von meiner Frau geschieden bin. Ich sehe wieder, ein schwarzer Vorhang ist von meinem Leben weggezogen. Später als Arzt bei der Ausführung der Prügelstrafe an 8 Häftlingen und bei einer Erschießung durch Kleinkaliber zugegen. Seifenflocken und 2 Stück Seife erhalten.[13]

Scheidung, Prügelstrafe, Erschießung, Seifenzuteilung; Klischeewendung (»erfreuliche Mitteilung«), poetische Überhöhung (»ein schwarzer Vorhang von meinem Leben weggezogen«), unmenschlich distanzierte Versachlichung (»Erschießung durch Kleinkaliber«), Alltagsnüchternheit (»Seifenflocken und 2 Stück Seife«) – all dies für die überkommene Normvorstellung vom Menschen Unvereinbare hat in dem einen Tag dieses gar nicht so ungewöhnlichen Menschen und im sprachlichen Niederschlag dieses Tages ungetrennt nebeneinander Platz.

Die Darstellung nach dem Modell eines ordentlichen Nacheinanders, einer hierarchischen Ordnung würde diese Wirklichkeit leicht verdecken und verfälschen. Ihre »heile« Abbildung wäre eine heillose Lüge. Das Erzählproblem, das Darstellungs-Sprachproblem enthüllt sich als Problem der Lebensform und Weltbeschaffenheit.

Etwas vereinfachend kann man das Ergebnis der vergleichenden Betrachtung zusammenfassen, wie folgt:
In der überkommenen vertrauten Literatur klassisch-realistischer Herkunft finden wir eine mehr oder weniger stilisierende Abbildung, mittlere Allgemeinheit und Konkretheit, ein mittleres Maß an Typisierung und Individualisierung. Das Besondere neigt in ihrem Rahmen dazu, Sinnbild (Symbol) des Allgemeinen zu werden. Die gegebene Ordnung und das Normentsprechende haben Vorrang. Die Norm ist als ästhetischer wie als gesellschaftlicher Maßstab auch in den Abweichungen und Verstößen letztlich immer gegenwärtig. Für die Literatur der Gegenwart ist dagegen eher ein spannungsvolles Neben-, Mit- und Gegeneinander extremer Gegensätze bezeichnend. Die Begegnung dieser Extreme geschieht sowohl in verschiedenen, gleichzeitig hervortretenden Werken als auch in ein und demselben Werk. Abstraktion und Verdinglichung, Chaotik und Konstruktion, Rausch und Kalkül, halluzinatorische Assoziation

und wissenschaftsnahe Kombinatorik, rückhaltlose Hingabe an
Eingebung und Einfall sowie die Abwendung davon, kurz gefaßt,
extremer Rationalismus und extremer Irrationalismus begegnen und
durchdringen einander. Diese Literatur versteht sich einerseits als
reine, absolute Kunst, anderseits oder auch zugleich als Zweck-
kunst. Sie begibt sich bewußt in die Isolierung, ins Esoterische und
Private, und geht auf der anderen Seite oder auch zugleich in Gesellschaftsbezug und Parteilichkeit auf. So verbindet sie in den verschiedensten Formen Formalismus und Engagement.

Thomas Mann hat in seinem ›Doktor Faustus‹ ein zugleich abschrek-
kendes und anziehendes Beispiel für eine solche Dialektik der Extreme gegeben. Sein Adrian Leverkühn lebt die unversöhnliche
Spannung zwischen Eiseskälte und Rausch, zwischen intellektuel-
lem Spiel und dämonischem Ordnungszwang bis zur Selbstvernich-
tung durch. Seine Einsamkeit und seine Isolierung erweisen sich als
gesellschaftlich vermittelt: Gegenbild und Spiegelbild einer Gesellschaft, die dem Kult der weltabgewandten Innerlichkeit und dem
macht- und besitzgierigen Ausgriff in die Welt zugleich huldigt, die
so der Versuchung durch den »hochtechnisierten Romantizismus«[14]
im Reich Bismarcks und dann Hitlers verfallen kann und in die Kata-
strophe schlittert.

Übergreifendes Merkmal und bewußt oder unbewußt herrschender
Maßstab der Gegenwartsliteratur in allen ihren Extremen ist die Ab-
weichung, Verfremdung, Veränderung, die Innovation und die
Emanzipation, bezogen auf die Normen der klassisch-realistischen
Literatur und die gesellschaftliche, die bürgerliche Ordnung, die sie
voraussetzt und darstellt. Wer diese Gegenwartsliteratur also vom
Standpunkt der klassisch-realistischen Literatur her liest, beschreibt
und beurteilt, kommt fast zwangsläufig zu negativen Urteilen oder
doch zumindest Begriffen. Emil Staigers Rede über ›Literatur und
Öffentlichkeit‹[15] vom 17. 12. 1966, die einen weitausgreifenden
Streit über Wert und Unwert der Gegenwartsliteratur ausgelöst hat,
und Hugo Friedrichs bekanntes Buch über ›Die Struktur der modernen Lyrik‹[16] bieten eindrucksvolle Beispiele dafür. Diese Einführung versucht einen anderen Weg zu gehen.

Anmerkungen

1. Gegenwartsliteratur und Literatur im überkommenen (klassisch-realistischen) Sinn

1 Aristoteles: Poetik, §§ 1–4, 25. Auf diese Stellen griff das Dichtungsverständnis des abendländischen Realismus immer wieder zurück. Vgl. dazu das bekannte und instruktive Buch von E. Auerbach: Mimesis. Dargestellte Wirklichkeit in der abendländischen Literatur, 1964.
2 Das Gedicht findet sich in fast allen Schullesebüchern. Es gehört zum festen Literaturbesitz der Deutschsprachigen. Ein besonderer Stellenbeleg erübrigt sich daher.
3 gomringer, eugen: worte sind schatten. die konstellationen 1951–1968. reinbek 1969, S. 70.
4 Goethes Werke. Hamburger Ausgabe. Bd. 1. 5. Aufl. Hamburg 1968, S. 30. Der Titel ›Maifest‹ nach der frühesten erhaltenen Fassung, später geändert in ›Mailied‹, unter dem das Gedicht bekannt ist.
5 Zuerst in dem Gedichtband mit dem gleichen Titel, 1959, S. 28. Ich zitiere leichter greifbare Ausgaben: Celan, Paul: Ausgewählte Gedichte. Frankfurt/M. 1968. (= edition suhrkamp 262), S. 60. – Ausgewählte Gedichte. Frankfurt/M. 1970. (= Bibliothek Suhrkamp Bd. 264), S. 58.
6 Für ›Das Lied von der Glocke‹ gilt in gleicher Weise, was zum ›Abendlied‹ von Matthias Claudius angemerkt worden ist, Anm. Nr. 2. Nur gesellt sich hier noch der bildungsbürgerliche »Verbrauch« dazu, der nach dem Auswendiglernen in der Schule beinahe nur noch den parodistischen Umgang mit diesem kulturphilosophisch bedeutenden Gedicht zuläßt.
7 Die Drahtharfe. Balladen Gedichte Lieder. Berlin 1970 (zuerst 1965), S. 20. – Auch in: Lesebuch. Deutsche Literatur der sechziger Jahre. Hrsg. von Klaus Wagenbach. Berlin 1968, S. 83.
8 Dritter Akt. Vierte Szene. Hebbels Werke in zehn Teilen. Hrsg. von Theodor Poppe. Teil 3. Berlin o. J. (= Goldene Klassiker-Bibliothek), S. 87 f.
9 Frankfurt/M. 2. Aufl. 1968. (= edition suhrkamp 322), S. 18 f., 45 f.
10 Werke in drei Bänden. Hrsg. von Kurt Schreinert. Bd. 2. München 1968. (= Fontane Jubiläumsausgabe), S. 405, 407, 408.
11 1970. (= Bibliothek Suhrkamp Bd. 258), S. 9.
12 Musil, Robert: Der Mann ohne Eigenschaften. Hamburg 1952, S. 650. – Vgl. dazu auch die Interpretation des Romans von Wolfdietrich Rasch, in: Der deutsche Roman vom Barock bis zur Gegenwart. Struktur und Geschichte. Hrsg. von Benno von Wiese. Bd. 2. Düsseldorf 1963, S. 361–419, bes. ›Das Erzählen des Unerzählbaren‹, S. 361–364.
13 Zitiert bei Franz Mon: Texte über Texte. Neuwied/Berlin 1970, S. 129.
14 Thomas Mann gebrauchte diesen Schlüsselbegriff in dem Essay ›Deutschland und die Deutschen‹ (1945). In: Gesammelte Werke. Bd. 12. S. Fischer 1960, S. 571–572. Vgl. dazu bereits: Pariser Rechenschaft (1926), ebd., Bd. 11, S. 47–51.
15 Zuerst gedruckt in der ›Neuen Zürcher Zeitung‹ vom 20. 12. 1966. Wieder abgedruckt, zusammen mit Pro- und Kontrastimmen in: Der Zürcher

Literaturstreit. Eine Dokumentation. (= Sprache im technischen Zeitalter, Heft 22/1967), S. 90–97. Weiter dazu: Beginn einer Krise. Zum Zürcher Literaturstreit. (= Sprache im technischen Zeitalter, Heft 26/1968).
16 Friedrich, Hugo: Die Struktur der modernen Lyrik. Von der Mitte des
19. bis zur Mitte des 20. Jahrhunderts. Erweiterte Neuausgabe (2. Aufl.)
Reinbek 1968. (= rowohlts deutsche enzyklopädie 25/26 a).

2. Geschichtliche, gesellschaftlich-politisch-kulturelle Voraussetzungen und Zusammenhänge

Die Gegenwartsliteratur ist nicht einfach die Ausgeburt wirklichkeitsfremder Gehirne, wie häufig genug argumentiert wird; vielmehr hat sie gerade mit ihren besonders befremdenden Zügen geschichtliche Voraussetzungen, sie steht in gesellschaftlich-politisch-kulturellen Zusammenhängen. Etwas vorsichtiger und wohl auch angemessener ausgedrückt: es zeigen sich auffällige Entsprechungen zwischen literarischen und außerliterarischen Erscheinungen, Strukturen, Situationen.

Man hat im Gefolge der sogenannten stilkritischen und interpretatorischen Richtung der Literaturwissenschaft, die im deutschen Sprachraum vor allem mit Namen wie Emil Staiger und Wolfgang Kayser und in den USA mit dem Namen New Criticism verbunden ist, die außerliterarischen Entsprechungen, Zusammenhänge, Voraussetzungen der Literatur zugunsten einer rein innerliterarischen Beschreibung und Deutung bewußt vernachlässigt. Seit einiger Zeit ändert sich das.[1] Die sogenannte Literatursoziologie gewinnt mehr und mehr an Gewicht.[2] Sie untersucht das Werk im Rahmen des Prozesses zwischen den Instanzen der Literaturproduktion (durch Autor und Buchverlag), der Literaturvermittlung (durch Buchkritik, Schule usw.), der Literaturverteilung (durch Buchhandel, Buchgemeinschaften, Leihbibliotheken usw.) und schließlich der Literaturaufnahme (Rezeption, Konsum) durch das Publikum. Sie versucht das Literaturwerk seinem Inhalt wie seiner Form nach gesellschaftlich aufzuschließen, zu deuten. Wohl haben Forscher marxistischer Richtung einen besonders wichtigen Anteil daran, denn die marxistische Literaturbetrachtung ist, der Grundlage des Marxismus entsprechend, gesellschaftlich-ökonomisch, doch kommen auch aus den angelsächsischen Ländern, aus Frankreich, der Bundesrepublik usw. wichtige nichtmarxistische Beiträge.

Die einfache Gleichsetzung der Literatur mit gesellschaftlichen Zuständen und Veränderungen läßt sich kaum halten. Also verwendet man mehr oder weniger komplizierte Erklärungsschemata, um zwischen dem literarisch und dem außerliterarisch Vorgefundenen zu vermitteln. Die Frage der Vermittlung zwischen dem literarischen Werk, seinem Inhalt, seiner Form, und der außerliterarischen Wirklichkeit wird zur Schlüsselfrage der Literatursoziologie. Der Marxismus beantwortet sie, indem er die Literatur als Teil des ideologischen Überbaus begreift, der von der Basis (Grundlage) der materiellen Produktion (Güterherstellung) und ihrer gesellschaftlichen Organisation abhängig, determiniert ist. Manche marxistische Autoren nehmen allerdings auch eine bestimmende Rückwirkung des ideologischen Überbaues und damit der Literatur auf die Basis der Produktion bzw. der Produktionsverhältnisse an. Wir begnügen uns hier damit, Entsprechungen zwischen der Gegenwartsliteratur und der außerliterarischen Wirklichkeit der Gegenwart und ihrer Vorgeschichte aufzuzeigen, ohne die unserer Meinung nach bisher noch nicht befriedigend gelöste Frage nach dem Verhältnis von Ursache und Wirkung beantworten zu wollen.[3] Die Entsprechungen allein schon sollten denen zu denken geben, welche die Literatur als etwas völlig Unabhängiges, etwas Autarkes sehen wollen.

In der Sprach- wie in der Literaturwissenschaft arbeitet man heute gern mit dem Begriff des »Kontexts«. Man versteht darunter innersprachliche wie auch außersprachliche »Umgebungen« von Spracheinheiten, welchen entscheidende Bedeutung für die Funktion, für den Sinn der betreffenden Spracheinheit zukommt. Ob zum Beispiel »Flügel« als Körperteil eines Vogels, als Teil eines Flugzeugs, eines Gebäudes, als Gliederungsbegriff für eine militärische Formation oder als Musiksinstrument verwendet wird bzw. aufzufassen ist, darüber entscheiden die sprachlichen Nachbarn des Worts oder auch die Situation, in der es verwendet wird. In diesem zweiten Sinn soll hier der gesellschaftlich-politisch-kulturelle Kontext der Gegenwartsliteratur skizziert werden.

Im 19. Jahrhundert[4] setzte mit dem stürmischen wissenschaftlich-technischen Fortschritt die in mehreren Schüben sich steigernde Industrialisierung ein. Es kam zum Auf- und Ausbau eines entsprechenden globalen Handels und Verkehrs und damit zu einer fortschreitenden Verstädterung (Urbanisierung). Dem wiederum entspricht der Abbau eigenständiger agrarischer Betriebs- und Lebensformen – auch die Landwirtschaft wurde zunehmend industrialisiert – sowie der Rückgang des Kleingewerbes und des kleindimensionierten Handels.

Um die Wende vom 19. zum 20. Jahrhundert war dieser Vorgang am weitesten in den angelsächsischen Ländern, in England und in den USA, gediehen. Dem gegenüber herrschten in Rußland noch die alten Formen der feudalen Agrarwirtschaft und des Landlebens vor. Für Deutschland und Österreich-Ungarn war – mit Gradunterschieden – das Neben- und Miteinander von agrarischen Strukturen (Großgrundbesitz, Klein- und Mittelbauern, Landleben) und fortschreitender Entwicklung der Industrie, begleitet von der Verstädterung in industriellen Ballungszentren, charakteristisch.

Auffallenderweise nahm die gesellschaftlich-politische Bedeutung der von den neuen Entwicklungen besonders betroffenen Gesellschaftsgruppen nicht überall und in gleichem Ausmaß ab oder zu wie ihre wirtschaftliche Bedeutung. So wurde etwa die gesellschaftlich-politisch führende Rolle des landbesitzenden Adels nur langsam abgebaut. Er stellte lange noch das Offizierskorps, die Beamtenspitzen sowie die monarchische Staatsspitze als Garant einer konservativen Ideologie. Dem alten Mittelstand der Gewerbetreibenden und Kleinhändler wurde zwar zunehmend die Existenzgrundlage beschnitten, zahlenmäßig und als Träger wirksamer Ideologien – wie der christlich-sozialen oder auch der nationalen bis nationalsozialistischen, der »konservativen Revolution«[5] – blieb er, zusammen mit den Bauern und bestimmten Beamtengruppen, jedoch noch weit ins 20. Jahrhundert hinein politisch einflußreich.

Zwangsläufig mußte die Entwicklung der Industrie, des Handels, des Verkehrs und im Zusammenhang damit auch der Geldwirtschaft von kleineren zu immer größeren Organisationsformen wie Kartellen, Konzernen, Trusts gesellschaftlich-politische Folgen haben. Die personalen Formen der Zusammenarbeit und der Auseinandersetzung zwischen Betriebseignern und abhängigen Lohnempfängern wichen allmählich vermittelteren, immer unpersönlicheren Formen des Besitzes (Aktiengesellschaften) und des Arbeitsverhältnisses. In diesem Prozeß bildeten sich eine zahlenmäßig schwindende Gruppe von Besitzern von Betriebskapital und als Gegenpol die zahlenmäßig große und immer noch wachsende Gruppe lohnabhängiger Arbeiter und Angestellter heraus. Davon heben sich im fortgeschrittenen Stadium der großen Organisationsformen die nicht besitzenden leitenden Angestellten als eigene Gruppe ab. Ideologien wie die des Liberalismus auf der einen Seite und des Sozialismus auf der anderen Seite wenden sich vornehmlich an eine dieser Gruppen und ihre Gruppeninteressen und werden von ihnen getragen. Diese Ideologien treten in verschiedenen Ausprägungen und Schattierungen auf:[6] vom klassischen Liberalismus der unbeschränkten Freiheit des Privateigentums und des Wettbewerbs bis zum modifizierten gesamtgesellschaftlich orientierten bzw. staatlich kontrollierten Liberalismus der sozialen Marktwirtschaft, vom reformistischen Sozialismus bis zum (radikal) revolutionären Sozialismus marxistisch-leninistischer Prägung, der das System des Privateigentums an Produktionsmitteln und die mit ihm verbundenen Wirtschafts- und Gesellschaftsformen ganz abschaffen möchte, der demgegenüber eine konsequent an den Interessen der Mehrheit der lohnabhängigen Arbeiter orientierte und von ihren Repräsentanten diktierte Wirtschafts- und Gesellschaftsordnung anstrebt. Nicht nur in Staaten mit sozialistischer Wirtschafts- und Gesellschaftsform, sondern auch in solchen mit privatwirtschaftlicher »kapitalistischer« Ordnung wächst im 20. Jahrhundert die Tendenz zur Verstaatlichung und, Hand in Hand damit, die Rolle der Staatsbürokratie, wenn auch mit Unterschieden.

Einen politischen Einschnitt brachte der Zusammenbruch der konservativ, mit agrarisch feudaler Basis und monarchischer Spitze strukturierten Großstaaten Rußland, Deutschland und Österreich-Ungarn im Ersten Weltkrieg. Während jedoch das für das Bismarck-Reich charakteristische Bündnis von feudalem Großgrundbesitz und Industrie den Sturz der Monarchie in Deutschland überlebte und in der Weimarer Republik, ja bis ins Hitlerreich hinein, bestimmend blieb – erst der Zweite Weltkrieg raubte ihm seine Grundlage –, fegte die Russische Revolution den feudalen Großgrundbesitz und das Besitzbürgertum hinweg und führte zur Verstaatlichung der Produktionsmittel, zum Staatssozialismus, der später auch in den sowjetisch besetzten Ländern eingeführt wurde.

Seit der Russischen Revolution war die Konfrontation zwischen den bürgerlichen Demokratien, mit vorwiegend privatwirtschaftlicher Gesellschaftsordnung, und den später so genannten Volksdemokratien, mit staatssozialistischer Gesellschaftsordnung, grundsätzlich angelegt. Sie wurde vorübergehend zwar durch die Wirtschaftskrise von 1929 hinausgeschoben, welche den Sieg der »konservativen Revolution« in Deutschland und Österreich ermöglichte. Aber die Niederlage der daraus entstandenen Diktaturen im Zweiten Weltkrieg gegen die westlichen Demokratien und die Sowjetunion ließ die aufgeschobene Konfrontation in Form der Ost-West-Spannungen nur um so schärfer zutage treten. Im sogenannten »Kalten Krieg« schlossen sich die zwei Systeme immer mehr gegeneinander ab und bauten ihre eigentümliche Ausprägung noch weiter aus. Die Kritik an den menschenfeindlichen Zügen des Kapitalismus, die in den 60er Jahren im Westen erneut aufkam, vor allem bei der Jugend Widerhall fand und gerade auch im Lande der sozialen Marktwirtschaft laut wurde, und auf der anderen Seite die im Osten immer wieder aufbrechende Forderung nach einem humaneren, menschenfreundlicheren Sozialismus deuten jedoch darauf hin, daß es nicht nur Auseinandersetzung und Wettbewerb zwischen den Systemen gibt, sondern auch gemeinsame Probleme.

Auf dieser Erkenntnis beruht die sogenannte Konvergenztheorie, die behauptet, daß über alle ideologischen Unterschiede hinweg sowohl in den Ländern mit marktwirtschaftlicher (kapitalistischer) als auch in denen mit sozialistischer Ordnung Entwicklungstendenzen und Probleme auftreten, die eher zusammenführen als auseinanderstreben.[7]

Gemeinsam sind etwa Entwicklungstendenzen und Probleme des Fortschritts der naturwissenschaftlichen Erkenntnis und ihrer technischen Anwendung, der zweiten industriellen Revolution (Automation) und der damit verbundenen Organisationsformen. Zumindest teilweise konvergieren auch Erscheinungen und Probleme der sogenannten Entfremdung und Verdinglichung: Erfahrungen, daß der Mensch, sein Wert und seine Würde, seine persönliche Beziehung zur Arbeit, sein Erlebnis des Lebenssinns, seine Weltorientierung im modernen Produktionsprozeß zu kurz kommen, daß er in der Vermarktung auf der einen Seite und in der Verplanung durch Partei und Staat auf der anderen Seite zu seinem Nachteil manipuliert wird.

Nicht zufällig ist Franz Kafka, dessen eindrucksvolles Werk darauf bezogen werden kann, nach dem Zweiten Weltkrieg zur Leitgestalt der modernen Literatur geworden, an der sich die Geister scheiden. Von den einen wird er als *der* Darsteller und Deuter des heutigen Menschen und der heutigen Welt angesehen und gepriesen, von den anderen wird er aus der Position der »gesunden« Welt im Sinne der konservativen bürgerlichen Tradition oder auch im Sinne des sozialistischen Aufbaus leidenschaftlich abgelehnt oder doch in seiner Aussagekraft eingeschränkt: d. h. zum Zivilisationskranken oder zum Vertreter der verfaulenden Welt des Spätkapitalismus degradiert.[8] Ähnlich verliefen die Fronten bereits im Streit um den Expressionismus in den 20er und frühen 30er Jahren und erneut im Streit um die experimentelle Konkrete Poesie in den 50er und 60er Jahren.

Besonders aufschlußreich ist nun in diesem Zusammenhang die Auseinandersetzung zwischen zwei Standpunkten und Gruppen innerhalb der marxistischen Literaturdeutung. Auf der einen Seite verstand der sehr einflußreiche Georg Lukács den Expressionismus als Fäulnisprodukt des Kapitalismus, und in ganz ähnlicher Weise wurde und wird Kafka von den dogmatischen Vertretern des sozialistischen Realismus be- und verurteilt; dagegen vertraten andere Marxisten wie Bertolt Brecht, Ernst Bloch, Hanns Eisler, Walter Benjamin, die gegenwärtig wieder stärkere Nachfolge finden, die Ansicht, daß ein Zusammenhang zwischen den Perspektiven und Verfahrensweisen moderner Schriftsteller bzw. Künstler und der modernen Wirklichkeit gegeben und immer wieder aufgegeben sei, ein Zusammenhang, der über Ideologien und Klassengrenzen hinausgreift. Der Rückverweis auf die traditionellen Perspektiven und

Formen der Klassik und des bürgerlichen Realismus des 19. Jahrhunderts, den Lukács und die Dogmatiker des sozialistischen Realismus vornehmen, sei weder realistisch im geläufigen Sinne noch zukunftsorientiert.[9]

Ich zitiere in der Folge etwas ausführlicher, weil diese Zitate sowohl für den Grobvergleich des ersten Kapitels, als auch für die nächsten Kapitel aufschlußreich sind, die sich mit den Verfahrensweisen der Gegenwartsliteratur im Gedicht, im Drama und im Erzählen beschäftigen. Ernst Bloch, zusammen mit Hanns Eisler, schrieb 1938 in einem Aufsatz über ›Die Kunst zu erben‹:

In unserer Zeit sind durch den Tonfilm, die Schallplatte, die Radiosendung, schließlich durch die Veränderung der sozialen Darbietungsform neue Produktionsprobleme entstanden, die sich mit dem Hinweis auf die Größe Beethovens und die Fäulnis des Monopolkapitalismus allein nicht lösen lassen . . . Ich brauche hier nicht auf moderne Künstler im Range Picassos, Strawinskis, Schönbergs, Eislers, Bartóks, Dos Passos', Brechts hinzuweisen. Auch wird nur eine platt-idealistische Perspektive die Großtaten der modernen Physik übersehen, wird Riesen wie Planck, Einstein, Rutherford, Bahnbrecher vom Rang Schrödingers, Heisenbergs, Bohrs verkleinern. Zwar wird die moderne Physik sehr gern mit der modernen Technik zusammengestellt, und dieser konzidieren die Theoretiker des totalen Niedergangs ja selbst eine Ausnahme; zum Unterschied von der hundertprozentigen Verworfenheit aller künstlerischen und anderen Ideologie. Aber auch die Trennung zwischen Technik und Ideologie ist schematisch und rein mechanisch; sie übersieht die Zusammenhänge zwischen den Fortschritten der Technik und den Veränderungen der Lebensformen, der Ideologien; sie übersieht ebenso die Rückwirkung der veränderten Lebensformen und Ideologien auf die Fortschritte der Technik. . . .
Ein Kunstfreund, der vor allem auch die Zeit, worin er lebt, musikalisch hören, in Malerei und Dichtung ausgedrückt sehen will, ein solcher hält es fast für absurd, daß man um der trefflichen Technik ein ebenso zukunftshaltiges kulturelles Korrelat zu schaffen, hinter unsere Zeit zurückgehen müsse und Modelle aus der Klassik zu benützen habe . . . Der Konsument jedenfalls, der nach solchen Lehren sich richten wollte, würde – erschreckt von der Fäulnis der Gegenwart, gelangweilt von der edlen Einfalt, stillen Größe der Oberlehrer-Klassik – nicht etwa zum lebendigen, zum echten Homer oder Goethe geführt werden, sondern sich lediglich der Entspannungskunst hingeben, dem Kriminalroman und Hollywood. Es bliebe ihm, zwischen »revolutionäre« Verachtung der Gegenwart und ebenso »revolutionären« Akademismus gestellt, wenig andere Zuflucht übrig.[10]

Mehr oder weniger das gleiche gilt von einer konservativen Verachtung der Gegenwart und von einem konservativen Akademismus der Bewahrung der Mitte.

Bertolt Brecht geht stärker auf die problematischen Aspekte der modernen Entwicklungen und auf konkrete Folgerungen für die künstlerischen Verfahrensweisen ein, wenn er schreibt:

Selbst die Schriftsteller, welche die Auspowerung, Entmenschung, Mechanisierung des Menschen durch den Kapitalismus wahrnehmen und bekämpfen, scheinen an diesem Akt der Auspowerung teilzunehmen, indem auch sie in ihren Schilderungen weniger Aufhebens von ihm zu machen scheinen, ihn im Hetztempo durch die Ereignisse jagen, sein Innenleben als quantité négligeable behandeln und so weiter. Auch sie rationalisieren sozusagen. Sie machen die »Fortschritte« der Physik mit. Sie verlassen die strenge Kausalität und gehen über zur statistischen, indem sie den einzelnen Menschen, als dem Kausalnexus streng folgend, aufgeben, und über größere Einheiten Aussage machen. . . . Sie nehmen dem Beobachter die Autorität und den Kredit und mobilisieren den Leser gegen sich selber, nur noch subjektive Aussagen vorlegend, die eigentlich bloß den Aussagenden charakterisieren (Gide, Joyce, Döblin).[11]

Brecht folgert nun aber aus diesen mehr oder weniger problematischen Entsprechungen zwischen der modernen Literatur und dem vorher skizzierten technisch-wirtschaftlich-gesellschaftlichen Kontext nicht den Rückbezug bzw. Rückzug auf angeblich unversehrte, unangekränkelte klassisch-realistische Positionen, sondern meint im Gegenteil:

es handelt sich nicht um den Abbau der Technik, sondern um ihren Ausbau. Der Mensch wird nicht wieder Mensch, indem er aus der Masse herausgeht, sondern indem er hineingeht in die Masse . . . Es kann der Literatur nicht untersagt werden, sich der neuerworbenen Fähigkeiten des zeitgenössischen Menschen, wie der, simultan aufzunehmen oder kühn zu abstrahieren oder schnell zu kombinieren, zu bedienen.

Brecht deutet hier viele wichtige Entsprechungen zwischen der modernen Literatur und der modernen Wirklichkeit zumindest an. Helmut Heißenbüttel hat sie in seinen gesammelten Vorträgen und Aufsätzen ›Über Literatur‹ (1966) weiter ausgeführt. Ich hebe hier nur einige heraus, denen wir im ersten Kapitel bereits begegnet sind. Da ist die Vorherrschaft des technikanalogen Machens, der Konstruktion, der Montage, die wir an Eugen Gomringers ›alles ruht‹ und an Konrad Bayers ›Kopf des Vitus Bering‹ beobachtet haben. Da ist die Verwissenschaftlichung, die Abstraktion, das analytische und kombinatorische Verfahren, das wir ebenfalls bei Eugen Gomringer andeutungsweise kennengelernt haben und das Helmut Heißenbüttel unter dem Titel ›13 Hypothesen über Literatur und Wissenschaft als vergleichbare Tätigkeiten‹[12] behandelt. Die Kapitel über die Literatur der Texte werden genauer darauf eingehen. Da ist weiter die Verfremdung der vertrauten Welt, die Desorientierung des Ich, die Kafka so eindrucksvoll darstellt; die Verdinglichung, die Reduktion auf das bloße Registrieren von Dingen und Sachverhalten und die Kritik daran, die uns besonders im sogenannten Nouveau Roman begegnet und auf die im Zusammenhang mit den Verfahrensweisen des Erzählens, etwa anhand von Peter Weiss' ›Der Schatten des Körpers des Kutschers‹, noch einzugehen sein wird. Da ist die Entpersönlichung (Depersonalisierung), die Manipulation, die wir an Handkes ›Kaspar‹ beobachtet haben und die Brecht bereits in ›Mann ist Mann‹ (1927) eindrucksvoll demonstriert hat, wo der harmlose Lastträger Galy Gay zur Kriegsmaschine umfunktioniert wird:

Herr Bertolt Brecht behauptet: Mann ist Mann.
Und das ist etwas, was jeder behaupten kann.
Aber Herr Bertolt Brecht beweist auch dann
Daß man mit einem Menschen beliebig viel machen kann.
Hier wird heute abend ein Mensch wie ein Auto ummontiert
Ohne daß er irgend etwas dabei verliert.
Dem Mann wird menschlich nähergetreten
Er wird mit Nachdruck, ohne Verdruß gebeten
Sich dem Laufe der Welt schon anzupassen
Und seinen Privatfisch schwimmen zu lassen. . . .[13]

Außer den Entsprechungen zur technisch-wirtschaftlich-gesellschaftlichen Situation finden wir bei Bertolt Brecht auch eine Antwort auf sie. Es ist eine der Antworten, welche die moderne Literatur auf die Herausforderung durch diese Situation gibt. Dieser ihr Charakter als Antwort, und nicht nur als Spiegel, prägt sie in entscheidender Weise. Brechts Antwort heißt vor allem bewußte Verfremdung, Analyse, Destruktion, um scheinbar natürlich-selbstverständliche, schicksalhaft-unveränderliche Gegebenheiten als von Menschen gemacht, von Gruppeninteressen (Klasseninteressen) bestimmt und damit veränderbar bewußt zu machen. Er fügt sich damit in die wachsende Tendenz zum gesellschaftlichen Verständnis und zum gesellschaftlichen Engagement von Dichtung ein, die wir vom Naturalismus über den Expressionismus bis hin zu führenden Autoren und Autorengruppierungen nach 1945, wie etwa der Gruppe 47[14], der Gruppe 61[15] oder den Autoren um das Forum Stadtpark in Graz[15], bemerken können.

Eine andere Art der Antwort, die ebenfalls eine entscheidende Rolle in der modernen Literatur gespielt hat und in der Gegenwartsliteratur noch immer spielt, streift Brecht eher ablehnend, wenn er meint:

Es handelt sich nicht um den Abbau von Technik, sondern um ihren Ausbau. Der Mensch wird nicht wieder Mensch, indem er aus der Masse herausgeht.

Es ist der mehr oder weniger irrationale, mehr oder weniger elitäre Protest gegen die Verwissenschaftlichung, Rationalisierung, Industrialisierung, Automatisierung, Ökonomisierung des Lebens, mit all ihren Folgen. Wir sind ihm in Celans Gedicht ›Sprachgitter‹ begegnet. Er läßt sich in verschiedenen Abwandlungen von der Romantik über den Symbolismus und sein Konzept der reinen, absoluten Dichtung (poèsie pure), über die Rückkehr zur Bildlichkeit der

Sprache in der Lyrik der Moderne, mit Autoren wie George, Rilke, Trakl, Benn, bis hin zum Surrealismus und zum Theater des Absurden (Beckett, Ionesco u. a.) verfolgen. Diese Antwort ist sehr verschieden gedeutet und bewertet worden: als Flucht aus der Wirklichkeit mit ihren Zwängen und Forderungen (Eskapismus), wie auch als gesellschaftsrelevanter Protest und auf die Wirklichkeit bezogener, von ihr abgehobener Gegenentwurf, als Bewährung des Möglichkeitssinnes und positiver Utopismus.

Blickt man von der Literatur hinüber zur Philosophie, so fallen da einige bemerkenswerte Analogien auf.

In der Philosophie der Gegenwart finden wir immer wieder die Gegenüberstellung von exakter Wissenschaft und Metaphysik, von rationaler Analyse und irrationaler Intuition, von Materialismus und Idealismus; wobei Wissenschaft, Analyse, Materialismus die Fortschrittlichkeit für sich in Anspruch nehmen.

Das entspräche, grob betrachtet, recht linear dem Vorgang des wissenschaftlich-technischen Fortschritts, der fortschreitenden Industrialisierung und Urbanisierung. Doch ergibt sich bei genauerem Zusehen ein komplizierterer Befund, wie etwa Wolfgang Stegmüller in seinem bekannten Buch über die ›Hauptströmungen der Gegenwartsphilosophie‹[16] zeigt. Zugleich mit dem Vordringen der wissenschaftlichen, der unmetaphysischen Einstellung melden sich nämlich immer wieder metaphysische Bedürfnisse und Irrationalismen in verschiedenen Abarten zu Wort. Robert Musil und Hermann Broch etwa, die nicht nur literarische Bahnbrecher der Moderne gewesen sind, bekannten sich programmatisch zur Verbindung von »Mathematik und Mystik«.[17]

Auf der einen Seite wird die Philosophie zunehmend analytisch, mathematisch-formal. Sie verwandelt sich in Wissenschaftstheorie. An die Stelle von Dogmen und Wesenseinsichten vor aller Erfahrung treten vorläufig angenommene Hypothesen, die durch Beobachtungen, Experimente, Messungen zu bewähren oder zu widerlegen (falsifizieren) sind. Systeme mit universalem Anspruch wie die eines Thomas von Aquin, eines Hegel und auch eines Marx werden kritisch abgebaut. An die Stelle der Errichtung, des Ausbaus und der Verteidigung eines einzigen universalen Systems treten pluralistische Systementwürfe und Systembeobachtungen im sogenannten Strukturalismus, der besonders in seiner sprachwissenschaftlichen (linguistischen) und in seiner völkerkundlich-gesellschaftlichen (ethnographischen) Spielart bekannt geworden ist.

Auf der anderen Seite treten Abwandlungen des Irrationalismus auf, wie zum Beispiel in den Lehren Nietzsches, in der Lebensphilosophie, zum Teil in der Tiefenpsychologie, im Existentialismus. Die

Bedeutung der Religionen nimmt weder im Westen noch im Osten einfach ab. Ideologien, die absolute Lösungen für sich in Anspruch nehmen, enthüllen sich als Religionsersatz, als Wege zur Erlösung, als andere Formen des Glaubens und des Dogmatisierens.

So wie in der Literatur finden wir also nicht nur Entsprechungen zum technisch-ökonomischen Situationskontext, sondern auch abweichende bis oppositionelle Antworten.

Eine besonders interessante Konvergenz einander widerstreitender Philosophien, Ideologien und darüber hinaus der Gegenwartsphilosophie und der Gegenwartsliteratur bietet die zunehmende Berücksichtigung der Rolle von Standpunkt, von Situation und Rahmen, welche ausdrücklich oder stillschweigend als Voraussetzung in das Erkennen wie in das Handeln eingehen und es so bedingen und bestimmen. Die Kantianer etwa nehmen vorgegebene Anschauungsformen (Raum und Zeit) und Denkformen, wie Kausalität, als vorgegebene Bedingungen für die Möglichkeit von Erkenntnis an. Heisenberg wies für die Physik die Abhängigkeit der Messungen vom Beobachter und seiner Perspektive nach (Beobachterrelevanz). Die Marxisten sehen die Ideologie wie die Praxis an Klassen und ihre spezifischen Interessen gebunden. Hermeneutiker wie Gadamer zeigen, daß und wie die Schöpfung und das sinnhafte Erleben und Verstehen von Kulturwerken durch gemeinsame gesellschaftlich-kulturelle Situationsrahmen getragen und ermöglicht werden. Ludwig Wittgenstein, einer der führenden Vertreter der heute so wichtigen sprachanalytischen Richtung in der Philosophie, bestimmt in der sogenannten Sprachspieltheorie Sprachen als Lebensformen, das heißt aber als Systeme von gesellschaftlichen Regeln, Anweisungen und Normen für das Denken wie für das Handeln. Sprachbesitz ist demnach Beherrschung und Beherrschtwerden, Sprachgebrauch ist Anwendung von Denkformen und Handlungsformen in zugeordneten gesellschaftlichen Kontexten (Rahmen). Wir sind im ersten Kapitel, sowohl in Handkes ›Kaspar‹ als auch in Konrad Bayers ›Kopf des Vitus Bering‹ auf Entsprechungen zu diesen Überlegungen gestoßen, die für die Gegenwartsliteratur charakteristisch sind: Spracherlernung als Anpassung an das zwingende Regelsystem einer geschlossenen sprachlich-gesellschaftlichen Ordnung; Menschen als Schachfiguren, ihre Handlungen als Züge im Schachspiel, das heißt aber ihre totale Bestimmtheit (Determiniertheit) durch einen soziokulturellen Rahmen. Wir werden in den Kapiteln über die Literatur der Texte noch einmal darauf zurückkommen.

Soviel kann jedenfalls abschließend gesagt werden: Die vorausgestellte Behauptung, daß die Gegenwartsliteratur, gerade mit ihren befremdenden Zügen, nicht isoliert im freien Raum schwebt, sondern durch zahlreiche und keineswegs belanglose Entsprechungen mit dem Kontext der außerliterarischen Wirklichkeit der Gegenwart verbunden ist, wird durch Beobachtungen erhärtet. Hier konnte nur eine kleine Auswahl, ohne jeden Anspruch auf Vollständigkeit, gegeben werden.

Anmerkungen

2. Geschichtliche, gesellschaftlich-politisch-kulturelle Voraussetzungen und Zusammenhänge

1 Methodenkritik bereitet den Boden, z. B.: Germanistik – eine deutsche Wissenschaft, 1967; Ansichten einer künftigen Germanistik, 1969; Methodenkritik der Germanistik. Materialistische Literaturtheorie und bürgerliche Praxis, 1970.
2 Frühere Anregungen vom marxistischen Standpunkt aus durch Georg Lukács; ausgewählt in: Schriften zur Literatursoziologie, 1961. Den Versuch eines historischen und systematischen Überblicks bot H. N. Fügen: Die Hauptrichtungen der Literatursoziologie, 1966; sowie mit der Anthologie: Wege der Literatursoziologie, 1968. Von seinem »positivistischen« Standpunkt hebt sich im Zeichen der materialistischen Dialektik ein neueres Sammelwerk kritisch ab: Literaturwissenschaft und Sozialwissenschaften. Grundlagen und Modellanalysen, 1971. Damit sind zugleich die heutigen Gegenpole der Literatursoziologie bezeichnet. In allen diesen Werken ausführliche Literaturangaben.
3 Zu dieser Diskussion liefern zwei Anthologien marxistischer Literaturtheorie und Literaturkritik mit fast jedem der aufgenommenen Texte Beiträge: Marxismus und Literatur, 1969; Parteilichkeit der Literatur oder Parteiliteratur? 1972.
4 Einen knappen und instruktiven Überblick bietet H. Böhme: Prolegomena zu einer Sozial- und Wirtschaftsgeschichte Deutschlands im 19. und 20. Jahrhundert, 1968. Das Folgende bezieht sich verschiedentlich darauf.
5 Hugo von Hofmannsthal hat diesen Begriffsnamen in Umlauf gebracht, seine Rede im Auditorium maximum der Universität München vom 10. 1. 1927 gipfelte in ihm: Das Schrifttum als geistiger Raum der Nation. In: Ausgewählte Werke in zwei Bänden. Zweiter Band. Frankfurt/M. 1961, S. 740.
6 Bergsträsser, Ludwig: Geschichte der politischen Parteien in Deutschland. 11. Aufl. München/Wien 1967. – Fuchs, Albert: Geistige Strömungen in Österreich 1867–1918. Wien 1949.
7 Auseinandersetzung mit der Konvergenztheorie: Marxistisch-leninistisches Wörterbuch der Philosophie. Hrsg. von Georg Klaus und Manfred Buhr. Bd. 2. Hamburg 1972. (= rororo 6156), S. 599–601.
8 Repräsentative Vertreter der hier skizzierten Fronten: Emrich, Politzer, Fischer (Hochschätzung); Pongs (bürgerlich-konservative Ablehnung); Kurella (marxistisch-antimodernistische Ablehnung).
Emrich, Wilhelm: Franz Kafka. Bonn 1958. – Politzer, Heinz: Franz Kafka, der Künstler. Frankfurt/M. 1965. – Fischer, Ernst: Franz Kafka. In: Marxistische Literaturkritik. Hrsg. von Viktor Žmegač. Bad Homburg 1970. (= Ars Poetica. Texte. Bd. 7), S. 421–437. – Pongs, Hermann: Franz Kafka, der Dichter des Labyrinths. Heidelberg 1960. – Kurella, Alfred: Der Frühling, die Schwalben und Franz Kafka. In: Kritik in der Zeit. S. 532–544.

9 Vgl. dazu Marxismus und Literatur. Bd. 2., S. 7–184, Bd. 3, S. 44–76, 210–227, mit Beiträgen von Lukács als Gegner des Expressionismus und der Moderne (›Größe und Verfall des Expressionismus‹; ›Es geht um den Realismus‹; ›Reportage oder Gestaltung?‹) und von nicht unkritischen Autoren, wie Brecht (›Die Essays von Georg Lukács‹, ›Über den formalistischen Charakter der Realismustheorie‹, ›Volkstümlichkeit und Realismus‹), Ernst Bloch und Hanns Eisler (›Diskussion um den Expressionismus‹, ›Die Kunst zu erben‹), Ernst Fischer (›Entfremdung, Dekadenz, Realismus‹), Roger Garaudy (›Kafka, die moderne Kunst und wir‹). Lukács Kritik an der Moderne wird, trotz Modifikationen, in der DDR-Kritik grundsätzlich weitergeführt. Dazu Abusch, Alexander: Erkennen und Gestaltung, in: Kritik in der Zeit; bes. die Abschnitte ›Das Was und Wie‹, ›Sinn und Mythos ,neuer Erzählweisen'‹, S. 726–731.

10 In: Marxismus und Literatur. Bd. 2, S. 107–109.

11 Die Essays von G. Lukács. In: Marxismus und Literatur. Bd. 2, S. 87.

12 Über Literatur, S. 206–215.

13 Gesammelte Werke in 20 Bänden. Bd. 1. Frankfurt/M. 1967, S. 336.

14 Die Gruppe 47. Hrsg. von Reinhard Lettau. Neuwied 1967; Herbert Lehnert: Die Gruppe 47. Ihre Anfänge und ihre Gründungsmitglieder. In: Die deutsche Literatur der Gegenwart. Hrsg. von Manfred Durzak, S. 31–61.

15 Peter Kühne: Arbeiterklasse und Literatur. Dortmunder Gruppe 61. Werkkreis Literatur der Arbeitswelt. Frankfurt/M. 1972 (= Fischer Taschenbuch 6506).

16 Walter Weiss: Die Literatur der Gegenwart in Österreich. In: Die deutsche Literatur der Gegenwart, S. 386–399, bes. 394–395.

17 4. Aufl. Stuttgart 1969. (= Kröners Taschenausgabe 308).

18 ›ein Erden- bzw. Weltsekretariat der Genauigkeit und Seele‹ als Zielvorstellung im ›Mann ohne Eigenschaften‹, S. 596–597, 1342–1343, von Musil. Brochs erste Veröffentlichung, das Gedicht ›Mathematisches Mysterium‹ (1913).

3. Verfahrensweisen und Techniken im Gedicht

Einen brauchbaren Ansatz, die Gedichte seit 1945 ihren Lesern näherzubringen, erhält man von der Tatsache her, daß seit über hundert Jahren das Schreiben von Gedichten von Reflexionen der Autoren über das Schreiben von Gedichten begleitet wird. Solche Reflexionen sind nicht vergleichbar mit poetologischen Erörterungen, wie man sie auch von früheren Dichtern kennt. Vielmehr richten sie sich mit auffallender Häufigkeit auf ein bereits fertiges Gedicht, das somit von seinem eigenen Autor analysiert wird. Von Egdar Allan Poe über Wladimir Majakowskij, Bertolt Brecht, Gottfried Benn bis zu Walter Höllerer und Hans Magnus Enzensberger haben Gedichtautoren solche Eigenanalysen geliefert.[1] Sie tragen Titel wie: ›The Philosophy of Composition‹, ›The Making of a Poem‹, ›Wie macht man Verse‹, ›Wie entsteht ein Gedicht‹, ›Die Entstehung eines Gedichts‹. Das eigene Verfahren, die Gemachtheit ihres Gedichts wollen die Autoren also analysieren. Ihnen ist gemeinsam der Duktus des Suchens, die Bemühung, durch einkreisende Betrachtung der Strukturen zu jenen Elementen zu kommen, aus denen sich das Gedicht entwickelt hat. (Von hier aus erledigt sich übrigens die vielfach vertretene Ansicht, um zu wissen, was ein Gedicht »meint«, solle man zu seinem Autor gehen, weil er es am besten wissen müßte. Der Autor sieht sich nämlich selbst nur als sein Leser und sein mehr oder weniger erfolgreicher Interpret.) Diese Analysen sind, gerade was ihre deutschen Beispiele betrifft, einerseits als Reaktionen auf eine Irrationalisierung der Lyrik zu verstehen, in der der romantische Begriff der göttlichen Inspiration verabsolutiert wurde und von deren späten Vertretern Gottfried Benn einmal gesagt hat: »Dichter, die ihrem Weltbild sprachlich nicht gewachsen sind, nennt man in Deutschland Seher.«[2] Zum zweiten, und das ist der wichtigere Aspekt, sind diese Reflexionen mehr als bloß Reaktion auf Vergangenes. Sie setzen fast durchweg bei der Beherrschung sprachlicher Verfahren, bei der technischen Seite des Dichtens an, doch wäre es irreführend, daraus zu schließen, damit gebe die Lyrik ihre Reduktion auf Handwerkliches zu. Vielmehr beweist gerade die Häufigkeit solcher Eigenanalysen, daß ein Zugang zum Gedicht nicht mehr naiv erfolgen kann, sondern daß stets Brechungen in den landläufigen Erwartungen von Lyrik dazu nötig sind. Man kann von »Technologien« des Lyrischen sprechen, wenn man sich vor Augen hält, daß Bemühung um Erhellung und Gegenstand dieser Bemühung reziprok zueinander stehen. Es läßt sich behaupten, daß diese Beiträge zu einer Technologie der Lyrik ein Beweis dafür sind, wie sehr sich ihre Autoren der Verschlüsselung und Dunkelheit bewußt sind, in denen ihre Gedichte den Lesern gegenübertreten.

Der Begriff »Dunkelheit« ist nun nicht nur ein bildlicher Ausdruck für Schwerverständlichkeit, sondern bezeichnet Kategorien, mit denen die Literaturwissenschaft die moderne Lyrik beschrieben hat. Er umfaßt auch »negative Kategorien« wie z. B. Dissonanz und dissonante Struktur, dunkle Metaphorik, kühles Operieren, Sprachmagie, Vermischung des Heterogenen. Da aber all diese Begriffe ihre zugehörigen positiven Gegenbegriffe voraussetzen, geraten sie leicht zu Mitteln abwertender Beschreibung oder evozieren eine solche auch dort, wo keine beabsichtigt ist. Für »Dunkelheit« kann man »Abweichung« einsetzen; tatsächlich liegt das allgemeinste Merkmal der Gedichte der Gegenwart in der Tendenz, sich vom Bereich punktueller Informationssprache, von den Mitteilungsformen der Alltagssprache abzuheben.

Das Merkmal der Abhebung hat einen historisch fixierbaren Ursprung. Er liegt in der deutschen Literatur an der Wende des 19. zum 20. Jahrhundert, in der französischen früher. Er ist beschreibbar als eine Skepsis gegenüber der Sprache; seine allgemein anerkannte Formulierung ist Hofmannsthals Text ›Ein Brief‹ aus dem Jahre 1902, gemeinhin als ›Brief des Lord Chandos‹ bezeichnet. Es geht darin um die wachsende Erkenntnis, daß Wort und Wirklichkeit einander nicht mehr decken, daß die Sprache, die von der Tradition des Gedichts im 19. Jahrhundert weitergereicht wird, nicht mehr kongruent ist mit neuen Erfahrungszusammenhängen. Das Mißverhältnis von traditioneller Gedichtsprache und veränderter Wirklichkeit zeigt sich als Sprachzerfall; die Schlüsselsätze des Lord Chandos, daß ihm alles in Teile zerfalle und die Teile wieder in Teile, d. h., daß sich kein Sprachteil einer gemeinten Wirklichkeit mehr zuordnen will, richten sich gegen eine Literatursprache, die ästhetische Funktionen noch aus dem Fundus einer umfassenderen Mitteilungssprache heben zu können glaubt. Ihr »Fehler« sozusagen ist es, daß sie einen wichtigen Prozeß übersieht, der hinfort die Autoren zu graduell verschiedenen Verschlüsselungen bis Chiffrierungen ihrer Aussagen treibt: Gemeint ist der Prozeß einer Verdinglichung, vergleichbar der Entwertung von Gebrauchsdingen durch ihre Prägung als Ware, wodurch Sprache ihre Fähigkeit, Inhalte spontan zu vermitteln, einbüßen kann. Ob man nun diesen Vorgang allgemein als Verschleiß durch Gebrauch bezeichnet oder als Nachhinken hinter neuen Sensibilitäten oder als Verdinglichung im marxistischen

Sinne: Tatsache ist, daß die Lyriker ihre Arbeit nun als eine »Entfernung von der gesellschaftlichen Oberfläche« verstehen.[3] Das bedeutet nicht, daß diese Entfernung ein a-sozialer Akt sei. Gerade der Widerstand gegen eine Sprache, die die Wirklichkeit nur vermittelt erreicht, die vom Gedicht als eine falsche erkannt wird und von der es seine eigene abhebt, macht Lyrik tauglich dafür, im Subjektiven und Privaten noch repräsentant zu werden für das unvermittelt Allgemeine, das unentstellt Gesellschaftliche.

Auf mehreren Ebenen kann das Ungewohnte am Gedicht der Gegenwart dargestellt werden, und zwar an seiner Haltung gegenüber äußeren Formen wie Strophik, Metrum und Reim; sodann auf der Ebene von Wortwahl und Wortkonstellation, mit Konsequenzen für das sprachliche Bild; und schließlich auf der Ebene des Satzbaus.

Die moderne Lyrik läßt verschiedene Gedichtformen fallen, andere wiederum übernimmt sie, verwendet sie aber in neuer Funktion, mit bestimmten, gegen die Formerwartung gerichteten Absichten. Es verwundert nicht, daß die Volksliedstrophe fehlt, daß Gedichtformen mit festen Baugesetzen wie Stanze oder Terzine so gut wie verschwunden sind. Man weicht der Suggestion von Geschlossenheit aus, die von ihnen ausgeht. Eine der geschlossensten Gedichtformen mit langer Tradition, das Sonett, wird wie eine veraltete Institution für ungültig erklärt. Bei Ernst Jandl z. B. ist der Text eines Sonetts, wie folgt, zu lesen:[4]

das a das e das i das o das u
das u das a das e das i das o
das u das a das e das i das o
das a das e das i das o das u

So wie die erste Strophe bestehen auch die anderen aus denselben Bestandteilen, wobei nur die Vokale entsprechend dem vom klassischen Sonett geforderten Reimschema arrangiert werden. Darin ist gewiß viel Spielerei, aber es kennzeichnet auch bewußte Erwartungsenttäuschungen, die sich, trotz der Stellung des Sonetts bei Rilke und noch bei Brecht, bereits im Expressionismus ankündigen. Bei Georg Heym schon war die Sonettform nicht mehr das Vorsignal für Themen wie Liebe (wie so häufig in der Dichtung) oder elegische Zeitklage (wie bei Gryphius) oder Kunst (wie so oft in der Nachromantik) oder Politisches in erhabenem Ton (wie bei Rückkert). Vielmehr bringt Heym das Häßliche in die Sonettform, z. B. einen meckernden Robespierre, der weißen Schleim kaut (im Sonett ›Robespierre‹).[5] Oder: Hans Magnus Enzensbergers ›oden an niemand‹ sind als Oden strophisch-formal unkenntlich, der besungene Gegenstand ist ein Niemand.[6] Enzensbergers Gedicht ›ins lesebuch für die oberstufe‹ sagt dem entsprechend: »lies keine oden, mein sohn, lies die fahrpläne: sie sind genauer«.[7] Lyrische Mitteilbarkeit in dieser Gattung wird von Titel, Adressat und Gegenton her in Frage gestellt.

Häufig wird der Progressivitätsanspruch der Lyrik seit dem Zweiten Weltkrieg an ihrer Haltung gegenüber Metrum und Reim gemessen. Nun gibt es zwar in der Lyrik der 50er Jahre mehr Reimgedichte, als man annimmt, so z. B. unter den Erstlingen von Günter Eich, Karl Krolow, Marie-Luise Kaschnitz, Ingeborg Bachmann, Christine Lavant. Doch in späteren Gedichten schließen sich die Genannten zunehmend dem reimlosen Verfahren an, wie es die Expressionisten, Benn und Brecht (neben gereimten Gedichten) schon früh verwendet haben. In der Generation Enzensbergers und heute überhaupt dominiert der freie Rhythmus, das Gedicht der gebrochenen Zeilen und der Untereinander-Konstellation, das somit in seine Mittel die optische Anordnung und die sogenannte »Semantik der leeren Fläche« einbezieht. Der Grund für die Abkehr vom Reim ist derselbe wie für sein Vorherrschen im romantischen Gedicht. Dort war er zusammen mit der Assonanz das Mittel, mit dem die Dichtung der Musik angenähert werden sollte. Die Musik erschien den Romantikern als *die* identitätsstiftende Kraft. Im sprachlichen Gleichklang, auch zwischen Wörtern gegensätzlicher Bedeutung, wurde die Möglichkeit der Einheit gesehen; der Reim war eine der sprachästhetischen Entsprechungen für die Philosophie von der Identität des Seienden. Gerade ein solcher Identitätsglaube erscheint der heutigen Lyrik absurd. Sie folgt dem Urteil Brechts, der im Gedicht ›Schlechte Zeit für Lyrik‹ davon spricht, daß ihm ein Reim vorkomme wie Übermut,[8] was heißen will, daß man sich heute einen Glauben an Übereinstimmung und Harmonie, und sei es auch nur im Sprachklang, nicht gestatten könne. (Wo der Reim dennoch verwendet wird, etwa in Agitationsgedichten und manchen Bänkelgesängen, hat er völlig andere Funktion.)

Auf der Ebene von Wortwahl und Wortkonstellation wird ein Verfahren besonders wichtig: die Verwendung gebräuchlicher Wörter in neuer Umgebung. Eine linguistische Grundtatsache ist hierbei zu skizzieren: Wörter haben eine allgemeine Bedeutung nur im Wörterbuch. Da aber eine solche Bedeutung unverbindlich ist, da niemand ein Wörterbuch liest, nur um zu »lesen«, sondern Wörtern immer in artikulierten Zusammenhängen begegnet, ergeben sich die eigentlichen Bedeutungen von Wörtern von den anderen her, in deren Umgebung sie stehen. Der Kontext bestimmt also das Einzelwort. Dabei kann gebräuchlicher Kontext weggelassen und das Wort mit einem Minimum von Satzbindung von den grammatischen Zwängen der Alltagssprache befreit werden (wie z. B. bei Gottfried Benn oder Paul Celan), oder es kann seine neue Umgebung durch metaphorische Zusammensetzung erhalten (wie bei Paul Celan) oder durch Genitivbindung (wie häufig bei Ingeborg Bachmann oder Christine Lavant u. a.), oder durch Montage (wie z. B. bei Hans Magnus Enzensberger). Auf alle Fälle ergibt sich aus dem Verhältnis von Einzelwort und Kontext auch eine Korrektur des herkömmlichen Metaphernverständnisses. Die lange dominierende Definition Quintilians aus der Tradition der Rhetorik, die Metapher sei als verkürzter Wie-Vergleich zu lesen, ginge z. B. bei der Titelmetapher von Ingeborg Bachmanns kurzem Gedicht ›Im Gewitter der Rosen‹ völlig daneben.[9] ›Gewitter *wie* von Rosen‹ bezöge sich dann auf etwas, was der Leser a priori für gegeben hält, als dessen Verkürzung »Gewitter *der* Rosen« zu gelten hätte, bezöge sich also nicht auf etwas, was durch einen enormen Anspruch an die Fähigkeit des Lesers, Heterogenes zusammenzuspannen und diese Spannung als Möglichkeit das ganze Gedicht hindurch präsent zu halten, erst geschaffen wird.

Wohin wir uns wenden im Gewitter der Rosen,
ist die Nacht von Dornen erhellt, und der Donner
des Laubs, das so leise war in den Büschen,
folgt uns jetzt auf dem Fuß.

Nicht weniger wird hier verlangt als die Loslösung vom Klischee, mit dem die Rose in der Lyrik traditionell belastet ist. Man kann sich dem metaphorischen Prozeß im Bild vom »Gewitter der Rosen« von einigen Austauschproben her nähern: »Rot der Rosen« brächte fast eine Austauschbarkeit der Bildelemente, spannungslose Geläufigkeit, keinerlei andere Sehweise der Natur, die das Gedicht jedoch anstrebt. »Glanz der Rosen« wäre ebenfalls kein Fortschritt; eine Ergänzung zu »kalter Glanz der Rosen« erbrächte zwar Bedrohung – metallisch blinkend etwa wie von Waffen – aber erst auf einer Ebene der Erfahrungsmöglichkeit und zudem von außen und nicht, wie das Gedicht es möchte, aus der Natur selbst. Ähnliches gälte von »Schrei der Rosen« im Akustischen oder von »Gewühl der Rosen« in der Bewegung. Erst »Gewitter der Rosen« bringt die negative Naturbild-Totale und damit eine genügend dissonantische Bedeutung, die die genannten Einzelmöglichkeiten so nachdrücklich zusammenfaßt, daß man sich die Spannung der scharf kontrastierenden Bedeutungsbereiche erst gar nicht optisch oder akustisch oder wie immer vorzustellen braucht. Dies gilt auch für die anderen Naturbilder des Gedichts, denn nicht nur die Rose ist in den negativen Bedeutungsbereich hineingedrängt. Zusammen mit dem Laub, das *nicht* säuselt, und den Dornen, die *nicht* bloß stechen, sondern in einer Beleuchtungsmetapher signalisieren, daß der Schmerz die einzige Möglichkeit bleibt, die menschliche Situation zu erhellen, erbringt das Gedicht sein Ergebnis: daß eine Ent-Einsamung des Ich bzw. des Wir auch in der Natur unmöglich geworden ist, daß der Mensch aus einer Erlebniswelt, die lange Zeit Harmonie versprach, ausgetreten ist.

»In stärkerem Maße« heißt ein Gedicht von Bernd Jentzsch.[10] Wie bei Ingeborg Bachmann wird Natur, hier in der Form des deutschen Waldes, als bedrohlich erlebt, aber um einen Schritt weiter, in stärkerem Maße sozusagen. Der Wald wird Bild für Terror und für konkrete Bedrohung des Menschen in jüngster deutscher Vergangenheit. Zwei Verfahrensweisen sind an diesem Ergebnis beteiligt: die Metaphernbildung, besonders von Identifikationsmetaphern, und das Herstellen von sprachlichen Assoziationsfeldern. Beide sind aufeinander bezogen:

Zapfentrommler Wald grüner Landsknecht
mehrfach getarnt: dich erkenn ich am Tritt
deiner Bäume. Ruhelos stampfen sie auf
auf mich zu, in stärkerem Maße, verdoppeln
das ist mir bekannt, ihre Besuche, nachts
oder dienstags, zu Ostern, zu jeglicher Stunde
erscheinen, wer weiß das nicht, die kürzlich
im Waldgrab verblichen: Erschlagne, Gehenkte.
Die Drossel sahs, bot Widerstand, sang ein Lied
sang keins, erdrosselt, wer da in die Grube fiel
so ging er hin, blieb hier in den Bäumen
kommt, in stärkerem Maße, auf mich zu, warnend
vor dem, was in mir ist, beharrlich, und sagt:
Wald grünes Blasrohr Geräusche.

Die Identifikationsmetaphern für Wald als Zapfentrommler und Landsknecht, mit dem Tritt von kriegerisch getarnten Marschkolonnen, entwickeln sich zum Waldgrab als Ort gewaltsamen Todes. Das Wort »grün« als Assoziationskern trägt die Identifikation von Wald und Kriegsterror weiter zu Wald als einem grünen Blasrohr, das den Bedeutungsbereich von Urwald anschneidet. Wer, wie die Drossel, dagegen ansingen, Widerstand bieten will, wird quasi assoziativ erdrosselt. Aus dem schönen Wald, der einst aufgebaut war so hoch da droben, ist im Gedicht ein politischer Dschungel geworden. Aus der eingangs erwähnten Sprachkrise haben die Lyriker eine Konsequenz gezogen, die mit der Bildlichkeit des Worts eng zusammenhängt: Von Ansätzen bei Georg Heym über Georg Trakl zu Paul Celan entstehen individuelle Systeme von Dichtersprache. Sie gehen aus einer mehr oder weniger konsequenten Eingrenzung des Wortschatzes hervor. Daß trotz dieser Reduktion die Ausdrucksmöglichkeiten des Gedichts nicht beschnitten werden, ergibt sich aus der Möglichkeit, tragende Elemente des reduzierten Wortschatzes durch Zusammensetzung oder Kombination untereinander zu Chiffren aufzuwerten. Ein solches Chiffrensystem ist z. B. bei Georg Heym erst halb ausgebildet: Das Sprachbild »schwarzer Abend« im Gedicht ›Frühjahr‹[11] ist einerseits noch farbphysiologisch, anderseits schon als subjektive Chiffre für eine Verdunkelung von Heyms Naturgefühl zu lesen. Bei Trakl ist ein Chiffrensystem bereits zum hermetischen Ausdrucksbereich gediehen. So bezeichnen seine Farbwörter nur mehr selten objektive Farben, sondern bestimmte subjektive Sehweisen der Wirklichkeit, die in einer möglichst umfassenden Zusammenschau aller Verwendungsvarianten gelesen werden müssen; andernfalls bleiben Fügungen wie »tolle Röte« oder »schwarzes Linnen« unzugänglich.

Das Werk Paul Celans ist ein Beispiel eines individuellen Sprachsystems in der Lyrik nach 1945. Zum hermetischen Charakter seiner Chiffrierung, die er bevorzugt an Wörtern wie »Sprache«, »Wort«, »Schnee« bzw. »Eis«, »Kristall« und anderen vornimmt, tritt bei ihm noch die Wortzusammensetzung. Wie Trakl hat er einen bestimmten Grundwortschatz, hält ihn aber durch Zusammensetzungen und Fremdwortzitate für Erweiterungen offen. Häufig verwendet er sie nur einmal; außerhalb der Gedichte kommen sie kaum vor, für die Alltagssprache haben sie keinen Mitteilungswert. Celan geht so weit, daß er auch bestimmte einfache Wörter nur einmal verwendet. Aus der Wortkonkordanz zur Dichtung Celans (erstellt von Horst Peter Neumann)[12] ist ersichtlich, daß Celan das Wort »Milch« nach seinem berühmten Oxymoron »Schwarze Milch der Frühe«, mit dem seine ›Todesfuge‹ aus dem Jahr 1948 beginnt, nie mehr verwendet und damit sorgsam einer möglichen Verdinglichung entzogen hat.

Die Funktion von Celans Wortzusammensetzungen, ein metaphorisches und thematisches Bezugsnetz zu schaffen, läßt sich am Gedicht ›In Mundhöhe‹ aus dem Band ›Sprachgitter‹ zeigen:[13]

In Mundhöhe, fühlbar:
Finstergewächs.

(Brauchst es, Licht, nicht zu suchen, bleibst
das Schneegarn, hältst
deine Beute.

Beides gilt:
Berührt und Unberührt.
Beides spricht mit der Schuld von der Liebe,
beides will dasein und sterben.)

Blattnarben, Knospen, Gewimper.
Äugendes, tagfremd.
Schelfe, wahr und offen.

Lippe wußte. Lippe weiß.
Lippe schweigt es zu Ende.

»Mundhöhe«, »Finstergewächs«, »Schneegarn«, »Blattnarben«, »tagfremd« sind als Zusammensetzungsmetaphern assoziative Zentren des Gedichts. Sie entwickeln um sich herum »semantische Höfe«, das sind Umkreise von Mitbedeutungen, die sich an ihren Rändern berühren. So verweist »Mundhöhe« auf die schweigende Lippe am Ende des Gedichts. »Finstergewächs« zielt gegen »Licht« in der zweiten und auf »tagfremd« in der vorletzten Strophe und ist somit eine Gegenkraft zu den Möglichkeiten des Sprechens, verwächst dem lyrischen Sprecher den Mund, weist anderseits voraus auf Verstümmelung in »Blattnarbe«. »Garn« in »Schneegarn« steht bei Celan zusammen mit Wörtern wie »Faden« und »Spur« häufig in einem positiveren Bedeutungsfeld, das inmitten von Zwängen des Verstummens die Möglichkeit des Sprechens, des Findens von Objekten zumindest offenläßt. In »Schneegarn« treten die Extreme des Verstummens und der Objektfindung als Spannung zusammen. Durch diese Verbindung von Assoziationskernen mit den Sub-Bedeutungen erschließt sich in Umrissen das Thema des Gedichts: Es ist der bei Celan zum poetischen Paradox geronnene Gegensatz von Sprechen-Müssen über etwas, was sich der Sprache bereits entzieht, was in seiner der Alltags-Mitteilungssprache weit vorauslaufenden Sensibilität nur mehr sprachlos und bedrängend »fühlbar« ist.

Will man zu den Objekten dieses Sprechen-Wollens weitergehen, wird man auf die Funktion des Satzbaus in diesem Gedicht verwiesen. An ihm aber lassen sich zugleich grundlegende syntaktische Verfahrensmöglichkeiten im modernen Gedicht zeigen.

Die Alltagssprache legt in ihrer Grammatik bestimmte Regeln vor. Ein transitives Verb wie »wissen« z. B. verlangt ein Objekt im Akkusativ, damit der Regel nach von einem vollständigen Satz gesprochen werden kann. Damit unterliegt die Verwendung dieses Verbums bestimmten Einschränkungen; die Grammatik diktiert neben dem Verlauf des Satzes auch Inhalte und Stilwirkungen, ja sogar Verhaltensweisen, wie Peter Handke in seinem Stück ›Kaspar‹ zu zeigen versucht. Eine der Wirkungen des transitiven Satzes ist die, daß ein Subjekt bzw. sein Sprecher mit der Welt der Objekte Bezüge herstellen kann (Beispiel: Er liebt sie). Nun finden sich im modernen Gedicht schon früh »Verstöße« gegen diese Regel. Der Expressionist August Stramm z. B. intransiviert transitive Verben in seinem Gedicht ›Patrouille‹[14]. »Äste würgen« heißt es dort, und umgekehrt wird in der Zeile »Fenster grinst Verrat« ein an sich objektloses Verbum auf ein Objekt bezogen. Wenn dieses Verfahren auch nicht völlig neu ist – Klopstock machte schon davon Gebrauch – so ist die massierte Anwendung hier doch neuartiger Regelverstoß gegen die herkömmliche Syntax, ein von Stramm bewußt angestrebter Durchstich durch die »gesellschaftliche Oberfläche« der Sprache. Er versucht, in der Grammatik ein bestimmtes Erwartungsschema und damit Denkgewohnheiten zu stören. Der Bezug von »grinsen« auf »Verrat« macht klar, daß die Annahme, ein hämisches Verhalten wie Grinsen sei objektloser Vorgang ohne Folge, auf einer Vorprägung der Grammatik beruht.

Im Gedicht Celans wird der Regelverstoß zum Ausdrucksträger. Die grammatisch vollständigen sind zwar korrekte Sätze, aber nicht die für das Gedicht entscheidenden. Sie sprechen vom Sprechen als einem von Schuld oder als einem von Grundsätzlichkeiten (wie in der Zeile »beides will dasein und sterben«). Diese Sätze formulieren die Schwierigkeit des Sprechens in einem Gestus, der es noch als möglich hinstellt, zu einer »beredten«, d. h. grammatisch korrekten Wendung über Sprachnot zu kommen. Eine solche Formulierung würde aber genau dem unterliegen, was Celan vermeiden will, der Verdinglichung, wie etwa in der klischierten Sentenz, daß man »heutzutage« über gewisse Dinge »nicht mehr sprechen könne«, oder in der Beredsamkeit, mit der Ludwig Wittgensteins Satz »Wovon man nicht sprechen kann, darüber muß man schweigen«,[15] bei jeder Gelegenheit bemüht und entwertet wird. Soll eine solche Sprachnot glaubhaft sein, muß sie aus dem Sprachgestus hervorgehen. Und das ist die Funktion der letzten Sätze des Gedichts:

Lippe wußte. Lippe weiß.
Lippe schweigt es zu Ende.

Das Verb »wissen« wird intransitiviert, das von der Grammatik geforderte Objekt bleibt aus. Im Satz »Lippe weiß« wird zudem nicht nur die Allgemeingültigkeit des Präsens wirksam, sondern zusammen mit dem Farbwort »weiß« bedeutungsverdoppelt. »Weiß« muß assoziativ auf die zweiwertige Chiffre »Schneegarn« rückbezogen werden, zielt aber deutlicher auf »Schnee« als Chiffre für Stummsein als auf »Garn« als Chiffre für Objektfindung. Wissen, aber nicht sprechen können, wird endgültig in einem transitivierten Schweigen, das sich regelwidrig ein Objekt gibt, »es« aber nicht nennt. Die

Veränderung des Satzbaus dient der Aufwertung des Einzelworts. Nur wenn dessen Einbindung in den vertrauten Satzbau vermieden wird, die Grammatik also nicht mehr ihre vorprägende Kraft ausüben kann, können Einzelwörter und metaphorische Zusammensetzungen jene Wirkung tun, die ihnen auferlegt wird.

Mit einer Lyrik, die ihren Abhebungscharakter durch metaphorische Dunkelheit und regelverstoßenden Sprechduktus erreicht, läuft eine Tradition parallel, die sich verständlicher gibt. Im 20. Jahrhundert ist Bertolt Brecht ihr bedeutendster Vertreter; Vorläufer im 19. Jahrhundert sind Heine und die Jungdeutschen, Freiligrath, Herwegh; nach 1945 wird sie von Autoren wie Günter Grass, Hans Magnus Enzensberger, Brecht selbst und anderen weitergeführt. Diese Tradition ist weniger esoterisch in ihrem Gesamtbild, sie sucht eine breitere Öffentlichkeit. Ihre Mittel sind die Verfremdung, die Mischung der Sprachebenen, die Montage auf Laut-, Wort- und Satzebene. Ein frühes Beispiel aus dem Expressionismus bildet das berühmte kurze Gedicht ›Weltende‹ von Jakob van Hoddis.[16] Die Zeile »Dachdecker stürzen ab und gehn entzwei« stellte menschlichen Tod auf eine damals schockierende Art dar. Zwei einander fremde Sinnbezirke, das menschliche Sterben und das Kaputtgehen von Dingen, werden in eine syntaktische Einheit gespannt. Diese Verfremdung durch These und Antithese fordert den Leser zu einem dialektischen Schritt auf. Wird er nicht vollzogen, bleibt dieses so verständlich klingende Gedicht vielleicht nicht gerade dunkel, aber in der Nähe des Lächerlichen oder des Nonsens. Der dialektische Schritt liegt darin, eine Situation zu überdenken, an der menschlicher Wert so zerbrechen kann wie ein Dachziegel. In Brechts Gedicht ›Fragen eines lesenden Arbeiters‹[17] wird die Anfangszeile »Wer baute das siebentorige Theben?« im Ton einer Geschichtsschreibung gesprochen, die nach Hegelscher Philosophie nur nach dem einzelnen großen Mann als dem ausersehenen Organ des Weltgeistes fragt. Die Frage aus der Kommerzsprache am Ende: »Wer bezahlte die Spesen?«, verfremdet die Genie-Historik derart, daß sich als dialektischer Schritt die Forderung ergibt, das ökonomische Verhältnis von Herrschern und Beherrschten zu überdenken. Hans Magnus Enzensbergers Gedicht »bildzeitung«[18] treibt dieses Verfahren mit zusätzlichen Mitteln weiter. Es erhebt dabei den Anspruch, die Situation des Menschen in einer gesteuerten, pressemanipulierten Gesellschaft offenzulegen. Dazu erscheint ihm nötig, die Oberflächensprache dieser Situation einerseits zu verwenden, anderseits zu verfremden und neu zu montieren, um den fortgeschrittenen Grad ihrer Verdinglichung zu durchstoßen. Die zweite Strophe, repräsentativ für alle vier, lautet:

manitypistin stenoküre
du wirst schön sein:
wenn der produzent will
wird dich druckerschwärze salben
zwischen schenkeln grober raster
mißgewählter wechselbalg
eselin streck dich:
du wirst schön sein.

Fertigteile von Sprache werden hier abrupt nebeneinandergestellt;
»du wirst schön sein« bringt die Prophetie eines Glücksverspre-
chens, das am Ende der Strophe in der Art hämmernder Presse-
schlagzeilen wiederholt wird. Der Produzent wird zur Macht, der
wie ein Prophet des Alten Testaments den Wunsch bestätigt, oben
zu sein, auf dem Thron. Die Druckerschwärze der Titelbilder und
der Schlagzeilen wird zum heiligen Öl, mit der die Schönheitsköni-
ginnen gesalbt werden. Die Ersatzwelt des Märchens, die die Kon-
junkturschraube dem Menschen vorspielt, wird mit der Zeile »eselin
streck dich« vergegenwärtigt. Ein winziger Eingriff in das Wort
»eselein« des Märchens plakatiert die Kommerzerotik und legt sie
bloß. Dieser Montage auf der lautlichen Ebene entspricht jene von
»mißgewählt«: Mißwahlen sind Fehlwahlen, Handel mit Wechseln
bzw. Schecks. Die Wortmontagen »manitypistin stenoküre« assozi-
ieren sich mit manisch ausgeübter Büroarbeit und Walkürenmythos,
gleichzeitig erzwingen sie, wie auch »markenstecher uhrenkleber«
in der ersten Strophe, eine Reflexion auf die Tatsache der buchstäbli-
chen Austauschbarkeit des einzelnen und seines bloßen Funktionie-
rens im Berufsleben; das System, in dem solches täglich propagiert
wird, ist mit der Montage »sozialvieh stimmenpartner« in der dritten
Strophe als ein System der Nicht-Sozialpartnerschaft gekennzeichnet.
Es läge nun nahe, die Verfahrensweisen Enzensbergers von denen
Celans scharf abzugrenzen und an ihnen den Gegensatz der sogenannten engagierten zur sogenannten degagierten Literatur zu entwickeln. Das würde jedoch das Problem des Gedichts der Gegenwart verkürzen. Zu dieser Frage sei auf das elfte Kapitel dieses Buches verwiesen. Nicht nur von den Mitteln her ist der Gegensatz
nicht so scharf. Was die Wirkung betrifft, so fällt der Nachweis, daß
ein Gedicht wie Enzensbergers ›bildzeitung‹ gesellschaftspolitisch
mehr bewirkt als Celans ›In Mundhöhe‹, schwerer als man annehmen möchte. Gemeinsam ist ihnen in jedem Fall der Widerstand gegen die Einengung authentischen Sprechens, gegen die zunehmende
Verdinglichung und Entwertung der Sprache.

Anmerkungen

3. Verfahrensweisen und Techniken im Gedicht

1 Eine ergiebige Zusammenstellung solcher Eigenanalysen ist enthalten in: W. Höllerer (Hrsg.): Theorie, a. a. O.
2 Benn, Gottfried: Gesammelte Werke in vier Bänden. Hrsg. von Dieter Wellershoff. Bd. 1: Essays, Reden, Vorträge. Wiesbaden 1959, S. 390.
3 Adorno: Rede über Lyrik und Gesellschaft, S. 84.
4 Jandl, Ernst: sonett. Aus: Der künstliche Baum. Neuwied und Berlin 1970. (= Sammlung Luchterhand 9), S. 155.
5 Heym, Georg: Robespierre (letzte Fassung). In: Dichtungen und Schriften. Hrsg. von Karl Ludwig Schneider. Bd. 1. Hamburg/München 1964, S. 90.
6 Enzensberger, Hans Magnus: oden an niemand. In: Landessprache. Gedichte. Frankfurt/M. 1969. (= edition suhrkamp 304), S. 45 ff. Zuerst in der Ausgabe Frankfurt/M. 1960.
7 ders.: ins lesebuch für die oberstufe. Aus: Gedichte. Die Entstehung eines Gedichts. Frankfurt/M. 1962. (= edition suhrkamp 20). S. 28.
8 Brecht, Bertolt: Schlechte Zeit für Lyrik. In: Gesammelte Werke. Bd. 9. Werkausgabe. Frankfurt/M. 1967, S. 743 f.
9 Bachmann, Ingeborg: Im Gewitter der Rosen. Aus: Die gestundete Zeit. München 1957, S. 40.
10 Jentzsch, Bernd: In stärkerem Maße. Aus: Lesebuch. Deutsche Literatur der 60er Jahre. Hrsg. von Klaus Wagenbach. Berlin 1968, S. 108. Auch in: Aussichten. Junge Lyriker des deutschen Sprachraums. Vorgestellt von Peter Hamm. München 1966.
11 Heym, Georg: Frühjahr. In: Dichtung und Schriften. Hrsg. von Karl Ludwig Schneider. Bd. 1. Hamburg/München 1964, S. 437.
12 Neumann, Horst Peter: Wortkonkordanz zur Lyrik Paul Celans bis 1967. München 1969.
13 Celan, Paul: In Mundhöhe. Aus: Sprachgitter. Frankfurt/M. 1961, S. 40.
14 Stramm, August: Patrouille. Aus: Dein Lächeln weint. Gesammelte Gedichte. Wiesbaden 1956, S. 77.
15 Wittgenstein, Ludwig: Tractatus logico-philosophicus. Frankfurt/M. 1969. (= edition suhrkamp 12), S. 115.
16 Hoddis, Jakob van: Weltende. In: Die Aktion. Hrsg. von Franz Pfemfert. 3. Jg. (1913). S. 48. Zuerst in: Der Demokrat. 11. 1. 1911.
17 Brecht, Bertolt: Fragen eines lesenden Arbeiters. In: Gesammelte Werke. Bd. 9. Werkausgabe. Frankfurt/M. 1967, S. 656.
18 Enzensberger, Hans Magnus: bildzeitung. In: Gedichte 1955–1970. Frankfurt/M. 1971. (= suhrkamp taschenbuch 4), S. 14 f.

4. Verfahrensweisen und Tendenzen im Drama

Weniger als jede andere Literaturform kann das Drama für sich betrachtet werden, denn es ist ein Teil der umfassenderen Kunstform des Theaters. Erst auf der Bühne, als Schauspiel, und in der Kommunikation mit dem Zuschauer findet es den gemäßen Spielraum, seine Wirklichkeit und Wirkung. Mehr als jede andere Form der Literatur ist es also abhängig und geprägt von einer Vermittlungsinstanz, der Institution des Theaters, und von der Aufnahme durch das Publikum, seiner miterzeugenden Anteilnahme sowie seiner Sozialstruktur. Wenn wir in der gebotenen Kürze das deutsche Drama der Gegenwart in seinen Grundzügen und Besonderheiten als Ensemble literarischer Formen und Verfahrensweisen zu beschreiben versuchen, können jene vielfältigen Zusammenhänge nur andeutungsweise berücksichtigt werden.

Unsere knappe Darstellung versteht sich als Versuch, die in der Gegenwart, d. h. etwa in den letzten 25 Jahren, dominierenden dramaturgischen Tendenzen und Verfahrensweisen des deutschsprachigen Dramas zu charakterisieren. Der Ausdruck Drama wird hier nicht gattungstheoretisch wertend gebraucht im Sinne des traditionellen Begriffs (von echtem Drama und echt dramatisch), sondern meint lediglich und neutral: für die Bühne geschaffene Literatur, zur Aufführung im Theater bestimmte Literatur. Und wenn hier versucht wird, für diese Literaturformen charakteristische Verfahrensweisen herauszustellen, so deshalb, weil wir eine künstlerische Form am besten nicht als etwas Isoliertes, statisch Gegebenes zu begreifen suchen, sondern als einen Prozeß, in dem die Absichten des Autors, das Repertoire von Formen und Strukturen, ihre Kombination und Realisation im konkreten Drama, sowie die kultur- und sozialgeschichtliche Situation eine Einheit bilden.

Wir gebrauchen den Ausdruck Drama in dem erwähnten weiten und neutralen Sinn, weil die *Entwicklung der modernen Dramatik,* wie Margret Dietrich, Volker Klotz, Siegfried Melchinger, Peter Szondi, Rainer Taëni u. a. zeigen konnten, von der klassischen Kunstform des Dramas weggeführt hat.[1] Ein Festhalten an dem traditionellen, ungeschichtlichen und normativen Dramenbegriff, wie ihn z. B. noch Gustav Freytag (1863) formuliert hat[2] und woran Theater-Kritik und -Publikum generationenlang die moderne Dramatik gemessen (und sich dabei oft ver-messen) haben, würde es uns unmöglich machen, die Eigenart moderner Bühnenliteratur zu begreifen, zu verstehen. Verständnis des Neuen wird aber ebensowenig gefördert durch Verwischung der Unterschiede. Darum wollen wir, die Gefahren einer groben Vereinfachung notgedrungen in Kauf nehmend, wenigstens eine schematische Abgrenzung, Unterscheidung versuchen.

Der Prozeß jener *Ablösung vom traditionellen Drama* stellt sich, wie Szondi gezeigt hat,[3] als ein einsehbar-notwendiger, keineswegs willkürlicher, dar: Im klassischen Drama entsprechen sich, aufgrund kultur- und sozialgeschichtlicher Gegebenheiten, (dramatische) Form und (dramatischer) Inhalt. Im Drama des bürgerlichen Realismus und Naturalismus ist aufgrund der veränderten kultur- und sozialgeschichtlichen Gegebenheiten der Widerspruch zwischen neuem Inhalt (d. h. epischer Thematik) und festgehaltener (d. h. im traditionellen Sinn dramatischer) Form auf die Dauer nicht zu verbergen. In der Dramatik des 20. Jahrhunderts erst werden diese Widersprüche voll sichtbar; sie bewirken die Problematisierung der traditionellen dramatischen Form bzw. Dramentechnik in den rasch einander ablösenden, revolutionierenden Theater-Experimenten, z. B. des Symbolismus, des Expressionismus, der sogenannten Neuen Sachlichkeit. Dazu kommt nach dem Zweiten Weltkrieg die Rezeption der internationalen Dramatiker-Avantgarde (von Jarry und Pirandello bis Wilder und Beckett) und ihrer Versuche, ein neues Theater zu schaffen.

Kein Wunder, daß Publikum und Kritik, in Verwirrung gestürzt, von der *Krise des Theaters* zu sprechen nicht müde wurden. Aber das, was man unter dem Aspekt der Krisenhaftigkeit wahrzunehmen sich gedrängt fühlte und was man vielfach nur als Formzerfall, als mutwillige Zerstörung der Tradition beurteilte, was war es und ist es anderes, als ein keineswegs beliebiger (wenn auch den abstandslosen Betrachter verwirrender) Prozeß der Befreiung, der Suche nach einer neuen Funktion in einer veränderten und sich ändernden Gesellschaft? Wenn es so ist, dann ist die Bewegung, sind die Spannungen, die das Theater der Gegenwart bestimmen, in Analogie und Entsprechung zu den geistigen Konflikten und zu den Spannungen in unserer Sozialstruktur nicht unverständlich, nicht isolierte ästhetische Prozesse. Kunstform und Lebensform entwickeln und verändern sich nicht unvermittelt, auch nicht gleichgeschaltet, sondern in einer Beziehung, die man wohl zutreffend mit der Formel von gegenseitiger, wechselseitiger Herausforderung und Antwort definieren kann.

Was dem an die klassische Gattungs-Form des Dramas gewöhnten

Betrachter, dem Theaterpublikum und oft auch dem Theaterkritiker, als Formzerfall schlechthin erscheint, ist – im Blick auf die umfassendere, reichere, vielfältigere, spannungsvollere Tradition dramatischen Gestaltens – zunächst als Akzentverschiebung von der Dominanz der geschlossenen Form zu offenen Formen des Dramas erkennbar. Volker Klotz hat uns (vorausgehende Forschungen zusammenfassend, ordnend und präzisierend) wieder bewußt gemacht, daß die Tradition des neuzeitlichen Dramas keine eindimensionale Entwicklung darstellt, sondern ein mehrdimensionaler, vielschichtiger Vorgang ist, der eine Vielfalt von Stiltendenzen aufweist. Polarisiert man diese Stiltendenzen, so lassen sich *zwei gegensätzliche Stiltypen* gegenüberstellen: die geschlossene und die offene Form des Dramas; zwischen ihnen gibt es zahlreiche Formen des Übergangs.[4]

Die geschlossene Form des Dramas läßt sich z. B. an Stücken von Racine, Lessing, Goethe und Schiller demonstrieren, die offene Form an Stücken von Lenz, Büchner, Grabbe, Wedekind und Brecht. Wenn man z. B. Goethes ›Torquato Tasso‹ und ›Iphigenie auf Tauris‹, Schillers ›Braut von Messina‹ und ›Maria Stuart‹ untersucht, zeigen sich Bauform und Verfahrensweise durch Merkmale bestimmt, die den Strukturprinzipien z. B. der Dramen ›Woyzeck‹ und ›Dantons Tod‹ von Georg Büchner oder ›Der gute Mensch von Sezuan‹ und ›Leben des Galilei‹ von Bertolt Brecht genau entgegengesetzt sind. In solcher Perspektive, d. h. konfrontiert mit anderen Meisterwerken dramatischen Gestaltens, die nicht-klassische oder gegen-klassische Verfahren anwenden, um ihre Welt zum Ausdruck bringen zu können, erscheint die klassische, geschlossene Dramenform nicht mehr als die absolut mustergültige, sondern relativiert. Der geschlossenen Form stehen prinzipiell ebenbürtige Möglichkeiten offener Form gegenüber (womit noch nichts über den jeweils erreichten Grad der Vollendung festgelegt ist).

Vergleicht man z. B. Goethes ›Iphigenie auf Tauris‹ mit Brechts ›Der gute Mensch von Sezuan‹, so wird jene Akzentverschiebung vom geschlossenen zum offenen Drama sehr deutlich. Abstrahiert man die Prinzipien des jeweils angewendeten Verfahrens, so sind die von Volker Klotz ermittelten *polaren Stiltypen* klar ersichtlich.[5] Sie lassen sich etwa so gegenüberstellen:

Die *geschlossene Form* des Dramas stellt eine *geschlossene Welt* dar, eine Welt für sich.	Die *offene Form* des Dramas stellt eine *offene Welt* dar, eine Welt, die über sich hinaus weist.

Geschlossene Form	Offene Form
Im Drama der geschlossenen Form wird nur ein *Welt-Ausschnitt* vorgeführt. Dieser aber, in sich geschlossen und abgerundet, erscheint als *ideelle Totalität*, repräsentativ für das Ganze. (Ihm ist nichts hinzuzufügen, kein Teil kann weggelassen werden.)	Im Drama der offenen Form soll das *Ganze*, eine *empirische* Totalität vorgeführt werden. Das aber nur in Teilaspekten, in *Ausschnitten* möglich. Die Teile haben fragmentarischen Charakter. (Es wäre möglich, hinzuzufügen oder wegzulassen.)
Die geschlossene Wirkung beruht auf der *Einheit* von Handlung, Raum und Zeit. (Prinzip der *Konzentration* und Raffung.)	Dem offenen, unabgeschlossenen Charakter entspricht die *Vielfalt* von Handlung, Raum und Zeit. (Prinzip der *Auffächerung* und Streuung.)
Im geschlossenen Drama dominiert die finale, über einen Höhepunkt auf das Ziel hin eilende Bewegung. (Prinzip der *Finalität*.)	Für das offene Drama ist eine kreisförmige oder spiralige Bewegung des Geschehensablaufs typisch. (Prinzip der perspektivischen *Einkreisung*.)
Die finale Bewegung des geschlossenen Dramas erzeugt und löst *Spannung;* sie erfordert Unterordnung, *Unselbständigkeit der Teile.* Der logisch-schlüssige Zusammenhang dominiert.	Die kreisförmig-spiralige Bewegung des offenen Dramas kann auf eine erst am Ende auflösbare *Spannung* verzichten; sie erlaubt weitgehende *Selbständigkeit* der Teile und fördert sinnliche Anschaulichkeit wie plastische Abrundung der einzelnen Szene.
Typisch für die geschlossene Form ist das hierarchisch gliedernde Kompositionsprinzip des *Aktestücks*, als fester Rahmen für eine folgerichtig-kontinuierliche Entwicklung mit Anfang, Höhepunkt, Ende.	Typisch für die offene Form ist das Gefüge des *Stationendramas*, das gleichwertige Teile reiht, unvermittelt einsetzt, punktuell (oft diskontinuierlich sprunghaft) fortschreitet und unvermittelt endet.
Dem geschlossenen Drama genügt deshalb *ein einheitliches Konstruktionsschema* (Exposition, steigende und fallende Handlung).	Das offene Drama erfordert *vielfältige Mittel der Koordination* der Teile (z. B. ausgeprägte Bildersprache in der Art metaphorischer Verklammerung oder thematische Koordination durch komplementäre Handlungsstränge).

Der *ausgewogene Gegensatz* von Spiel und Gegenspiel im geschlossenen Drama, an Höhepunkten zur klaren Duell-Situation gesteigert, setzt gleichartige Gegner voraus (z. B. Iphigenie und Thoas).

Im offenen Drama sind Spiel und Gegenspiel weniger ausgewogen, von *ungleichartiger Gegensätzlichkeit,* weil der Hauptfigur meist nicht ein einzelner Gegenspieler gegenübertritt, sondern die Macht der gesellschaftlichen Verhältnisse (z. B. Shen Te/Shui Ta und Sun u. a.).

Wie in der *Grobstruktur* die Unterschiede zwischen geschlossener und offener Form deutlich werden, so lassen sich auch in der *Feinstruktur* z. B. der Sprache entsprechende Verschiedenheiten aufzeigen:

So exklusiv wie der Kreis der Personen, so gewählt ist im *geschlossenen Drama* die Sprache, der Versrhythmus; entsprechend dem hierarchisch gliedernden Kompositionsprinzip ist die Satzstruktur der Rede hypotaktisch, d. h. unterordnend. Der für das geschlossene Drama charakteristische Abstand zur empirischen Wirklichkeit sowie das den Hauptpersonen eigene Wissen um das Ganze ermöglichen besonnenes, gewähltes Sprechen.

Rückhaltlos auch dem Menschen in der Masse, in der Trivialität unmittelbaren Ausdruck verschaffend, und der Vielfalt menschlicher Sprach-Gestik offen, ist die Prosa des *offenen Dramas;* beiordnend, reihend was die Kompositionsprinzip ist die parataktische, d. h. beiordnende Syntax. Die nahegerückte empirische Wirklichkeit drängt den Menschen oft sprachlich in die Defensive. Im Grenzfall findet sich ungrammatisches Sprechen, steht der Ausweg in das Mimische oder Pantomimische offen.

Diese Gegenüberstellung von geschlossener (klassischer) und offener (in der Moderne bevorzugter) Form erfaßt das Repertoire an Verfahrensweisen in der zeitgenössischen Dramatik auf der Ebene von – nicht zuletzt auch sozialgeschichtlich bedingten – *Stiltypen.* Die Eigenart und die besonderen Verfahrensweisen des Dramas der Gegenwart lassen sich aber auch unter einem anderen, sehr wichtigen Aspekt deutlich machen: Wenn man sich fragt, welches Verhältnis hat das traditionelle Drama zur empirischen Wirklichkeit, und welches zeigt sich in der modernen Dramatik?

Wir können den Wandel erkennen, wenn wir den Dramen des Illusionismus die moderne Dramatik der Verfremdung gegenüberstellen: Mit *Illusionismus* bezeichnet Melchinger[6] die Grundtendenz des Theaters des bürgerlichen Zeitalters in der Zeit etwa von 1750 bis 1910. Er meint damit jene Art des Dramas, die erstens danach strebt, auf der Bühne Wirklichkeit vorzutäuschen (Grundprinzip der Na-

türlichkeit), und zweitens auf die Möglichkeit baut, Ideen, Idealvor-
stellungen, wenn man will »Illusionen«, in die Wirklichkeit hinein-
zuführen und diese dadurch zu verbessern (Fortschrittsgedanke).
Melchinger sieht einen Zusammenhang zwischen dem Zusammenbruch des Fortschrittglaubens und der künstlerischen Revolution
von 1910. Für das Theater bedeutet das Ende des Illusionismus die
Renaissance des vor- bzw. nicht-illusionistischen Theaters, d. h. die
Wiedergewinnung oder Betonung des Spiel-Charakters der dramatischen Szene, wie ihn vor- bzw. nichtklassische Formen des Theaters
(vom mittelalterlichen Spiel über das Barockdrama bis zum Volkstheater) und zum Teil die Komödie bewahrt haben. Wenn wir den
von Melchinger vorgeschlagenen bloß negativen Gegenbegriff »anti-
illusionistisches Theater« durch einen Zentralbegriff moderner Dramatik, den der »Verfremdung«, ersetzten, so können wir das Theater der Gegenwart mit Rainer Taëni als *Verfremdungstheater* bezeichnen.[7]
Diese Bezeichnung schließt den von Brecht maßgebend geprägten
Begriff des *epischen Theaters* ein, reicht aber über das, was Brecht
damit meinte, hinaus. Brecht meinte eine dialektische, im Sinne des
Marxismus politisch engagierte Dramatik und Theaterkunst. Doch
die Mittel der Verfremdung, die Verfremdungseffekte als Verfahren
der Dramatik (und der Theaterkunst) sind nicht von Brecht erfun-
den, wohl aber maßgebend definiert und verwendet worden. Er
sagt: »Eine verfremdende Abbildung (der Wirklichkeit) ist eine solche, die den Gegenstand zwar erkennen, ihn aber doch zugleich
fremd erscheinen läßt«.[8] Es sind alte und internationale Mittel des
nicht-illusionistischen Theaters, die im Zuge der Theaterrevolution
zu Beginn des 20. Jahrhunderts wiederentdeckt und neu verwendet
wurden. Und zwar nicht nur, um das Theater aus der (besonders in
der naturalistischen Spätphase des Illusionismus herrschend gewordenen) Gewohnheit der Wirklichkeitsimitation zu lösen, sondern
vor allem, um ein zentrales Problem des gegenwärtigen Theaters zu
bewältigen: Kann die heutige Welt, die gegenwärtige empirische
Wirklichkeit, durch das Theater überhaupt noch wiedergegeben
werden? Dürrenmatt hat diese Frage gestellt, und Brecht hat sich
darauf bezogen, wenn er feststellt: »Die Zeit ist vorüber, wo die
Wiedergabe der Welt durch das Theater lediglich erlebbar sein
mußte. Um ein Erlebnis zu werden, muß sie stimmen.«[9] Deshalb
kam es zur Suche nach neuen Kunstmitteln des Theaters. Deshalb
kam es zur Ausbildung jener Verfahrensweisen der Verfremdung
der uns vertrauten Wirklichkeit, die es dem modernen Dramatiker
ermöglichen, Wirklichkeitsnähe mit einer ihrer selbst bewußten
Kunstform spannungsvoll zu verbinden. Es sind also diese Mittel

der Verfremdung und Distanzierung, die es dem Theater ermöglichen, Wirklichkeit wiederzugeben *und* Unterhaltung zu vermitteln.

Nun unterscheidet schon Brecht selbst zwei Arten von *Verfremdungs-Effekten:* Die einen »entziehen das Abgebildete dem Eingriff des Zuschauers gänzlich, machen es zu etwas Unabänderlichem« (er nennt sie die alten und stellt dazu fest, daß ihre gesellschaftlichen Zwecke von seinen Absichten völlig verschieden seien); die anderen (er nennt sie die neuen) »haben nichts Bizarres« an sich, es ist der unwissenschaftliche Blick, der das Fremde als bizarr stempelt«. Diese neuen, die Brechtschen Verfremdungsmittel, sollen »nur den gesellschaftlich beeinflußbaren Vorgängen den Stempel des Vertrauten [Selbstverständlichen] wegnehmen, der sie [diese Vorgänge] heute vor dem Eingriff bewahrt«.[10] Wir nehmen noch hinzu, daß Brecht erstens behauptet, in unserem Zeitalter könne der Mensch nicht mehr »als Opfer beschrieben werden, als Objekt einer unbekannten, aber fixierten Umwelt«; und zweitens: »Vom Standpunkt eines Spielballs aus« seien »die Bewegungsgesetze kaum konzipierbar«.[11] Wenn wir diese Auffassung mit der entgegengesetzten eines Dürrenmatt,[12] eines Beckett oder Jonesco oder Hildesheimer verglechen, so ergeben sich zwei gegensätzliche Grundpositionen modernen Verfremdungstheaters, die besonders in den 50er Jahren die Szenerie der deutschen Dramatik bestimmten: Das *absurde Theater*[13] Becketts und Ionescos beeinflußt z. B. Wolfgang Hildesheimer und die dramatischen Anfänge von Günter Grass und Peter Weiss. Das epische bzw. dialektische Theater[14] Brechts macht Schule im Osten und im Westen Deutschlands. Ostdeutsche Brecht-Nachfolger sind z. B. Peter Hacks und Heiner Müller.[15]

Für die Autoren des *absurden Theaters* ist die Welt unverständlich und unveränderbar; sie verfolgen meist keine politischen Ziele. Ihr Ziel ist, die hinter dem Gewohnten oder in der bürgerlichen Scheinsicherheit verborgene Absurdität, Sinnlosigkeit aufzudecken und so den Zuschauer zu provozieren, zu verunsichern. Dem entsprechen die hier verwendeten Verfahren der Verfremdung: Die Autoren verzichten auf einen logischen oder psychologischen, durchgehend motivierten Gesamtvorgang, in dem die – szenisch oft sehr intensiven – Detailvorgänge einen Sinn erhielten. Ziellos wirkendes, oft banales Reden der Personen wechselt mit poetischer, hintergründige Irrationalität artikulierender Sprache. Das absurde Theater zeigt die Entpersonalisierung des Menschen z. B. im Clown; die Deformation des Menschlichen z. B. in der Verwandlung zu Nashörnern. Auch die Darstellung der Überwältigung des Menschen durch seine unbewußten Ängste entspricht – wie die anderen Stilmittel – der Absicht, wahrhaftiger und illusionsloser als andere Formen des dramatischen Spiels zu sein.

Für die Autoren des *epischen bzw. dialektischen Theaters* ist die Welt verständlich und veränderbar, d. h. sie kann und muß verändert werden, und zwar im Sinne des revolutionären Marxismus. Darum soll der Zuschauer zu kritischer Einstellung dem Vorgezeigten gegenüber und zur Bereitschaft, Konsequenzen zu ziehen, angeregt werden. Diese kritisch-distanzierte Haltung wird gefördert und wachgehalten durch Verfremdungsmittel wie die Historisierung der aktuell gemeinten Handlungs-Fabel oder die Parabelform (Übertragung gesellschaftlicher Vorgänge in fernliegendes Milieu); Rahmung und Kommentierung des Vorgangs durch einen Spielleiter oder Erzähler; Vor-, Rück- und Einblendungen; Handlungs- und Illusionsunterbrechungen durch Spiel im Spiel, Songs, Appelle an die Zuschauer, plakathafte Szenentitel, Bild-Projektionen und Filmeinblendungen. Das alles sind Mittel einer vorzeigenden, nicht zur Einfühlung herausfordernden Theaterkunst.

Eine mittlere, gesellschaftskritische Position zwischen Absurdität und Engagement wurde als »*Theater des Grotesken*«[16] bezeichnet und kann zu Recht von den beiden anderen, entgegengesetzten Richtungen unterschieden werden. Als Beispiele wären neben Max Frisch (›Biedermann und die Brandstifter‹) vor allem die »Komödien« Friedrich Dürrenmatts zu nennen, von dem der Satz stammt: »Wer so aus dem letzten Loch pfeift wie wir alle, kann nur noch Komödien verstehen«; z. B. ›Romulus der Große‹, ›Besuch der alten Dame‹, ›Die Physiker‹.

In den 60er Jahren verstärkte sich die *Polarisierung* in *politisch* bis zur Agitation engagiertes Theater einerseits und in (intentional) apolitisch *absurdes* Theater anderseits. Aber zwei Dinge dürfen bei der Charakteristik dieses Prozesses nicht übersehen werden.

Erstens: Der Trend verlagerte sich sprunghaft von der surreal-grotesken oder absurden oder lehrhaften Parabel-Dramatik zum *Revolutionsdrama*. Nur wenige namhafte Autoren bewegen sich noch in der Nachfolge des absurden Dramas; z. B. Wolfgang Hildesheimer mit ›Mary Stuart‹ (1970), einer »historischen Szene« von der Sinnlosigkeit der Geschichte; oder Thomas Bernhard mit seiner Endspiel-Parabel ›Ein Fest für Boris‹ (1970). Rolf Hochhuth dagegen, Günter Grass und Tankred Dorst sowie Peter Weiss, Hans Magnus Enzensberger und Dieter Forte sind so oder so von der Revolutionsthematik fasziniert.

Zweitens: Die Bandbreite zwischen den genannten Polen ist größer und reicher gegliedert; ein Umstand, der eine größere Selbständigkeit und neue Lebendigkeit der deutschen Dramatik anzeigt.

Es lassen sich folgende Formen des *gegenwärtigen Dramas* als durch charakteristische Verfahrensweisen bestimmt hervorheben:[17]

1. *Das dokumentarische Theater.* Unter diesem – umstrittenen – Sammelbegriff werden verschiedene politisch engagierte Theaterstücke zusammengefaßt, die in Zielsetzung und Methode an die Inszenierungspraxis Erwin Piscators in den 20er Jahren anknüpfen. Die Autoren derartiger Stücke sind mehr oder weniger bestrebt, dokumentarisches Material und Theater als künstlerisches Medium zu vermitteln, zu verbinden. Die zeitgenössische Entwicklung dieser Form des Theaters setzte in den Jahren 1963 bis 1965 mit Hochhuths Papstdrama ›Der Stellvertreter‹[18], mit Kipphardts ›In Sachen Oppenheimer‹, dem ›Marat‹-Drama und dem Auschwitz-Stück ›Die Ermittlung‹ von Peter Weiss[19] ein und gelangte in den Jahren 1970/71 mit neuen Stücken von Weiss und Hochhuth sowie von Enzensberger[20] und Dieter Forte[21] zu einem Höhepunkt. Über die erreichte bzw. erreichbare faktische Authenzität sollte man sich keine Illusionen machen. Entscheidend ist, daß das Theater nicht nur Parabeln, Gleichnisse, sondern Realität vermitteln und auf diese Weise eine soziale Funktion gewinnen will. Unter Verwendung dokumentarischen Materials (Montagetechnik) werden politisch brisante Stoffe und Themen aus der Vergangenheit oder Gegenwart aufgegriffen; Geschichtslügen, Verschleierungs- und Verdrängungstendenzen sollen entlarvt werden (enthüllender Dialog); indem die Szene zum Tribunal wird, wird das Publikum zum Richter; es wird zu bestimmter Parteinahme aufgefordert und gelenkt (oft werden historische Gerichtsprozesse oder Verhöre dramatisiert); um die nicht selten erstrebte emotionale Wirkung (z. B. Freund-Feind-Polarisierung) zu erreichen, werden, bei Hochhuth, melodramatische Mittel eingesetzt, oder, bei Weiss, die Mittel einer typisierenden, Schwarz-Weiß-Zeichnung nicht scheuenden sogenannten »Schaubuden-Dramaturgie«.

2. *Das experimentelle Sprachspiel-Theater.* Es knüpft an Wittgensteins Sprachspieltheorie an sowie an die Bühnenstücke der Wiener Gruppe und Gertrude Steins. Die besten Beispiele bieten Peter Handkes Sprechstücke.[22] Sie wollen weder parabelhafte Geschichten spielen, noch historische oder aktuelle Realität darstellen. Sie thematisieren Sprechweisen und Situationen. Sie sind ein Aufstand gegen die Gefangenschaft der Sprache und in der Sprache, gegen die Abrichtung durch Sätze. Daher ihr aggressiver Charakter. Andere, spätere Stücke verbinden das Sprachspiel-Theater mit der Dramaturgie von Konversationsstücken. Handkes wohl bekannteste Bühnenarbeiten sind die ›Publikumsbeschimpfung‹ (1966) und ›Kaspar‹

(1968): »Das Stück könnte auch ›Sprechfolterung‹ heißen«, sagt der Autor. Und weiter: Das Stück »zeigt nicht, wie es wirklich ist oder wirklich war mit Kaspar Hauser. Es zeigt, was möglich ist mit jemandem.« Was möglich ist mit jemandem – allein durch Sprachmanipulation. In diesem Sinn ist es experimentell. Auch sein bisher letztes Stück, ›Der Ritt über den Bodensee‹ (1971 uraufgeführt), zeigt nicht mehr und nicht weniger als Schauspieler, die Schauspieler spielen und das Rollenspiel des Lebens zu spielen versuchen (die Herr-Knecht-Rolle, die Mann-Frau-Rolle) und sich – vergeblich – bemühen, einander das Bewußtsein vom Zwang der durch Spielregeln festgelegten Bedeutungen der Mimik, der Gestik, der Sätze auszutreiben. Unmittelbarkeit ist unmöglich, ebenso unmöglich wie das geläufige Als-Ob herkömmlicher Konversation. Das Spiel erstarrt, wie der Reiter (der Ballade) auf seinem Pferd erstarrt – nach dem Ritt über den gefrorenen See.

3. *Das Theater zwischenmenschlichen Verhaltens in bürgerlichem Milieu.* So kann man eine weitere Gegenposition gegen das dokumentarisch-politische Theater nennen. Gemeint sind damit – zum Teil durchaus sozialkritische – Bühnendarstellungen zwischenmenschlichen Verhaltens in Ehe und Familie, wie sie z. B. Martin Walser[23] in der ›Zimmerschlacht‹ (1967) und im ›Kinderspiel‹ (1970), Max Frisch[24] in der ›Biografie‹ (1967) vorgelegt haben. In diesen Bühnenstücken mit bürgerlichem Milieu geht es nicht um die Entlarvung von Geschichtslügen, eher um die von Lebenslügen; nicht um kollektive, sondern bewußt um sogenannte private Konflikte. Diesem Programm entsprechen die von Ibsen und Pirandello oder Albee und Vitrac inspirierten dramaturgischen Verfahrensweisen. In Walsers ›Zimmerschlacht‹, einem Ehe-Konflikt, macht der erbarmungslos ausgespielte, durch komödienhafte Züge nicht gemilderte, sondern ins Karikaturistische gesteigerte Realismus den gemeinsamen Selbstbetrug der Ehepartner zunichte. In der ›Biografie‹ von Max Frisch ist es eine traumspielartige Handlungskonstruktion, die dem sogenannten Helden, der Hauptperson, besser der Versuchsperson (von Beruf Verhaltensforscher), die Chance bietet, sein Leben noch einmal von vorn zu beginnen, zu ändern: umsonst. Rollenzwang und persönliche Determinanten gestatten keine Änderung: das Schicksalsmotiv in neuem Kostüm.

Mit seinen Party-Spielen bürgerlicher Außenseiter, Verhaltensstudien auf gruppendynamischer Basis und in ironisch-aggressiver Perspektive, artikuliert Wolfgang Bauer[25] – unberührt von politischem Veränderungswillen – die Oppositionshaltung enttäuschter, individual-anarchistischer Jugendlicher (ähnlich auch Rainer Werner Faßbinder[26] in seinem Stück ›Katzelmacher‹). Der Dialekt in Wolfgang Bauers Stücken, in ›Party for six‹ z. B. oder in ›Change‹, ist ebensosehr Gruppenjargon wie Ausdruck der Lebensbanalität. Die Verwendung des Dialekts als Mittel sprachlicher Verfremdung sowie die Neigung zur Aktion stellen ihn und andere junge Grazer Autoren in die Nähe der »Wiener Gruppe«.

4. *Das Dialektstück als kritisches Volkstheater und die Horváth-Renaissance.* Handke erklärte sich an Ödön von Horváth mehr interessiert als an Brecht.[27] Seine Option für Horváth ist nur einer der Faktoren, die um 1970 zu der – schon 1957 von Hans Weigel geforderten – Horváth-Renaissance führten bzw. sie anzeigten. Mit dem Erscheinen der ›Gesammelten Werke‹ wurde Horváth »sichtbar als der kritischste deutschsprachige Dramatiker neben Brecht«.[28] Mehr noch als für Handke wurde Horváths zeitkritische Volksstück-Dramaturgie (zum Teil auch Marieluise Fleißers ›Pioniere‹ und Büchners ›Woyzeck‹) zum künstlerischen Leitbild für eine Gruppe junger Autoren von Graz bis Frankfurt, die realistisches Theater schreiben, das sich im sozialen und sprachlichen Milieu der unteren Schichten des Volkes bewegt. Es sind kritische – und deshalb nicht (im herkömmlichen Sinn) volkstümliche – Volksstücke. Diese Theaterform ist sozialkritisch *und* sprachkritisch. Franz X. Kroetz z. B.[29] – neben Martin Sperr[30] und Peter Turrini[31] der konsequenteste dieser Autoren – hat sein Programm so formuliert: »Ich wollte eine Theaterkonvention durchbrechen, die unrealistisch ist: Geschwätzigkeit. Das ausgeprägteste Verhalten meiner Figuren liegt im Schweigen; denn ihre Sprache funktioniert nicht.« Sie funktioniert nicht so, daß sie ihre Probleme wörtlich ausdrücken könnten. In diesem Sinn ist es ein Theater, das die Sprachbarrieren des ungebildeten Volkes thematisiert. Daraus ergibt sich bei Kroetz die funktionale Bedeutung der gewalttätigen Aktionen. Sie setzen dort ein, wo die Sprache versagt; z. B. in dem Zwei-Personen-Stück ›Männersache‹: Eine Metzgerin und ein Eisenflechter können sich den Konflikt ihrer Liebesbeziehung, ihre Haltung zueinander nicht anders klarmachen, als indem sie sich gegenseitig in einem blutigen Duell mit einem Kleinkalibergewehr stellen. »Jetzt siehst, was ich für eine bin«, sagt die Frau. »Damit du siehst, was ich kann«, sagt der Mann.

Neben der stiltypischen Perspektive (geschlossene und offene Form) und dem Realitätsaspekt (Illusions- und Verfremdungstheater) ist zum Verständnis der Eigenart moderner Dramatik und ihrer Verfahrensweisen noch ein speziell theatergeschichtlicher Gesichtspunkt wichtig:

Das seit dem 18. Jahrhundert an die interpretierende Reproduktion dramatischer Literatur gebundene Theater ist seit der Wende zum 20. Jahrhundert bestrebt, sich von der Bindung an die Literatur zu befreien *(Entfesseltes Theater)*. Es beginnt, sich auf die Prinzipien des reinen Theaters als besonderer Kunstgattung, als spezifischem Spielraum menschlicher Möglichkeiten, zu besinnen. Es kommt zu einer Retheatralisierung als Gegenbewegung gegen das literarische Theater. Mittel dieser Retheatralisierung sind z. B. die Betonung des Mimischen und des Gestischen, der Tanz und die Marionette, die Wiedereinführung der Maske, die Zeichensprache und Ausdruckskraft des Lichts, des Raums, der Bewegung – wobei an die Stelle des Naturalismus die Suggestion treten und statt Illusion Magie wirken soll. Dieses Bestreben führte zur Wiedergewinnung alter Formen und Mittel des Theaters von der italienischen commedia dell'arte bis zum japanischen Nô-Spiel. Solche Retheatralisierung finden wir z. B. auch in der mit antikem Vorbild spielenden Komödie ›Amphitryon‹, verfaßt von dem wohl bekanntesten ostdeutschen Dramatiker Peter Hacks (1968).[32] Der Autor erklärt zu Beginn der Komödie:

Die Handlung spielt im alten Theben. Szene ist das Tor zum Haus des Amphitryon. Die Nacht ist eine blaue Gardine, die von oben herabgelassen und bewegt wird. Die Masken der Götter sind golden, die der Menschen von natürlicher Farbe. Jupiter und Merkur, wenn sie sich in Amphitryon und Sosias verwandeln, tragen, über ihren goldenen Masken, Masken, die denen des Amphitryon und des Sosias vollkommen gleichen, aber ebenfalls golden sind. Schwarze Masken machen unsichtbar.

Das eine Extrem reinen Theaters ist das Mimische in der Form der Pantomime (z. B. Handke: ›Das Mündel will Vormund sein‹); das andere Extrem ist das reine Sprechen (z. B. Handkes Sprechstücke wie ›Publikumsbeschimpfung‹ oder ›Selbstbezichtigung‹).

Eine andere Gegenbewegung gegen das literarische Theater ging noch weiter; sie negierte das Theater als etablierte und selbständige Kunstform. Zwei Hauptrichtungen dieser Tendenz lassen sich unterscheiden:
Erstens: Die *Happening-Bewegung* der 60er Jahre,[33] in der sich aggressiv-anarchistische sowie weltflüchtige und meditative Impulse mit gesellschaftskritischem Engagement verbinden. Sie will das Theater als einen vom Leben abgetrennten Kunstvorgang überwinden und deswegen radikal die Trennung von Spielern und Zuschauern (durch deren Miteinbeziehung) aufheben. Technische Medien und Kunstformen werden so gemischt, daß sie sich gegenseitig in Frage stellen; oder die reale Umwelt wird zur Szene gemacht (z. B.

in Wolf Vostells Happening: ›In Ulm, um Ulm und um Ulm herum‹, 1964). Nicht als Happening, sondern als pop-art-Theater (als »dramatisierte Illustrierte«) versteht sich z. B. Bazon Brocks ›Theater der Positionen‹ (1966), in dem er das Theater als einen Bestandteil der Warenwelt zu zeigen versucht.[34]

Zweitens: Die in den 60er Jahren wiedererweckte *Straßen-Theater-Bewegung*.[35] Während das Straßentheater der 20er Jahre ein Propagandainstrument der Arbeiterbewegung war, wurde es nun ein Agitationsmittel der radikal-sozialistischen Studentenbewegung. So wie sich Erwin Piscators 1921 gegründetes *Proletarisches Theater* die Aufgabe einer bewußten Propagierung des Klassenkampfgedankens stellte und das Wort Kunst aus dem Programm strich, so will das sozialistische Straßentheater der Studenten (und Lehrlinge) »die theoretische und praktische Arbeit revolutionärer Verbände vorantreiben« (M. Buselmeier). Solche ›Theaterarbeit‹ will also nichts anderes sein als politische Öffentlichkeits-Arbeit auf der Straße (und ist insofern kein Anti-Theater, keine Alternative zum ›Theatertheater‹). Straßentheater will aktuell informieren und den Zuschauer zu einem bestimmten Handeln aktivieren. Die Darstellungsmittel stehen im Dienst dieses Ziels: Spektakuläre Effekte wie Musik, die Krach macht, und auffallende Transparente sollen Aufsehen erregen. Die auftretenden Figuren werden typisiert als *der* Ami, *der* Kapitalist, oder werden in scharfen Kontrast gestellt: der Chef – der Lehrling. Auch durch Simplifizierung der Realität und der Probleme, plakative Sprache und volkstümliche Ausdrucksweise soll Verständlichkeit bei jedermann erreicht werden. Für Einprägsamkeit sorgen einfache Rhythmen und bekannte Melodien in Songs und Liedern. Grelle Kostüme, Masken und Puppen dienen einer drastischen szenischen Demonstration.

Und das Theater als Institution? Bleibt es tot auf der Strecke? Kaum. Eher die Happening- und Straßentheater-Bewegung. Das Theater, das sich einerseits auf seine Eigenart und besonderen Möglichkeiten als künstlerische Form gegenüber Film und Fernsehen besinnt, das anderseits als Medium personaler Kommunikation den Dialog mit seinem Publikum intensiviert, ist unersetzlich, lebendig und wirksam; »nicht nur weil es in unserem Bildungsbewußtsein sehr hoch, vielleicht zu hoch angesetzt ist; sondern weil es Abend für Abend zum Modell einer aktuellen, augenblicklich funktionierenden Gemeinschaft werden kann« (Ivan Nagel). Die Wiedergewinnung des bildhaften Ausdrucks, die Ansätze zu einer »neuen, starken, eigenständigen, kritischen Kunstsprache«, nach dem »Durchgang durch die politisch-kritischen Darstellungen, nach der Funktionssicherung, die das Theater für sein Selbstverständnis gebraucht hat«, sind

– wie Günther Rühle gezeigt hat [36] – Anlaß genug, von einer Regene-
ration des Theaters zu sprechen: eines Theaters, das »Einsichten in
Verhaltensweisen, in die sozialen Tricks, in die psychische Mecha-
nik« eröffnet, diese erklärt und wertet; eines Theaters, »das die Widersprüche bloßlegt« und so die Gesellschaft kritisch mit sich selbst
konfrontiert.

Anmerkungen

4. Verfahrensweisen und Tendenzen im Drama

1 M. Dietrich: Das moderne Drama; V. Klotz: Geschlossene und offene Form; S. Melchinger: Theater der Gegenwart; derselbe: Drama zwischen Shaw und Brecht; P. Szondi: Theorie des modernen Dramas; R. Taëni: Drama nach Brecht.
2 Freytag, Gustav: Die Technik des Dramas. Leipzig 1897 (= Gesammelte Werke. 2. Aufl., Bd. 14) (Erstdruck 1863). – Vgl. Deutsche Dramaturgie des 19. Jahrhunderts. Hrsg. von Benno von Wiese. Tübingen 1969. (= Deutsche Texte 10), S. 70 ff.
3 P. Szondi: Theorie, S. 20 ff., S. 105.
4 V. Klotz: Geschlossene und offene Form, vgl. S. 14 ff. und 17 ff.
5 Ebd., S. 90–95 und 215–223.
6 S. Melchinger: Drama zwischen Shaw und Brecht, S. 130. – Vgl. auch: Ders.: Theater der Gegenwart, S. 9 ff., 71 f., 120 f., 123, 145 f., 155 f.
7 R. Taëni: Drama nach Brecht, S. 13 f.
8 Brecht, Bertolt: Kleines Organon für das Theater, Nr. 42. In: B. B. Schriften zum Theater. Zusammengestellt von Siegfried Unseld. Frankfurt/M. 1957, S. 128–174; hier S. 150. Oder in: B. B. Gesammelte Werke in 20 Bänden. Hrsg. vom Suhrkampverlag. Frankfurt/M. 1967. Bd. 16. Schriften zum Theater 2, S. 661–708; hier 680.
9 B. Brecht: Schriften zum Theater (Unseld), S. 7 f. – Vgl. Friedrich Dürrenmatt: Theaterprobleme. Zürich 1955, S. 42 ff. – Vgl. auch: Darmstädter Gespräch 1955: Theater. Hrsg. von Egon Vietta. Darmstadt 1955, S. 172.
10 B. Brecht: Kleines Organon, Nr. 43. In: Schriften zum Theater (Unseld), S. 150 f. Oder in: Gesammelte Werke 16. S. 681.
11 B. Brecht: Schriften zum Theater (Unseld), S. 8; Gesammelte Werke 16, S. 929 f.
12 F. Dürrenmatt: Theaterprobleme, S. 44: »Die Kunst dringt nur noch bis zu den Opfern vor . . .«
13 M. Esslin: Das Theater des Absurden. – Hildesheimer, Wolfgang: Erlanger Rede über das absurde Theater. In: Akzente 7 (1960), S. 543–556. – Adorno, Theodor W.: Versuch, das Endspiel zu verstehen. In: Adorno, Theodor W.: Noten zur Literatur II. Frankfurt/M. 1961 (= Bibliothek Suhrkamp 71), S. 188–236.
14 M. Kesting: Das epische Theater; R. Grimm (Hrsg.): Episches Theater; darin 19 Beiträge.
15 W. Mittenzwei: Gestalten und Gestaltung im modernen Drama. – Ders.: Revolution und Reform im westdeutschen Drama. In: Sinn und Form 23 (1971). H. 1, S. 109–155. – Raddatz, Fritz J.: Die Literatur der DDR. Traditionen und Tendenzen. Frankfurt/M. 1972, S. 413 ff. – Ders.: Zur Entwicklung der Literatur in der DDR. In: Die deutsche Literatur der Gegenwart. Hrsg. von Manfred Durzak. Stuttgart 1971, S. 337–365. – Theater hinter dem »Eisernen Vorhang«; bes. S. 60–87. – Weckwerth, Manfred: Theater und Wissenschaft. In: Weimarer Beiträge 17 (1971). H. 2, S. 31–54 (betrifft Brecht und das sozialistische Theater).

16 R. Taëni: Drama nach Brecht, S. 17. – Vgl. Kayser, Wolfgang: Das Groteske. Seine Gestaltung in Malerei und Dichtung. Oldenburg/Hamburg 1957. – Vgl. Sinn oder Unsinn? Das Groteske im modernen Drama. – Vgl. Der unbequeme Dürrenmatt. Basel/Stuttgart 1963. (= Theater unserer Zeit 4). Bes. S. 71–96. – Hildesheimer, Wolfgang: Mary Stuart. In: Spectaculum, Bd. 14. Frankfurt/M. 1971. – Bernhard, Thomas: Ein Fest für Boris. Frankfurt/M. 1970. (= edition suhrkamp 440). Über Thomas Bernhard: Hrsg. von A. Botond. Frankfurt/M. 1970. (= edition suhrkamp 401), S. 116 ff.

17 Zum modernen Drama seit den 60er Jahren vergleiche: Hinck, Walter: Von Brecht zu Handke. Deutsche Dramatik der 60er Jahre. In: Universitas 24 (1969), S. 689–701. – Deutsche Literatur seit 1945. In Einzeldarstellungen. Hrsg. von Dietrich Weber. Stuttgart 1968 (= KTA 382). Darin u. a. Darstellungen zeitgenössischer Dramatiker. – Geerdts, Hans Jürgen (Hrsg.): Literatur der DDR in Einzeldarstellungen. Stuttgart 1972. (= KTA 416). – Tendenzen der deutschen Literatur seit 1945. Hrsg. von Thomas Koebner. Stuttgart 1971. (= KTA 405). Darin u. a.: Koebner, Thomas: Dramatik und Dramaturgie seit 1945, S. 348; Zipes, Jack: Das dokumentarische Drama, S. 462. – Die deutsche Literatur der Gegenwart. Aspekte und Tendenzen. Hrsg. von Manfred Durzak. Stuttgart 1971. Darin u. a.: Kesting, Marianne: Das deutsche Drama seit Ende des Zweiten Weltkrieges, S. 76–98. – Carl, R. P.: Dokumentarisches Theater, S. 99–128.

18 Hochhuth, Rolf: Der Stellvertreter. Schauspiel. Mit einem Vorwort von Erwin Piscator. Reinbek 1963 (= Rowohlt Paperback 20). – Der Streit um Hochhuths ›Stellvertreter‹. Basel/Stuttgart 1963. (= Theater unserer Zeit 5).

19 Weiss, Peter: Die Verfolgung und Ermordung Jean Paul Marats, dargestellt durch die Schauspielgruppe des Hospizes zu Charenton unter Anleitung des Herrn de Sade. Drama in zwei Akten (Vom Autor revidierte Fassung 1965). 9. Aufl. Frankfurt/M. 1968 (= edition suhrkamp 68). – Materialien zu Peter Weiss' ›Marat/Sade‹. Frankfurt/M. 1967 (= edition suhrkamp 232). – Weiss, Peter: Die Ermittlung. Oratorium in 11 Gesängen. Reinbek 1969. (= rororo Theater 1192). – Über Peter Weiss: Hrsg. von Volker Canaris. Frankfurt/M. 1970. (= edition suhrkamp 408). – Weiss, Peter: Rapporte 2. Frankfurt/M. 1971. (= edition suhrkamp 444). Darin u. a. Notizen zum dokumentarischen Theater.

20 Enzensberger, Hans Magnus: Das Verhör von Habana. Frankfurt/M. 1970.

21 Forte, Dieter: Luther & Thomas Münzer oder die Einführung der Buchhaltung. Berlin 1971. (= Quarthefte 48).

22 Handke, Peter: Publikumsbeschimpfung und andere Sprechstücke. Frankfurt/M. 1966. (= edition suhrkamp 177). – Ders.: Kaspar. 2. Aufl. Frankfurt/M. 1968. (= edition suhrkamp 322). – Ders.: Das Mündel will Vormund sein. In: Theater heute. 1969, H. 2. – Ders.: Quodlibet. In: Theater heute. 1970, H. 3. – Ders.: Der Ritt über den Bodensee. In: Theater heute. 1970. H. 10.

23 Walser, Martin: Der Abstecher. Die Zimmerschlacht. (= edition suhrkamp 205). – Ders.: Ein Kinderspiel. (= edition suhrkamp 400). – Über Martin Walser. (= edition suhrkamp 407).

24 Frisch, Max: Biografie. Frankfurt/M. 1967. – Über Max Frisch. (= edition suhrkamp 404).

25 Bauer, Wolfgang: Magic Afternoon. Change. Party for Six. Drei Stücke. Nachwort von Ute Nyssen. Köln/Berlin 1969. (= pocket 2).

26 Faßbinder, Rainer: Antitheater. Katzelmacher. Preparadise sorry now. Die Bettleroper (nach John Gay). Frankfurt/M. 1970. (= edition suhrkamp 443).

27 Handke, Peter: Persönliches Postskriptum (1968). In: Materialien zu Ödön von Horváth. Hrsg. von Traugott Krischke. Frankfurt/M. 1970. (= edition suhrkamp 436), S. 179 f.

28 Horváth, Ödön von: Gesammelte Werke in vier Bänden. Hrsg. von Walter Huder, Traugott Krischke und Dieter Hildebrandt. Frankfurt/M. 1970/71. Jetzt auch als Taschenbuchausgabe (in acht Bänden). Beide Ausgaben im Suhrkamp-Verlag.

29 Kroetz, Franz: Heimarbeit. Hartnäckig. Männersache. Drei Stücke. Frankfurt/M. 1971. (= edition suhrkamp 473).

30 Sperr, Martin: Jagdszenen aus Niederbayern. In: Spectaculum. Bd. 9. Frankfurt/M. 1966. – Ders.: Landshuter Erzählungen. In: Theater heute. Jahreschronik 1967. – Ders.: Bayrische Trilogie. Frunkfurt/M. 1972. (= suhrkamp taschenbuch 28).

31 Turrini, Peter: ›rozznjogd‹ (Uraufführung 1971 am Wiener Volkstheater); ›sauschlachten‹ (Uraufführung 1972 an den Münchener Kammerspielen).

32 Hacks, Peter: Amphitryon. In: Theater heute. 1968, H. 3. Oder in: Deutsches Theater der Gegenwart. Zwei Bände. Hrsg. von Karlheinz Braun. Frankfurt/M. 1967.

33 Aktionen, Happenings und Demonstrationen seit 1965. Hrsg. von Wolf Vostell. Reinbek 1970. Und: Happenings [etc.] Reinbek 1965.

34 Brock, Bazon: Theater der Positionen. Eine dramatisierte Illustrierte. In: Theater heute. 1966, H. 7, S. 58 ff.

35 Straßentheater: Hrsg. von Agnes Hüfner, a. a. O. – Handke, Peter: Straßentheater und Theatertheater. In: P. H. Prosa, Gedichte, Theaterstücke, Hörspiele, Aufsätze. Frankfurt/M. 1969, S. 303–307. – Ders.: Für das Straßentheater, gegen die Straßentheater. Ebd., S. 308–313.

36 Rühle, Günther: Die Erfindung der Bildersprache für das Theater. Regeneriert sich das Theater? Neue Tendenzen. Resümee am Beginn der Spielzeit. In: FAZ, 30. 9. 1972, Nr. 227.

5. Verfahrensweisen und Techniken im Erzählen

Die Neugier des Menschen nach Geschichten ist so alt wie der Mensch selber, und sie regt sich früh in seinem Leben. Schon als Kind lauscht er gespannt dem »Es war einmal . . .« des Märchenerzählers. Erzählen und zuhören, in Worten erfinden und lesen, das sind Variationen eines Phänomens.

Um *Erzählen* und *Erzähler* verdichten sich auch die Schwierigkeiten des Lesers mit der Gegenwartsprosa. Wolfgang Kayser faßt dieses Problem in den lapidaren Satz: »Der Tod des Erzählers ist der Tod des Romans«.[1] Der traditionelle Leser vertraut dem allwissenden Erzähler, manchmal zu naiv – der moderne Autor mißtraut ihm, manchmal zu ängstlich. Dieses Mißtrauen gegenüber dem traditionellen Erzählen ist typisch für die zeitgenössischen Autoren. Es ist ein doppeltes Mißtrauen und richtet sich zum einen gegen die vertraute Glaubwürdigkeit einer geschlossenen Fiktion, zum andern gegen die unbefragte Geborgenheit in herkömmlichen Gattungen. Wir wenden uns hier dem ersten Phänomen zu.

Dieses Mißtrauen gegen die Fiktion literarischer Texte war, historisch gesehen, nicht unvermutet und plötzlich da. Es entwickelte sich vielmehr allmählich, genetisch rückführbar auf einen Abbau epischer Elemente, jener Charakteristika des traditionellen Erzählens, wie sie etwa in den bekannten Romanen des 19. Jahrhunderts vorhanden sind: Fabel und Handlung, Person(en) und Erzähler und eine suggestiv geschlossene Fiktionswelt. Der Abbau der einzelnen Charakteristika führt zu besonderen Formen. Ob sie Formen eines Übergangs sind, muß die Zukunft weisen. Abbau und Auflösung sind gleichermaßen faßbar als allgemeine Tendenz wie als persönliche Entwicklung einzelner Autoren. Man könnte hier vom Prinzip der Phylogenese sprechen. Die Entwicklung des einzelnen Autors ähnelt jener der allgemeinen Literaturentwicklung, so wie die Entwicklung des einzelnen Embryos die der Gattung.

Das bedarf einer Veranschaulichung: Wir wählen als Beispiel Ilse Aichinger und die Entwicklung ihrer Prosa.[2] Ihre frühen Erzählungen zeigen, bei zeitgenössischer Thematik, überwiegend traditionelle Formen, wie etwa die Geschichte ›Der Gefesselte‹ beweist. Die bekannte ›Spiegelgeschichte‹ baut eines der traditionellen Charakteristika bereits ab und thematisiert es: die epische Handlungskausalität.

Die Erzählung läuft nämlich vom Ende her Schritt für Schritt in ihren Anfang zurück. Die Handlung wird als kausales Gefüge pervertiert, die scheinbar so schlüssigen Motivationen werden »verkehrt«. Die vertraute Erwartung des Lesers wird enttäuscht. In Ilse Aichingers nächsten Prosawerken schrumpft die erzählende Person in eine Erzählperspektive, die z. B. in den Prosastücken ›Mein Vater aus Stroh‹ oder ›Mein grüner Esel‹ konsequent durchgehalten wird. Der Erzähler geht damit seiner Personalität verlustig; was bleibt, ist eine Art personaler Perspektive dieses Sprechens. Aber auch diese verläßt (oder erweitert) Ilse Aichinger in ihren jüngsten Prosatexten wie ›Port Sing‹ und ›Nachricht vom Tag‹. Die einheitliche Perspektive schwindet, die Handlung ist längst aufgegeben, poetische Bilder und Assoziationen verselbständigen sich. Die geschlossene Fiktionswelt ist demnach einer geschlossenen Sprachwelt aus freien Bildern, Assoziationen und Gedanken gewichen. Diese Sprachwelt entzündet sich als Bewegung oft an einem einzigen Satz, einer Frage, wie etwa im Prosatext ›Der Querbalken‹:

Ich wollte mich auf einem Querbalken niederlassen. Ich wollte wissen, was ein Querbalken ist, aber niemand sagt es mir. Einer sagte mir, er hätte gehört, es sei ein Schiffsbestandteil, aber woher weiß er das, wo zieht er seine Erkundigungen ein? Ein anderer erklärte mir, es sei eine alte Synagogenform, jetzt schon lange nicht mehr in Gebrauch. Sie rühre von den Ebenen her und sei mit ihnen gegangen. Ein dritter erwiderte, nachdem er eine Weile nachgedacht hatte, er sähe da eine gewisse Verbindung zu den Flußauen. [3]

Der Text beginnt als Frage; die Antworten führen in Bildern und Assoziationen scheinbar vom »Thema« weg, kehren jedoch stets wieder zur Ausgangsfrage zurück. Das Ganze mutet privat und subjektiv an, tendiert aber zum Objektiven: »Was ist ein Querbalken? Nicht, was ist er mir, sondern, was ist er?« Das private Existenzproblem wird zur allgemeinen Problematik von Sprache und Welt. Die mehrfache wörtliche Wiederholung der Ausgangsfrage gliedert den Text, womit sich das Bauprinzip als zyklisches enthüllt. Kreisend mündet die Frage in die assoziative Komplexität von Bild- und Satzgefügen. Vermutungen werden geäußert, Zusatzfragen nuancierend gestellt. Die Verfahrensweise ist quasi-kindlich, magisch, alogisch. Hier steht die alogische Bilderfüllung allerdings in reizvollem Kontrast zur formallogischen Argumentationsform. Daß in gleicher Weise der Schluß gestaltet wird, ist künstlerisch konsequent: Fortführen und letztes Beharren auf den »schwachen Auskünften«, dann Abbruch der Argumentation und Verzicht auf das weitere Nennen des Gegenstandes:

Kennzeichen, Merkzeichen, flüsterte mir einer zu, Geschenk. Ist das nicht
wesenlos? Der ungefähre Gleichklang der Vokale? Die ganze edle Reihe und
wie sie mit Stricken nacheinander werfen? Darauf lasse ich mich nicht brin-
gen. Geschenk, Geschenk? Das splittert, das führt weit fort. Konzessionsträ-
ger, Grasmücken. Da könnte einer kommen und mich auf noch finsterere
Durchgänge verweisen. (Auf die Höfe der Staatsgefängnisse zum Beispiel, in
denen die Galgen stehen.) Nein, ich bleibe bei meinen schwachen Auskünf-
ten. Und bei meiner Frage. Nicht: woher stammt er? Nicht: Kennzeichen,
Merkzeichen. Die kenne ich gut genug. Sondern: was ist er? Denn ich will ihn
nicht mehr nennen.[4]

Proportional zum Abbau der erzählerischen Elemente wachsen zumeist Mißverständnis und Ratlosigkeit des Lesers. Besonders jenes
Lesers, der sich gegen das Neue sperrt, der seine Fabel, seine Person,
vor allem aber die vertraute Form des allwissenden oder persönlichen Erzählers nicht missen will. Dieser Erzähler macht dem Leser
die Fiktionswelt erst überschaubar. Er gängelt ihn durch Irrwege
und hilft seinem Verständnis. Der moderne Autor schränkt den Erzähler heute mit Vorliebe auf den konkreten, fast wissenschaftlich
dargebotenen Erfahrungsbereich einer bestimmten Person ein. Nur
was dieser eine Mensch erleben und erfahren kann, ist glaubwürdig.
Deshalb ist die Ich-Haltung so beliebt: Günter Grass ›Die Blech-
trommel‹ (modisch-formalistischer Wechsel mit »Er«), Heinrich
Bölls ›Ansichten eines Clowns‹ und Gerhard Fritschs ›Fasching‹
mögen als Beispiele dienen.
Auch die Handlung wird unter diesem Aspekt reduziert. Aus Erin-
nerungsfetzen der Personen entstehen Ereignisse für den Leser. Der
früher so lückenlos durchmotivierte Zusammenhang ist heute ver-
pönt. Die Analogie zum wissenschaftlichen Weltbild der Moderne
hat die Voraussetzungen für den Determinismus grundlegend er-
schüttert. Dem Wahrheitsdrang der meisten Autoren entspricht, gegenüber dem Chaos der heutigen Welt, keine geschlossene Hand-
lungsmotivation.
Damit wird eine weitere Erwartung des Lesers kraß enttäuscht: Angesichts des allgemeinen Chaos hegt er den heimlichen Wunsch nach
einer überschaubaren, geordneten Welt, dem die vertraute, geschlossene Fiktion entspricht. Die Trivialliteratur wirft heile Welten
für jeden Wunsch auf den Markt und befriedigt so das Bedürfnis ihrer Konsumenten. Aber auch die großen deutschen Klassiker, Romantiker und Realisten symbolisierten in ihren Werken eine Welt-
ganzheit. Der Leser vergißt dabei zu leicht, daß auch diese Ganzheit
nur durch radikale erzählerische Auswahl entstehen konnte. Im Gegensatz dazu legt die moderne Literatur sogar ihre Techniken und
Strukturen manchmal bis zum schockierenden Skelett frei und entlarvt damit nicht zuletzt den althergebrachten Totalitätsanspruch er-

zählender Literatur. Die Forderung nach Ehrlichkeit gegenüber der »unwahren« Geschlossenheit traditioneller Literatur läßt die Moderne eine neue Offenheit propagieren. Die der modernen Welt angepaßte Darstellungsform ist also eine offene Schreibweise. Sie zielt nicht auf die sinnvolle Ganzheit einer fiktiven Welt, sondern bekennt sich, manchmal im Pluralismus der Stile, beispielhaft zu einem spannungsreichen Partikularismus. Jürgen Beckers Bücher ›Felder‹, ›Ränder‹ und ›Umgebungen‹ sind Beispiele dafür. Sein jüngstes Buch ist sogar bis zur Sprachlosigkeit des literarischen Fotobuches ›Eine Zeit ohne Wörter‹ vorgedrungen. Die Verwirklichung der offenen Schreibweise bedingt einen Hang zum Skizzenhaften, Ausschnitthaften, ja Fragmentarischen. Die Unmöglichkeit, durch erzählerische Selektion Ganzheit zu bieten, wird damit offen eingestanden: Der moderne Autor verschleiert die Selektion nicht, er legt sie vielmehr als Verfahrensweise seinem Darstellungsprozeß zugrunde. Alle diese Beobachtungen betonen eine Bewußtheit, die dem volkstümlichen Begriff von Poesie widerstrebt.

Dieser rationelle Grundzug der modernen Literatur akzentuiert einmal mehr den Primat des Machens. Das Machen, die besondere Verfahrensweise wird oft zum Thema schlechthin, zur thematisierten Form. Der Leser bringt aber meist ein Poesieverständnis mit, das sich irrational aus dem »dunklen Schöpfungsdrang« herleitet bzw. auf einer geläufigen literarhistorischen Vorstellung beruht: Goethe, der Dichter schlechthin, hat sein persönliches Leben zur Dichtungsnorm erhoben. Biographie und Poesie, Dichtung und Wahrheit schmolzen ihm angeblich mühelos in einmaliger Konstellation in eins. Der heutige Leser muß sich aus diesem Dichtungsverständnis lösen, um die moderne Literatur zu verstehen; er muß sich auf das Erkennen von Verfahrensweisen einstellen, denn diese Literatur thematisiert ihre Entstehungsstrukturen.

Alle Mißtrauenshaltungen moderner Autoren treffen sich in der Skepsis gegen die mögliche Darstellbarkeit der Welt als illusionierende Fiktion, die eine Ganzheit symbolisiert. Dem begegnet im Leser die Erwartung, daß Literatur »Wirklichkeit« darstellt. Vokabeln wie »lebensecht«, »natürlich« und »nachempfunden« signalisieren diese mimetische Auffassung. Peter Handke bemerkt dazu:

Jetzt als Autor wie als Leser, genügen mir die bekannten Möglichkeiten, die Welt darzustellen, nicht mehr . . . Ein Darstellungsmodell, beim ersten Mal auf die Wirklichkeit angewendet, kann realistisch sein, beim zweiten Mal schon ist es eine Manier, ist irreal . . . Eine solche Manier des Realismus gibt es heute etwa in der modernen Literatur . . . Es wird so getan, als sei die Beschreibung dessen, was positiv ist (sichtbar, hörbar, fühlbar . . .) in sprachlich vertrauten, nach der Übereinkunft gebauten *Sätzen* eine *natürliche, nicht* gekünstelte, *nicht* gemachte Methode. Die *Methode* wird überhaupt für die *Natur* gehalten. Eine Spielart des Realismus, in diesem Fall die Beschreibung, wird für naturgegeben gehalten . . .[5]

Viele Autoren wollen nicht durch das Medium Sprache Wirklichkeit vortäuschen. Für sie wird die Welt der Sachverhalte nicht durch Wörter etikettiert, für sie ist die Sprache autonom: Das sprachliche Weltbild mit seinen Formen wird zur gespielten Lebensform. Wirklichkeit der Welt und Wirklichkeit der Sprache treten hier bewußt in eine Spannung. Aus dieser dem Leser unvertrauten Spannung muß man die epischen Verfahrensweisen der modernen Literatur begreifen. Die Verfahrensweise liefert dabei typologische Ansätze, die durch die häufige Grenzüberschreitung der Gattungen bedeutsam werden. Sie liefert wichtige Unterscheidungskriterien zur Beurteilung zeitgenössischer Literatur. Hinter der jeweiligen Verfahrensweise steht zudem jeweils eine andere geistige Einstellung, ein anderer künstlerischer Ansatz als erkennbarer Wille des Autors. Wenn wir hier solche Verfahrensweisen vorstellen und erklären, so erheben wir damit keinen Anspruch auf Vollzähligkeit der erfaßten Möglichkeiten. Die Auswahl ist von den vordringlichen Schwierigkeiten des *normalen* Lesers bestimmt, ihm sollen damit Hilfen zur Annäherung an scheinbar unverständliche Gebilde geboten werden.

Die erste Verfahrensweise illustriert ein Prosatext von Peter Weiss aus dem 1960 publizierten Band ›Der Schatten des Körpers des Kutschers‹; die wiedergegebene Textstelle bildet den Anfang dieses Buches.
Auf den ersten Blick macht diese Verfahrensweise einen vertrauten Eindruck. Der Text konzentriert sich auf die Wirklichkeit des Alltags, er beschreibt sie genau, fast mit wissenschaftlicher Präzision. Jegliche persönliche Stellungnahme des Erzählers fehlt. Dadurch ist der Erzähler als Person auch kaum vorstellbar, ihn prägen keinerlei individuelle Züge, er kann dem Leser nicht zur Person oder gar Persönlichkeit werden. Er ist ein *Ich* ohne äußere und innere Merkmale. Er ist nur wie besessen von der Absicht, etwas zu beschreiben. Seine Perspektive formt den Text, sie ist wie ein Fenster ins Geschehen, ein Blickpunkt, ein Instrument; das *Ich* ist nur Medium der Beobachtung. Sein Interesse richtet sich mit Vorliebe auf triviale Gegenstände und Vorgänge, die es minutiös registriert. Demnach scheint dieser Erzähler ein typischer Realist zu sein.
Das Neue an seiner Haltung ist aber der raffinierte Gegensatz zum überkommenen Realismus. Jener ist nämlich, wie schon Handke sieht, längst zur vorgegebenen idealen Ordnung, zur Manier erstarrt. Was der Registrator hier macht, ist die Entlarvung einer selbstverständlichen Ordnung. Er enttäuscht die Erwartungsvor-

stellungen gegenüber dem Realismus, er bricht gewissermaßen aus der geläufigen Regel aus. Er beschreibt so exakt, daß er, innovatorisch und radikal, den traditionellen Realismus als literarische Manier bloßstellt. Die Prinzipien dieser Haltung spiegeln sich in erkennbaren Sprachformen. Die semantische Schicht seiner Sprache ist sinnenhaft und deskriptiv. Die Konkreta überwiegen in allen Wortarten. Die Besessenheit, jedes Detail genau zu erfassen, führt zu Reihen, Aufzählungen und Wiederholungen. Einmal gewählte Ausdrücke werden nicht stilistisch variiert, sondern monoton und exakt wiederholt.

Der Beginn des Prosastückes ›Der Schatten des Körpers des Kutschers‹ zeigt u. a. Prinzipien einer solchen Aufreihung (von Geräuschen). Der Erzähler hat seinen festen Sitz, von dem aus er beobachtet: der Abort eines Landgasthauses:

Peter Weiss: Der Schatten des Körpers des Kutschers

Durch die halboffene Tür sehe ich den lehmigen, aufgestampften Weg und die morschen Bretter um den Schweinekofen. Der Rüssel des Schweines schnuppert in der breiten Fuge wenn er nicht schnaufend und grunzend im Schlamm wühlt. Außerdem sehe ich noch ein Stück Hauswand, mit zersprungenem, teilweise abgebröckeltem gelblichen Putz, ein paar Pfähle, mit Querstangen für die Wäscheleinen, und dahinter, bis zum Horizont, feuchte, schwarze Akkererde. Dies sind die Geräusche; das Schmatzen und Grunzen des Schweinerüssels, das Schwappen und Klatschen des Schlammes, das borstige Schmieren des Schweinerückens an den Brettern, das Quietschen und Knarren der Bretter, das Knirschen der Bretter und lockeren Pfosten an der Hauswand, die vereinzelten weichen Pfiffe des Windes an der Ecke der Hauswand und das Dahinstreifen der Windböen über die Ackerfurchen, das Krächzen einer Krähe das von weither kommt und sich bisher noch nicht wiederholt hat (sie schrie Harm), das leise Knistern und Knacken im Holz des Häuschens in dem ich sitze, das Tröpfeln der Regenreste von der Dachpappe, dumpf und hart wenn ein Tropfen auf einen Stein oder auf die Erde fällt, klirrend wenn ein Tropfen in eine Pfütze fällt, und das Schaben einer Säge, vom Schuppen her. (. . .)[6]

Wie ein technischer Apparat sammelt also der Erzähler die sinnlichen Eindrücke um das Leben in einem einfachen Landgasthaus. Die Banalität der Vorgänge ist das bewußt gewählte Thema für dieses Verfahren. Nicht Klischees einer Realität werden geboten, sondern eine neue Wirklichkeit durch die unbarmherzige Sprache, die alles scharf wie im Brennpunkt einer Linse erfaßt. Wer die Szene vom Abendessen liest, bemerkt plötzlich, daß er noch nie einen Menschen *gesehen* hat, der einen Löffel zum Munde führt. Das Alltägliche schockiert den Leser als das Neue, Nie-Gesehene, Unbekannte: Darin liegt die künstlerische Funktion dieser trockenen ›wissenschaftlichen‹ Verfahrensweise. Sie ist, achtet man auf europäische Literaturzusammenhänge, nicht neu, vor allem der Darstellungsform des *nouveau roman* ist sie stark verpflichtet.

Eine andere Verfahrensweise erregt den Un- und Widerwillen manches Lesers: Da gibt es Autoren, die geistlos Fetzen trivialster Alltagssprache aneinanderschreiben, um sie dann als Literatur, als schöpferische Leistung anzubieten. Dabei glaubt der Leser genau zu wissen, daß Literatur, die hohen Anspruch erhebt, sich einer besonderen poetischen Sprache bedient, die meist wenig mit der Informationssprache alltäglicher Kommunikation gemein hat. Diese Verfahrensweise beruht auf der Reproduktion vorgegebenen Sprachmaterials. Der künstlerische Reiz besteht (a) in der Auswahl des Reproduzierten und (b) in der Kombinatorik, die das neue Textmuster bildet. Ihre Funktion ist meist die Entlarvung einer Sprechweise, eines Jargons. So hat z. B. die Österreicherin Barbara Frischmuth einen Kurzroman ›Die Klosterschule‹[7] geschrieben, in dem sie den Jargon eines katholischen Mädchenpensionats reproduziert. Die Reproduktion enthüllt ironisch Verhaltensmodelle, die mit den Sprachträgern dieser Modelle, den erziehenden Schwestern, eigentlich zum parodierten, jedenfalls ironisierten Objekt der Darstellung werden. Jürgen Becker hat seine Heimatstadt Köln in einem vergleichbaren Werk sprachlich reproduziert. Auch er gibt diese Stadt in einem Spektrum von Jargons, Redeweisen wieder, die er reproduziert und mit dem Stilmittel der Ironie neu kombiniert. Er entlarvt im Klischee des Jargons die stereotype Haltung des Sprechers, der diesen Jargon selbstsicher benützt. Das Sprachmodell enthüllt das Verhaltens- und Denkmodell. Jürgen Becker probt in den hundert Prosastücken seines Buches ›Felder‹ viele Verfahrensweisen der modernen Literatur durch. Wir wählen den interessanten Teil Nr. 49 als Beispiel. In einem bestimmt-unbestimmten Sprachbewußtsein taucht die Erinnerung an ein Jugendfoto auf, das aus der NS-Zeit stammt. Die Erinnerung verschwimmt mit der Bildbeschreibung; Jargon und Schlagworte des entsprechenden politischen Systems kehren wieder. Die Kombinatorik hat ein erkennbares Prinzip: Sie beruht auf der rhythmisierten hymnischen Sprache, Gegenstand und Form klaffen ironisch auseinander, die private Situation und der getragen, feierliche Ton nationaler Hymnisierung. Im Wortmaterial wuchern die Slogans, schwere Daktylen und das »germanische« Versmaß der Alliteration. Diese Kennzeichen verweisen auf die Ideologie, die hinter diesen Stilformen erkennbar wird. Beispiele dafür sind:

... freundlich mit den anderen Leuten, friedlich in den wogenden Gauen ... blond wie Butter, treu wie Brot ... wenn in den brüllenden Straßen die Kolonnen rollten zur stechenden Parade auf den Plätzen ...

Das kontrastive Nebeneinander der Gegensätze bezieht ironisch jene Zeit als schöne alte in die Glorie der Erinnerung mit ein. Die sprachliche Verfahrensweise wird als Jargonreproduktion thematisiert, der eine sozialkritische und politische Aussagekraft zu eigen ist. Die NS-Zeit als fröhliche private Erinnerung erscheint in ironischer Diskrepanz zwischen Sprache und Thema. Die Formulierungen enthüllen die Haltungen des Sprechers.

Jürgen Becker: Felder

Fotos im Kopf vom Einst des riesigen reichsdeutschen Platzes mit ihm unserem reinen deutschen Bub, Blondstolz, streut Weizen zwischen die nickenden Tauben, daneben kniet Mama, dahinter knipst Papa: macht das Erinnern wie das nicht war in der Zeit: freundlich mit den anderen Leuten, friedlich in den wogenden Gauen, ruhig in den Himmeln drüber, sonnig im Herzen und im eigenen Heim; mit Spielen im Gelände nur zum Spielen, Jagen und Fangen im Wald, Schießen mit Klötzchen auf Pappe und Gips; ein Säbel bloß aus Blech und bloß Papier der Helm und Blei dein Heer; zum Sonntag volle Sträuße von Melodien und erfüllten Wünschen, und nachmittags auf weißen Möbeln in den Gärten die großen Männer und Fraun, blond wie Butter treu wie Brot, Onkels und Tanten der sicheren Zuversicht im Vertraun auf den Glauben, wenn in den brüllenden Straßen die Kolonnen rollten zur stechenden Parade auf den Plätzen, wo Mama einst kniete und Papa einst knipste ihn unsern Bub, wie er haschte nach den Tauben, die hüpften dann weg. [8]

Eine andere Verfahrensweise, die weniger die Reproduktion betont und stärker die Kombinatorik, bietet Helmut Heißenbüttels Text ›nach dem Sittenskandal‹ (1965).

Für Heißenbüttel existiert keine Trennlinie zwischen hoher Literatur und Trivialliteratur, alles sprachlich Vorgeformte ist ihm gleichermaßen interessantes Sprachmaterial. Die Thematik seiner Prosaversuche in der Kleinform der Textbücher und der Großform seines Romans ›D'Alemberts Ende. Projekt Nr. 1‹ ist nicht psychologisch, sondern zwischenmenschlich. Nach James Joyce kann man in der Psyche des Menschen literarisch nichts mehr erforschen, man muß als Autor vielmehr die modellhaften Relationen zwischen den Menschen beachten und gestalten. Heißenbüttels neue Literatur kann nicht mehr romantisch, fiktiv und illusionistisch sein, sie ist wissenschaftlich, dokumentarisch und experimentell. Die Literatur leistet nicht die Illusion von Welt durch das Medium der Sprache, sondern eine Verdoppelung der Welt. Die Sprachwirklichkeit steht damit gleichrangig als Wirklichkeit neben jener der Sachverhalte. Der Text reproduziert sprachlich Vorgeformtes zu einem bestimmten Thema, einem »Sittenskandal«. Das Thema ist generalisiert, es geht nicht um die Profumo-Affäre, sondern um das gesellschaftliche Modell schlechthin. Das Sprachmaterial entstammt einem erkennbaren Fachbereich unserer Kommunikation, nämlich der Journali-

stensprache, genauer der Boulevard- und Sensationspresse. Daraus
bezieht der Text seine Strukturen, Abbreviaturen und Metaphern.
Die Worte bilden ein fortlaufendes Kontinuum, die Satzzeichen fehlen ganz – bei sonst normaler Orthographie. Zeitungsmeldungen zu
einem Sittenskandal sind zu einer Montage vereint. Als Ganzes gesehen ist das »Opus« asyntaktisch, agrammatisch. Es besteht aus Sätzen (wie »er war immer korrekt gekleidet«), unvollständigen Sätzen
(wie »die Leiche wurde später . . .«) und Wortgruppen (wie »unschuldiges Opfer« oder »Aktphotos im Diplomatengepäck«).
Sprachliche Segmente verschiedener Form bilden den Text. Die Verfahrensweise ist einsichtig. Die Wiederholung bestimmter Segmente
schafft zusehends einen neuen Kontext. Die Wiederholung wird zunehmend intensiver, neue Aussagen tauchen immer spärlicher auf.
Das Prinzip wirkt ins Graphische übertragen wie eine Spirale, der
Eindruck ist jener der zyklischen Verdichtung. Die Kombinatorik
schafft immer neue Beziehungen der Segmente untereinander, Bekanntes tritt in neue Konstellationen, die Vielfalt nimmt zu. Erwartet man sich vom fortschreitenden Text eine Zunahme an Erkenntnis
zum Fall, so wird man enttäuscht. Die journalistischen Aussagen
verdichten das Gefüge, drehen und wenden die sprachlichen Informationen in neuer Kombination, aber weiter führen sie nicht. Der
faktische Hergang des Sittlichkeitsverbrechens kann aus den gegebenen Informationen nicht eruiert werden. Die Verfahrensweise wird
thematisiert. Die Funktion dieser Montage: die Sensationspresse
nach dem Sittenskandal erhellt den Fall nicht im Sinne der Wahrheit,
sondern relativiert, verunklärt und verdunkelt ihn.

Helmut Heißenbüttel: nach dem Sittenskandal

unschuldiges Opfer die Leiche wurde später er war immer korrekt gekleidet
das hat komischerweise Erregungszustände begünstigt Herzdame sticht Mi-
nister mitbelastet Sittenstrolche unter sich Aktphotos im Diplomatengepäck
Salons des Lasters der Richter wollte sterben Minister mitbelastet es sah so
harmlos aus Bettgeflüster auf Tonband Dienerinnen der Perversion die
Meute hat es geschafft Schwäche eines hohen Beamten Orgien in Amtsräu-
men die Meute hat es geschafft seine Frau sagt ich kann lieben wen ich will die
Leiche wurde später Hintermänner unbekannt Stenotypistin als Lockvogel
hoher Beamter liebt unschuldiges Opfer Striptease im Wartesaal nach dem
Sittenskandal da haben die unwahrscheinlichsten Sachen Vierzehnjährige als
Dienerinnen der Liebe Verlockung der Wohlstandsgesellschaft er war immer
korrekt gekleidet das machte ihn komischerweise besonders vertrauenswür-
dig hoher Beamter liebt Dienerinnen der Perversion Stenotypistin als Lock-
vogel der Richter wollte sterben das machte ihn komischerweise besonders
vertrauenswürdig Orgien in Amtsräumen kein Mensch hat sich da darüber
aufgeregt Bettgeflüster auf Tonband Vierzehnjährige als Dienerinnen der
Liebe das sind doch alles Irrtümer seine Frau sagt Sittenstrolche unter sich
nach dem Sittenskandal Schwäche eines hohen Beamten Hintermänner un-

bekannt Geständnis einer Vierzehnjährigen Verlockung der Wohlstandsge-
sellschaft seine Frau sagt das sind doch alles Irrtümer die Leiche wurde später
nach dem Sittenskandal da haben die unwahrscheinlichsten Sachen der Rich-
ter wollte sterben Striptease im Wartesaal. . . . Salon des Lasters Herzdame
sticht Aktphotos im Diplomatengepäck Begünstigung von Aktphotos im Di-
plomatengepäck das machte ihn komischerweise besonders vertrauenswürdig
es sah so harmlos aus Schwäche eines hohen Beamten es sah so harmlos aus
seine Frau sagt nach dem Sittenskandal die Meute hat es geschafft das sind
doch alles Irrtümer kein Mensch hat sich da drüber aufgeregt ich kann lieben
wen ich will [9]

Die Technik der Montage ist rational und vom intellektuellen Kalkül
bestimmt. Die nächste Verfahrensweise ist dagegen völlig irrational.
Diese Prosa hat kaum noch eine Beziehung zur empirischen Realität
des Lesers; sie bietet ihm große Schwierigkeiten, denn hier entfaltet
sich das poetische Reich des Unmöglichen. Die Nähe zu den Texten
Ilse Aichingers ist evident, die Bezüge reichen aber zurück bis zur
sprachlichen Bildkunst der Romantiker.
Die Verständlichkeit solcher Prosa liegt in der Erkenntnis und Über-
zeugungskraft des Surrealen. Damit schafft man sich Hilfe durch einen Begriff der bildenden Kunst, denn der Surrealismus ist eine *anerkannte* Stilform der Moderne. Ein markantes Prinzip seiner Poetik
ist das hyperscharfe, präzise Detail a) in seiner Isolation und b) seine
innovatorische Kombination mit anderen. Die Kombinationen wi-
dersprechen der Erfahrung von Leser und Betrachter, sie befrem-
den. In einer solchen Stilform rangiert der Einfall besonders hoch.
Die Variationen des Surrealismus reichen vom Riesengemälde des
Spaniers Salvadore Dali bis zur frühen Prosaskizze des Wieners
H. C. Artmann.
Wien gerät nicht zufällig in diesen Zusammenhang. Der Wiener
phantastische Realismus ist eine Spielform des europäischen Surrealismus. Zeitgleich mit seinem Entstehen in der bildenden Kunst
schrieb H. C. Artmann einige Prosaminiaturen, zu denen auch unser Beispiel mit dem Titel ›Conga triste‹ gehört.
Diese Prosaskizze bietet dem Leser keine Handlung, jedenfalls keine
kausal determinierte oder psychologisch motivierte. Personen sind
hier nicht faßbarer als Dinge. Die Kategorien von Raum und Zeit
sind irrelevant. Bedeutsam sind nur der sprachliche Einfall und seine
Bildstruktur. Die metaphorische Schicht blüht, ohne symbolischen
Verweischarakter anzustreben. Metapher, Bild und Einfall erlö-
schen meist in einem einzigen Satz; Personifikation und Vergleich
schieben sich im nächsten überraschend und neu ins Bild. Die Ver-
einbarkeit des Unvereinbaren wird in dieser Verfahrensweise zum
Prinzip. Der einmalige sprachliche Einfall, die konträre Invention,
der überraschende Bezug, irrational in Parallele und Kontrast, wird

zur poetischen Schönheit. Sinn findet sich hier keiner. Aber ist nicht auch das Leben, nach Meinung dieser Autoren, ohne Sinn?

H. C. Artmann: Conga triste

Eine partie domino liegt halbgespielt auf dem cafétischchen, doch eine dohle ist gekommen und hat die schwarzen augen fortgepickt.
Uuuah ch . . . es wird frisch, meine herren, und der absinth schal. In der ferne, wo sich das zuckerrohr mit dem zackigen gebirge vermischt, rötet sich jetzt – unnatürlich wie eine rose vor dem aufblühen – der abend. Irgendwo gehen wasserräder, semafore, orchideen . . . narrenseile, ruft da irgendwo ein blumenverkäufer, narrenseile . . . ja, zum teufel, warum gerade narrenseile . . .
Aber schon kommt der tod, wie eine negerakrobatin, langsam, auf den zehen, durch die schmale, klare eleganz der herbstmonate im beginn . . . [10]

Die Verfahrensweisen von Analyse, Reproduktion und Kombination können sich auch verschränken. Reproduktion setzt Analyse voraus und führt über die Kombinatorik in die Montage. Der Variationen sind viele.

Abschließend sei noch eine Verfahrensweise diskutiert, die bereits zum Persönlichkeitsstil geworden ist: Thomas Bernhard hat sich seit seinem ersten Roman ›Frost‹ (1963) auf wenige erzählerische Themen konzentriert. Der Konzentration auf das Thema lief stets die Konzentration auf die Sprache parallel. Thematisch und sprachlich scheinen seine Werke Variationen des Identischen. Die Sicherheit des Sprechtons, die Vertrautheit mit der einmal gewählten Rhetorik gerät vielleicht in Gefahr, zur Manier zu werden, wie der Prosatext ›Gehen‹ (1971) zeigt.

Die Prosa Thomas Bernhards ist wegen ihrer Konsequenz gut beschreibbar. Die zyklische Form, die Radikalisierung,[11] die syntaktische Architektur und die ausgewogene Metaphorik sind vordringliche Prinzipien. Wiederholungen, Neuansätze, manchmal Tautologien und gehäufte Superlative, Paradoxa, Anakoluthe und wieder Wiederholungen. Die Hypotaxe wird zum Modell der lückenlos geschlossenen Form, sie ist aber nicht rationale Argumentationsform, sondern atemlose Eruption.

Unser Beispiel stammt aus dem Band ›Watten‹ (1969) und ist eigentlich die Anekdote von einer Brille. Bernhards Grundthema klingt hier wie überall an: »alles ist lächerlich, wenn man an den Tod denkt«. Das ist hier metaphorisch auf die Brille bezogen, die einem Menschen hilft, die Welt zu sehen.

Thomas Bernhard: Watten

– – – Und ich erzählte dem Fuhrmann die Geschichte von der Brille meiner Schwester. Ich sage zum Fuhrmann: ein Jahr vor ihrem Tod ist meine Schwe-

ster zum Optiker in die Stadt, einer neuen Brille wegen. Diese mühseligen Wege, die man gehen muß, will man eine neue Brille, sage ich. Um zu einer gewöhnlichen Brille zu kommen, fährt meine Schwester zweimal, dreimal, viermal in die Stadt, weil der Optiker nicht nur einmal, sondern dreimal und viermal, gar fünfmal ihre Augen überprüfen muß. Endlich bekommt meine Schwester, Sie erinnern sich, diese kleine zierliche, wie ich kurzsichtige Frau, ihre Brille und sie kommt nach Hause, in mein Zimmer herein, um mir ihre Brille zu zeigen, ich sitze am Schreibtisch, lese gerade Forster, reise um die Welt, ich will nicht gestört sein, sage ich, ich lese Forster, sage ich, Forster, hörst du!, sage ich, siehst du denn nicht, daß ich Forster lese?, frage ich, aber meine Schwester läßt sich nicht abhalten, sie betritt das Zimmer und bleibt im Zimmer stehen, und ich kann sie ja nicht hinauswerfen; es ist mir nicht klar, warum sie, die immer alle meine Befehle geachtet hat, gerade diesen Befehl, mich in Ruhe zu lassen, mich mit Forster allein zu lassen, mißachtet, da sehe ich, warum: Sie hat die neue Brille auf. Sie komme gerade aus der Stadt, sagte sie, die Brille sei fertig, sie habe die neue Brille auf, endlich sei die neue Brille fertig, tatsächlich!, sage ich, die neue Brille, sie könne jetzt wieder auf die kürzeste Distanz alles sehen, sagte sie, wenn die neue Brille auch keine Lesebrille sei, wie der Optiker meinte, sei sie doch eine Brille für die kurze Distanz, wenn auch nicht für die kürzeste, in einer Entfernung von einem Meter könne sie alles sehen, ja auch noch in einer Entfernung von einem halben Meter. Endlich die Brille! wiederholt sie, es mache ihr nichts aus, daß sie acht Wochen lang auf die Brille warten und fast zehnmal wegen dieser Brille in die Stadt habe fahren müssen, daß sie der Optiker so lange zum Narren gehalten hatte, die Optiker haben einen immer zum Narren, sie habe ihre Brille, und die Brille sei gut, gut und schön, und sie will mir die Brille zeigen und nimmt die Brille herunter, und ich sage, sie solle die Brille wieder aufsetzen, und sie setzt die Brille wieder auf, und die Brille zerfällt. In sieben oder acht Stücke zerfällt die Brille. Ja, sage ich zum Fuhrmann, wie mit dieser Brille ist es mit allem. Die Industrie macht alles nur für das Auge und für den schlechten Geschmack der Massen, verstehen Sie! . . .[12]

Dieses Kapitel versuchte eine Einführung in verschiedene Verfahrensweisen moderner Prosa zu geben. Die Gegenwartsliteratur setzt eine andere Auffassung von Literatur voraus als die klassisch-realistische.[13] Überkommene und vertraute Phänomene des traditionellen Erzählens sind in innovatorischen modernen Werken der Gegenwartsliteratur nicht mehr anzutreffen; ihre Abwesenheit zu beklagen, führt nicht weiter. Man muß vielmehr versuchen, die neuen Verfahrensweisen zu erkennen, denen gewisse Prinzipien und Strukturen zugrunde liegen. Wer die Gegenwartsliteratur verstehen will, muß mit ihnen vertraut werden, denn sie sind mehr als belanglose Formspielereien, die den literaturimmanenten Ästhetiker entzücken.

Die größten Schwierigkeiten bietet dem Leser die sogenannte experimentelle Literatur. Dieser ›Literatur der Texte‹ ist ein eigenes Kapitel gewidmet,[14] doch wurden im Hinblick darauf schon hier extreme Verfahrensweisen etwas stärker betont. Ausgehend von einer Art selbstgenügsamer Beschreibungsprosa, boten sich Formen der

Reproduktion, Kombinatorik, Montage und asyntaktischen Relation an. Die surreale Bildprosa wird vom Leser meist als wirr und willkürlich abgelehnt. Dennoch handelt es sich um eine rhetorisch konsequent strukturierte, der Tonlage nach mittlere Prosa. Vollständigkeit wurde nicht erstrebt.

Anmerkungen

5. Verfahrensweisen und Techniken im Erzählen

1 Kayser, Wolfgang: Die Anfänge des modernen Romans im 18. Jahrhundert und seine heutige Krise. In: Deutsche Vierteljahrsschrift für Literaturwissenschaft und Geistesgeschichte 28 (1954), S. 445.
2 Alle Erzählungen Ilse Aichingers finden sich in folgendem Bändchen: Nachricht vom Tage. Erzählungen. Frankfurt/M. 1970. (= Fischer-Bücherei 1140).
3 Ebd., S. 142.
4 Ebd., S. 145.
5 Handke, Peter: Ich bin ein Bewohner des Elfenbeinturms. In: Peter Handke: Prosa, Gedichte, Theaterstücke, Hörspiel, Aufsätze. Frankfurt/M. 1969, S. 264.
6 Weiss, Peter: Der Schatten des Körpers des Kutschers. Frankfurt/M. 1969. (= edition suhrkamp 53), S. 7.
7 Frischmuth, Barbara: Die Klosterschule. Frankfurt/M. 1968. (= ›1‹ Deutschsprachige Autoren).
8 Becker, Jürgen: Felder. Frankfurt/M. 1964. (= edition suhrkamp 61), S. 53.
9 Heißenbüttel, Helmut: Textbuch 5. 3×13 mehr oder weniger Geschichten. Olten/Freiburg i. Br. o. J. (1965), S. 31. Zu Helmut Heißenbüttels Literaturverständnis vgl. u. S. 112 f.
10 Artmann, Hans Carl: Das im Walde verlorene Totem. Prosadichtung 1949 bis 1953 mit einem Nachwort von Hannes Schneider. Zeichnungen Daniela Rustin. Salzburg 1970, S. 47. Vgl. dazu ebd., S. 125: Conga: cub. großes, rattenähnliches Nagetier, venez. Tonsur, Toupet, columb. große, giftige Ameisenart, ant. afro-cubanisches Musikstück.
11 Zur sprachlichen Radikalisierung bei Thomas Bernhard: Vgl. Wolfgang Schmidt-Dengler: Der Tod als Naturwissenschaft neben dem Leben, Leben. In: Über Thomas Bernhard. Hrsg. von Anneliese Botond. Frankfurt/M. 1970. (= edition suhrkamp 401), S. 35.
12 Bernhard, Thomas: Watten. Ein Nachlaß. Frankfurt/M. 1969. (= edition suhrkamp 353), S. 31.
13 S. o. S. 9–21.
14 S. u. S. 112–128.

6. Bevorzugte Gattungen I: Kurzgeschichte, Reportage, Protokoll

Schlägt man die literarische Wochenendbeilage einer größeren Zeitung auf, findet man nahezu regelmäßig *Kurzgeschichten* abgedruckt, als Unterhaltung für den geneigten Leser. Doch so verschiedene Kenner der Prosaform Kurzgeschichte wie Erika Essen und Ruth Lorbe, Siegfried Unseld und Hans Bender[1] sind übereinstimmend der Meinung: Wer eine Kurzgeschichte liest, bloß um sich unterhalten zu lassen, ist ihrem Anspruch nicht gewachsen. Sie meinen, wer von ihr nichts weiter als die Erzählung einer interessanten Geschichte, eines Geschehensablaufs erwartet und seine Aufmerksamkeit von Anfang an insbesondere darauf richtet, wie die Sache ausgeht, der übersieht, beziehungsweise erfährt nicht, was die Kurzgeschichte zu sagen hat. Die Kurzgeschichte sei nur scheinbar anspruchslos, sie verlange von ihrem Leser, daß er sich sammelt zu konzentrierter Geistesgegenwart des Betrachtens, dem gerade das Geringe, scheinbar Nebensächliche oder Unbeachtete wichtig wird. Es ist richtig, die Prosaform der Kurzgeschichte ist eine eigenwillige Form, eine neue Gattung, wenn man will, die Ansprüche stellt. Nicht jede kurze Geschichte ist eine Kurzgeschichte. Doch gerade künstlerische Ansprüche schließen Unterhaltung nicht aus; im Gegenteil. Man muß allerdings unterscheiden. Von welcher Art Unterhaltung sprechen wir?
Wir wollen hier nicht eine hohe und eine niedrige Art der Unterhaltung, des Vergnügens, unterscheiden – weil man bei solchem Vorgehen allzuleicht der Gefahr der Anmaßung erliegt und weil man dabei leicht auf Irrwege gerät. Wir sprechen lieber – weil genauer und zweckmäßiger – mit Brecht einerseits von schwachen (oder einfachen) und starken (oder zusammengesetzten) Vergnügungen, anderseits von zeitgemäßen und unzeitgemäßen. Die starken Vergnügungen sind, wie Brecht sagt,[2] »verzweigter, reicher an Vermittlungen, widersprüchlicher und folgenreicher« als die schwachen. Die unzeitgemäße Art zu genießen verschafft sich Unterhaltung mittels einer uns zur Gewohnheit gewordenen Prozedur, nämlich der – durch Bildung vermittelten – Einfühlung (z. B. in frühere Kunstformen als Abbilder früherer Denk- und Lebensformen oder in den Vorgang, den eine spannende Geschichte vermittelt). Die zeitge-

mäße Art zu genießen, die unserem sogenannten wissenschaftlichen Zeitalter angemessene Art des Vergnügens, ist noch nicht sehr populär: Es ist das Vergnügen, das aus einer kritischen Haltung entsteht. Eine kritische Haltung wird aber z. B. nicht dadurch gefördert, daß der Leser eingeladen, veranlaßt wird, sich in einen Geschehensablauf »wie in einen Fluß zu werfen«, um sich darin treiben zu lassen, sondern dadurch, daß das Geschehen oder einzelne Geschehnisse so dargestellt werden, daß der Leser mit seinem Urteil, seinen Fragen, seinem Interesse dazwischen kommen, sich einschalten kann – und sich dazu veranlaßt fühlt. Gerade das gehört zu den Eigenschaften der Kurzgeschichte.

Deshalb und weil sich am Beispiel dieser ebenso populären wie anspruchsvollen, schon vom Klischee bedrohten und doch nicht festzulegenden literarischen Gattungsform einige wichtige Charakteristika, Bedingungen und Tendenzen moderner Literatur zeigen lassen, wollen wir uns zunächst mit dieser Prosaform beschäftigen. Und zwar so, daß an diesem Beispiel der Zusammenhang sichtbar wird, den der russische Literaturwissenschaftler Boris Eichenbaum 1924, am Schluß seines Essays ›Auf der Suche nach der Gattung‹, deutlich macht: »Die Literatur kämpft um ihr Bestehen. Sie ist auf der Suche nach neuen Gattungen«.[3]

Wenn hier und im folgenden von *Gattungen* die Rede ist, so sind damit nicht die von Goethe als »Naturformen« bezeichneten Grund- oder Hauptgattungen Epik, Lyrik, Dramatik gemeint, sondern bestimmte geschichtliche Gattungsformen, wie z. B. Novelle oder Ballade. Und auch diesen engeren Begriff von Gattung gebrauchen wir nicht im Sinne einer normativen Poetik, einer ungeschichtlichen Formkonzeption, die vom Autor die Erfüllung eines vorgegebenen Formgesetzes erwartet, sondern im Sinne einer offenen, deskriptiven Poetik, die traditionelle oder neue literarische Organisations- bzw. Strukturformen zu erkennen und zu beschreiben versucht. Wir verzichten also an dieser Stelle auf eine Erörterung des Gattungsproblems und gebrauchen den bekannten (und belasteten) Begriff pragmatisch, ähnlich wie das auch Autoren bei ihrer literarischen Arbeit, besser bei der Reflexion darauf, tun; z. B. im Literarischen Colloquium Berlin zum Thema Prosaschreiben.[4]

Es ist eine einfache Beobachtungstatsache, daß es in bestimmten Epochen, Zeiträumen, jeweils bevorzugte literarische Gattungen gab. Man denke nur an das Versepos der Ritterzeit, das geistliche Spiel des Spätmittelalters, die Novelle zur Zeit Goethes und des Bürgerlichen Realismus, die Ballade im 18. und 19. Jahrhundert. So wenig die Dominanz, die Vorherrschaft dieser Gattungen in den genannten Zeiträumen zufällig ist, so wenig ist es Zufall oder Ergebnis einer rein künstlerischen Entwicklung, daß in der Gegenwart Gattungen wie die Kurzgeschichte, die Reportage, das Protokoll oder das Erzählgedicht und der Protest-Song zu den bevorzugten gehören und daß neue Gattungen wie das Hör- und Fernsehspiel oder die Funkerzählung entstanden sind. Musil, der selbst eine Reihe von Kurzgeschichten verfaßte, schrieb 1914: »Kunstformen kommen auf und vergehen, wie das Versepos; und nur bis zu einem gewissen Grad ist das Ausdruck innerer Notwendigkeiten. In ästhetischen Fragen steckt oft mehr Praxis und gemeine Notwendigkeit als man denkt.«[5]

Zu den führenden Köpfen der deutschen Literatur nach 1945 gehört – neben Borchert, Böll, Langgässer und anderen – Arno Schmidt. In seinem Werkstattbericht von 1955 stellt er fest:

Unsere bisher gebräuchlichsten Prosaformen entstammen sämtlich spätestens dem 18. Jahrhundert, auch sind bereits in jenen Jahren Musterbeispiele für jede einzelne davon gegeben worden. Es wäre aber für die Beschreibung und Durchleuchtung der Welt durch das Wort (die erste Voraussetzung zu jeder Art von Beherrschung!) ein verhängnisvoller Fehler, wollte man bei diesen ›klassischen‹ Bauweisen stehen bleiben! Besonders nötig war und ist es, endlich einmal zu gewissen, immer wieder vorkommenden verschiedenen Bewußtseinsvorgängen oder Erlebnisweisen die genau entsprechenden Prosaformen zu entwickeln.[6]

Daraus geht hervor: Will ein Autor unsere Welt beschreibend wiedergeben und im Wort durchsichtig machen, so kann er sich nicht mehr der alten, klassischen Bauweisen (Gattungen) bedienen; er steht vor der Aufgabe, die unseren Bewußtseinsvorgängen und unserer literarischen Situation entsprechenden Prosaformen zu entwikkeln. Nach dem Krieg, nach 1945, war Borchert einer von denen, die damit begannen. Heinrich Böll schrieb 1956 über ihn:

Wolfgang Borchert war achtzehn Jahre alt, als der Krieg ausbrach, vierundzwanzig, als er zu Ende war. Krieg und Kerker hatten seine Gesundheit zerstört, das Übrige tat die Hungersnot der Nachkriegsjahre. (. . .) Borcherts Erzählung ›Das Brot‹ (. . .) ist Dokument, Protokoll des Augenzeugen einer Hungersnot, zugleich aber ist sie eine meisterhafte Erzählung, kühl und knapp, kein Wort zu wenig, kein Wort zuviel (. . .) diese kleine Erzählung wiegt viele gescheite Kommentare über die Hungersnot der Nachkriegsjahre auf, und sie ist mehr noch als das: ein Musterbeispiel für die Gattung der Kurzgeschichte, die nicht mit novellistischen Höhepunkten und der Erläuterung moralischer Wahrheiten erzählt, sondern erzählt, indem sie darstellt.[7]

Die Geschichte ›Das Brot‹ beginnt unvermittelt (und schließt ohne definitives Ende):

Plötzlich wachte sie auf. Es war halb drei. Sie überlegte, warum sie aufgewacht war. Ach so! In der Küche hatte jemand gegen einen Stuhl gestoßen. Sie horchte nach der Küche. Es war still. Es war zu still, und als sie mit der

Hand über das Bett neben sich fuhr, fand sie es leer. Das war es, was es so besonders still gemacht hatte: sein Atem fehlte. Sie stand auf und tappte durch die dunkle Wohnung zur Küche. In der Küche trafen sie sich. Die Uhr war halb drei. Sie sah etwas Weißes am Küchenschrank stehen. Sie machte Licht. Sie standen sich im Hemd gegenüber. Nachts. Um halb drei. In der Küche. Auf dem Küchentisch stand der Brotteller. Sie sah, daß er sich Brot abgeschnitten hatte. Das Messer lag neben dem Teller. Und auf der Decke lagen Brotkrümel. Wenn sie abends zu Bett gingen, machte sie immer das Tischtuch sauber. Jeden Abend. Aber nun lagen Krümel auf dem Tuch. Und das Messer lag da. Sie fühlte, wie die Kälte der Fliesen langsam an ihr hochkroch. Und sie sah von dem Teller weg.

»Ich dachte, hier wäre was«, sagte er und sah in der Küche umher. »Ich habe auch was gehört«, antwortete sie (. . .).
Sie sah ihn nicht an, weil sie nicht ertragen konnte, daß er log. Daß er log, nachdem sie neununddreißig Jahre verheiratet waren.
»Ich dachte, hier wäre was«, sagte er noch einmal und sah wieder so sinnlos von einer Ecke in die andere, »ich hörte hier was. Da dachte ich, hier wäre was«.
»Ich hab auch was gehört. Aber es war wohl nichts«. Sie stellte den Teller vom Tisch und schnippte die Krümel von der Decke.
»Nein, es war wohl nichts«, echote er unsicher.
Sie kam ihm zu Hilfe: »Komm man. Das war wohl draußen. Komm man zu Bett. Du erkältest dich noch. Auf den kalten Fliesen.«
Er sah zum Fenster hin. »Ja, das muß wohl draußen gewesen sein. Ich dachte, es wäre hier«. (. . .)

Und nun der Schluß der Geschichte:

Als er am nächsten Abend nach Hause kam, schob sie ihm vier Scheiben Brot hin. Sonst hatte er immer nur drei essen können. »Du kannst ruhig vier essen«, sagte sie und ging von der Lampe weg. »Ich kann dieses Brot nicht so recht vertragen. Iß du man eine mehr. Ich vertrage es nicht so gut«.
Sie sah, wie er sich tief über den Teller beugte. Er sah nicht auf. In diesem Augenblick tat er ihr leid.
»Du kannst doch nicht nur zwei Scheiben essen«, sagte er auf seinen Teller.
»Doch. Abends vertrag ich das Brot nicht gut. Iß man. Iß man.«
Erst nach einer Weile setzte sie sich unter die Lampe an den Tisch. [8]

Die Geschichte ist nicht nur kurz (etwa zwei bis drei Schreibmaschinenseiten), sondern eine Kurzgeschichte, an der sich Grundzüge und wichtige Merkmale dieser Gattung aufzeigen lassen. Wenn wir die hier zu beobachtenden Kennzeichen herausheben, so geben wir weder eine vollständige Interpretation der Geschichte, noch einen vollständigen Katalog der die Gattung definierenden Stilelemente. Wir versuchen nur, die für die Gattungsform Kurzgeschichte typische formale Grundstruktur an diesem Musterbeispiel, wie Böll sagt, deutlich zu machen.
Die in der Geschichte *dargestellte Welt,* die kleine, durchaus nicht heile Welt eines alten Ehepaares, entsteht Stück für Stück, aus-

schnitthaft und scheinbar fragmentarisch: Schlafzimmer und Küche ihrer Wohnung; momenthaft, aber nicht zufällig herausgegriffen der Zeitpunkt um halb drei in der Nacht; eine Situation wird deutlich, beherrscht durch ein Motiv: Hunger. Eine Notlage, die in der Beziehung der beiden alten Leute eine Krise verursacht: eine Krise des gegenseitigen Vertrauens, denn der Mann nimmt sich heimlich Brot. Die Frau bemerkt es, tut aber so, als hätte sie nichts bemerkt. Er bekennt sich nicht zu seiner Tat. Sie vermeidet es, ihn bloßzustellen. Ein verdeckter Konflikt. Auch am Abend darauf, als sie ihm einen Teil ihrer Brotration überläßt und als er daran erkennt, daß sie entdeckt hatte, was er ihr verbergen wollte, sprechen sich die beiden nicht aus; der Konflikt bleibt ungelöst. Warum hat er gelogen? Aus Scham? Warum hat auch sie sich verstellt, als sie ihm half? Aus Enttäuschung? Wie werden die beiden weiterleben? Einsamer als zuvor? Der Leser stellt sich solche Fragen. Er muß selbst eine Antwort suchen, wenn er eine haben will. Der Autor drängt ihm keine auf, er liefert ihm Fakten: Material, das Fragen stellt. Die *Erzählweise,* die Erzählhaltung, nicht nur der offene Schluß, machen deutlich: Hier geht es nicht um richtig oder falsch; hier geht es darum, zu zeigen: So ist das, so kann das sein, unter bestimmten Umständen. Es geht hier nicht um Anklage, nicht um ein erbauliches Beispiel; die Geschichte gibt sich wie ein Protokoll, ein Dokument, kühl und knapp. Dennoch fühlt der Leser die Teilnahme, das Engagement des Autors, dem er sich nicht entziehen kann. Das Geschehen ist nicht ohne Spannung erzählt, ja geradezu szenisch konkret vergegenwärtigt – aber fast ohne Kommentar, ganz ohne Leseranrede. Eine Deutung des erzählten Vorgangs wird nicht gegeben; sie ist jedoch eingeschlossen in der Art des Dialogs, der direkten Rede, die einen breiten Raum einnimmt, und in der Betonung des Gestischen, in der Sprache der Gebärden.

Folgt man den auffallend häufigen Wiederholungen banaler Sätze im *Dialog* der beiden Eheleute, merkt man, wie sich das Gespräch leer im Kreise dreht. Nebensächliches kommt so zur Sprache, daß die Hauptsache ebenso ungesagt bleibt wie deutlich ausgespart wird: Seine Lüge und seine Scham. »›Ich dachte, hier wäre was‹, sagte er und sah in der Küche umher. – ›Ich habe auch was gehört‹, antwortete sie . . .« Dieses Dialogelement wiederholt sich mehrmals, leitmotivisch. In ähnlicher Weise werden andere Stichworte von dem einen Partner gegeben, von dem anderen echoartig aufgegriffen und variiert. »Sie kam ihm zu Hilfe: ›Komm man. Das war wohl draußen. (. . .) Er sah zum Fenster hin: ›Ja, das muß wohl draußen gewesen sein‹. (. . .)« – Und in analoger Weise, ähnlich wie der Dialog, verhüllt die *Gestik,* das stumme Sich-Verhalten ebenso, wie es enthüllt: »Als er am nächsten Abend nach Hause kam, schob sie ihm vier Scheiben Brot hin. (. . .) ›Du kannst ruhig vier essen‹, sagte sie und ging von der Lampe weg. (. . .) Sie sah, wie er sich tief über den Teller beugte. Er sah nicht auf. (. . .) Erst nach einer Weile setzte sie sich unter die Lampe an den Tisch.«

Das ist es, was Böll meint, wenn er sagt: Der Autor erzählt, indem er darstellt: Die *Menschen,* die alltägliche Menschen sind. Das *Milieu,* dessen Durchschnittlichkeit durch einige Details andeutend charakterisiert wird. Eine realistische Darstellung, die jedoch alles Zufällig-Aktuelle hinter sich läßt, nur behält, was nötig ist, um das Typisch-Menschliche in einer konkreten Situation modellhaft zur Anschauung zu bringen: das Typisch-Menschliche im Medium des Alltäglichen. So wie der »Streitwert«, der Konfliktstoff der Geschichte nur eine Scheibe Brot ist, eine Scheibe des täglichen Brots, so ist auch die Sprache Alltagssprache, einfach, lakonisch, wirklichkeitsnah, ungeschönt. »Nein, unser Wörterbuch, das ist nicht schön«, sagte Borchert, den die Katastrophen des Krieges zwangen, sein Rilke-Herz zu verleugnen.[9]

Das Wörterbuch, die Diktion der Kurzgeschichte, ist auch in der Folgezeit nicht wieder so schön geworden, wie es einmal war. Man denke an Böll und die Langgässer, an Gerd Gaiser, Günter Grass und Arno Schmidt, an Günter Eich und Ilse Aichinger, an Martin Walser, Peter Bichsel, Alexander Kluge und Gabriele Wohmann, Herbert Eisenreich, H. C. Artmann und Thomas Bernhard, an Anna Seghers, Günter Kunert und Erwin Strittmatter – um nur einige Namen von Kurzgeschichten-Autoren zu nennen. Zahlreicher als die Namen der Autoren sind die Möglichkeiten, Kurzgeschichten zu schreiben. Eine Reihe von Kurzgeschichten-Anthologien[10] bezeugen das. Immer mehr Kurzgeschichten wurden geschrieben und verlegt, gelesen und diskutiert. Nicht nur an der Schule, an der diese neue Gattung besonders bevorzugt wurde.

Aber zunehmend verloren die Kurzgeschichten die neu-realistische Erzählhaltung der Nachkriegszeit, das Pathos der Wahrheit, der Mahnung, der Warnung, das Hemingway-Understatement, die Dinghaftigkeit ihrer Sprache. Sie lösten sich immer öfter aus der Verankerung in einer realitätsbezogenen Handlungs-Fabel von erzählerischer Kontinuität und tendierten in einen Bereich, den man mit Heißenbüttel »die Rückführung des Berichts auf die Spiegelung der Welt in der Vorstellung seines Helden« (bzw. der Hauptpersonen) bezeichnen kann, als den »Brechungsgürtel der Subjektivität«, als jene »Zone, in der Ich und Welt ineinander übergehen«.[11] Das ist zugleich der Bereich, wo Ich und Welt in ihrem Verhältnis und damit die sogenannte Wirklichkeit zum Problem werden. Es drängen sich Reflexionen, Kommentare in die Augenblicksbilder der Geschichten, das plane Erzählen unterbrechend.

Arno Schmidt hat diesen gewandelten Ansatzpunkt des Erzählens in seinen ›Berechnungen‹ und im ›Leben eines Fauns‹ angedeutet und damit nicht nur für sich gesprochen, sondern auf eine für die 60er Jahre charakteristische Grundlage des Prosaschreibens hingewiesen:

Die Ereignisse unseres Lebens springen vielmehr. Auf dem Bindfaden der Bedeutungslosigkeit, der allgegenwärtigen langen Weile, ist die Perlenkette kleiner Erlebniseinheiten, innerer und äußerer, aufgereiht. Von Mitternacht zu Mitternacht ist gar nicht ›1‹ Tag, sondern 1440 Minuten (und von diesen wiederum sind höchstens fünfzig belangvoll!). [Und:] Mein Leben?!: ist kein Kontinuum! [. . .] [sondern]: ein Tablett voll glitzernder snap-shots.[12]

Kurzgeschichten von Arno Schmidt sehen demgemäß auch anders aus als die gewohnten. Sie zeigen, wie moderne Prosa häufig, die Tendenz zur kurzen Form, zum Punktuellen, zu einer punktuellen Totalität, zur Konzentration und Reduktion erzählter Zeit auf einen kleinen Ausschnitt, die Momentaufnahme. Aber hinzu kommt die Neigung, sprachlich-assoziativen Impulsen nachzugeben. Das führt zur Bildung stilistischer Arabesken, eingeflochten in den Erzählbericht. Sprachliche Details machen sich selbständig, werden in Beziehung gesetzt und mit witzigen, oft sentenzenhaften Anmerkungen des Erzählers kommentiert. Der Tendenz zur Reduktion erzählter Zeit auf den Augenblick wirkt also eine Tendenz zur Erweiterung der Erzählzeit, eine Ausfächerung der sprachlichen Mittel entgegen. So z. B. in der Kurzgeschichte ›Trommler beim Zaren‹ oder in der Kurzgeschichte ›Nachbarin, Tod und Solidus‹.[13]

Die Geschichte von der Nachbarin beginnt so:

Blaßgrünes Gesicht, mit schwarzer Mundschleife locker zugebunden – so sah es wenigstens bei Mondlicht aus, morgens um fünf. Ich hatte wieder nicht schlafen können, und war ans Fenster getreten: rechtwinklig dazu, in ihrem Erker, stand die Nachbarin, Kriegerwitwe; wir hatten noch nicht miteinander gesprochen.
(Ingebartels, Ingebartels, Ingebartels, sagte die Uhr hinter mir mehrfach den Namen, und lachte dann flämisch auf: ho ho ho!: also 4 Uhr 45. Ein schwarzes Auto auf schwarzer Straße; seine Vorderpfoten schaufelten unermüdlich. Auch ein unsichtbares Motorrad sprudelte auf, und zog dann die kleiner werdenden Schallperlen hinter sich her).
Ich öffnete mein Fenster; auch ihre Hand begann gemessen vor sich hin zu nesteln, und wir schoben uns jeder in seine Öffnung: war sie auch herzkrank? (Ich war zwar erst neu eingezogen; aber ich bin dann bei solchen Gelegenheiten sehr direkt – warum auch nicht? Das Leben ist ja so kurz!).
»Wir können beide nicht schlafen.« stellte ich also pyjamaleis fest (und grammatisch-raffiniert: Wir! Beide!: wenn d a s nicht suggestiv wirkt?!). [. . .]

Sprachlich und formal konservativer blieben die *Kurzgeschichten in der DDR.* Erwin Strittmatters »Kleingeschichten« z. B. hat Heinz Plavius in der ostdeutschen Literaturzeitschrift ›Sinn und Form‹ 1971 folgendermaßen charakterisiert:[14]

Das sind Geschichten zum alltäglichen Gebrauch und das ist wohl das beste, was man von Literatur sagen kann. [. . .] Wie durch Genregesetze sind sie aber auch durch Genregrenzen gekennzeichnet. Es ist nicht ihres Amtes, Prozesse zu gestalten, sondern Resultate, nicht Ursachen, sondern Wirkungen, nicht Zusammenhänge, sondern Details, nicht die Verknüpfung, sondern Knoten (oder auch: Fäden zwischen den Knoten), mit einem Wort: sie können ihrer Natur nach nicht auf das Ganze hinaus, sie verharren bei der – wenn auch charakteristischen Einzelheit.

Das Bisherige zusammenfassend und im allgemeinen läßt sich sagen: *Erstens:* Die Kurzgeschichte ist eine neue epische Kunstform, deren Entstehung und Entwicklung mindestens zweifach bedingt ist: Einmal durch sozial-kulturelle Voraussetzungen: den Konsumbedarf der Zeitungen und Zeitschriften bzw. ihrer Leser. Den Autoren wird dadurch ein neuer »Markt« erschlossen. Nützen die Autoren diesen Markt ohne literarischen Ehrgeiz, liefern sie lediglich »Lesefutter«, um das Lesebedürfnis breiter Schichten zu befriedigen, so spricht man in diesem Fall – literarisch gesehen ein Extremfall – von »Magazingeschichten« oder Unterhaltungskurzgeschichten. Zum anderen ist die Entstehung der Kurzgeschichte bedingt durch das Ungenügen der Autoren (und Leser) an den überlieferten epischen Kurzformen (besonders der Novelle), die, erstarrt und verengt, kaum mehr Spielraum bieten für Versuche, Prosaformen zu entwikkeln, die den neuen Bewußtseinsvorgängen und Erlebnisweisen entsprechen. Im Extremfall dieses emanzipatorischen Bestrebens der literarischen Kurzgeschichte entstehen die auf Popularität keine Rücksicht nehmenden Formen experimenteller Prosa. – Die Kurzgeschichte entwickelt sich als neue, offene Form der Prosa, die sowohl Stilelemente traditioneller Kurzformen zu assimilieren vermag, als auch neue, noch ungewohnte Stilzüge zu erproben gestattet. Sie ist schon in ihren Anfängen, im 19. Jahrhundert, erst recht aber zur Zeit ihrer Durchsetzung als eigenständige literarische Form, im 20. Jahrhundert, ein internationales Phänomen. Das schließt jedoch nicht aus, daß die verschiedenen sozialkulturellen Bedingungen einzelner Länder und Nationalliteraturen deutlich verschiedene Entwicklungstendenzen hervorrufen. – Überblickt man die hier nur angedeuteten, zum Teil widersprüchlichen Entstehungsbedingungen und Tendenzen, so wird man sich nicht wundern, daß es bisher noch nicht möglich war (und wahrscheinlich auch nicht angemessen wäre), einen einheitlichen Formenkanon für die neue Gattung auszumachen.

Zweitens: Die Gattungsform Kurzgeschichte ist jedoch, anders als zum Beispiel Anekdote, Feuilleton- und Kalendergeschichte, Märchen, Schwank, Fabel, Parabel und Legende, nicht sosehr eine inhaltlich geprägte, sondern eine formal bestimmte Prosaform. Dazu kommt noch die – mit der Publikation in Zeitungen und Zeitschriften ebenso wie mit der meist engagierten Haltung der Autoren zusammenhängende – rasch sich wandelnde, oft aktuelle Bezogenheit der Kurzgeschichte. Deswegen erweist sich eine inhaltliche Beschreibung bzw. Bestimmung der Gattung Kurzgeschichte als ungeeignet und unzweckmäßig; und deshalb ist es möglich, berechtigt und notwendig, eine formale Grundstruktur aufzuweisen, womit durchaus nicht gesagt ist, daß das inhaltliche Engagement der Kurzgeschichte bei einer Interpretation außer Betracht bleiben dürfte.

Bei dem Versuch einer *Strukturbeschreibung* wird man sich nicht auf einzelne Beispiele beschränken können, denn in Anbetracht der Fülle und Vielfalt der publizierten Kurzgeschichten stellt sich nahezu unlösbar das Auswahlproblem. Man wird sich vielmehr auf die neuesten Untersuchungen zur Kurzgeschichte stützen müssen, insbesondere auf die Arbeiten von Hans Bender und Walter Höllerer (1962), Ruth J. Kilchenmann (1967) und J. Kuipers (1970), die nicht nur selbst zahlreiche und neue Quellentexte berücksichtigen, sondern sich auch auf eine Reihe von mehr oder weniger ergiebigen früheren Analysen beziehen können; zum Beispiel auf die Arbeiten von Hans-Adolf Ebing (1936), Karlheinz Zierott (1952), Klaus Doderer (1953) und Ruth Lorbe (1957).[15]

Die Grundstruktur einer Kurzgeschichte läßt sich demnach aus einer zweifachen Perspektive beschreiben; einmal im Hinblick auf typische Merkmale der dargestellten Welt, zum anderen im Hinblick auf charakteristische Züge der Erzählweise oder Erzählhaltung.

Hinsichtlich der in der Kurzgeschichte dargestellten Welt kann man beobachten: Eine Kurzgeschichte hebt aus dem Leben eines oder mehrerer meist durchschnittlicher Menschen (Figuren) ein Ereignis (Geschehen) heraus, das dieses Leben vor eine Entscheidung stellt, ihm eine mehr oder weniger bedeutsame Wendung zu geben vermag; es muß durchaus nicht ein sogenannter »Schicksalsbruch« sein, aber irgendein – oft unscheinbarer, unbedeutender – Konflikt ist dargestellt. Es handelt sich um ein Ereignis, dessen Dauer zwischen einem Zeitpunkt und einer kurzen Zeitspanne variieren kann (momentaner Charakter) und zu dessen räumlicher Darstellung ein bruchstückhafter Weltausschnitt genügt (fragmentarischer Charakter).

Hinsichtlich der Erzählweise kann man unterscheiden zwischen dem Verhältnis des Erzählers zum Gegenstand seiner Erzählung und seinem Verhältnis zum Leser.

Sehen wir auf den Gegenstand seiner Erzählung, so können wir feststellen: Der Erzähler einer Kurzgeschichte bevorzugt eine Darstellungsweise, die den – meist im Mittelpunkt stehenden – *Menschen* unter einem begrenzten Aspekt bzw. im Hinblick auf eine bestimmte Seite seines Charakters darstellt und indirekt, meist kommentarlos charakterisiert, indem sie ihn als Handelnden und Sprechenden vergegenwärtigt. Daraus ergibt sich die besondere Bedeutung des Gestischen und Dialogischen in der Kurzgeschichte. Der Erzähler bevorzugt ferner ein alltägliches *Milieu,* dessen menschliche, soziale und politische Spannungen er sehr oft scheinbar unbeteiligt, d. h. ohne »moralischen Zeigefinger oder direkte Tendenz« darstellt, und zwar mehr andeutend als ausführend, eher sprunghaft als linear; daraus ergibt sich der pars-pro-toto-Effekt des Details. Bei der Darstellung des Alltäglichen ist der Erzähler einer Kurzgeschichte nicht unbedingt an eine realistische *Perspektive* gebunden, sondern kann durch Mittel der Verfremdung bzw. Übersteigerung die Doppelbödigkeit der sogenannten Realität bewußt machen. Der Erzähler einer Kurzgeschichte wird das Geschehen, das er darstellen will, der gebotenen Kürze entsprechend beschränken, konzentrieren, indem er auf eine – auch geraffte – Totalität der Entwicklung, d. h. auf einen im ganzen überschaubaren Prozeß mit Anfang, Höhepunkt und abrundendem Schluß, verzichtet. Statt dessen strebt er eine *punktuelle* Totalität an. Um diese herzustellen, braucht er weder eine Pointe noch einen überraschenden Effekt, kann sich aber auch dieser Mittel bedienen.

Charakteristisch für die Erzählweise der Kurzgeschichte als einer zum Abdruck in Zeitungen und Zeitschriften geeigneten, kurzen und offenen Form ist anderseits Folgendes: Dem Leser wird nicht so sehr ein mehr oder weniger kunstvoll zubereitetes »Lesefutter« geboten, das er sozusagen auf einen Sitz konsumieren kann, sondern Material menschlicher Erfahrung, und zwar so, daß er sich zur Miterzeugung, zur Ergänzung, zur eigenen Stellungnahme veranlaßt fühlt. Es ist vor allem der andeutende Erzählstil, die Differenz und Spannung zwischen dem konkret Erzählten selbst und dem – damit modellhaft repräsentierten – weiteren Bereich menschlicher Erfahrung, wodurch die Fähigkeit des Lesers zum Nachschaffen, Ergänzen, kritischen Weiterdenken angeregt, herausgefordert wird. Ein sinnfälliges Zeichen und Merkmal dieser Differenz, dieser Spannung ist der gerade bei Kurzgeschichten anzutreffende offene, weiterwirkende, den Leser provozierende Schluß.

Diese formale Grundstruktur der Kurzgeschichten gestattet einerseits die *Abgrenzung* gegenüber anderen epischen Kurzformen, anderseits eröffnet sie einen weiten *Spielraum* von Möglichkeiten und Variationen.

Novellen und Erzählungen sind nicht nur in der Regel länger als Kurzgeschichten, sie können sich (eben deswegen) eine z. B. psychologisch motivierte, erklärte Entwicklung leisten: Entwicklungslinien werden ausgeführt, Konsequenzen gezogen, ein definitiver Abschluß wird erreicht (z. B.: Droste-Hülshoff ›Die Judenbuche‹); die Handlungen der Hauptfiguren ergeben sich dabei aus ihrem Charakter (in Kurzgeschichten ist es meist umgekehrt; ihr Charakter ergibt sich aus den Handlungen, Verhaltensweisen). Anders als in Skizzen und Impressionen wird in Kurzgeschichten Ereignishaftes dargestellt. Der Witz ist ein Spiel um der überraschenden Pointe willen. Die Anekdote (ein Begriff, der von Wilhelm Schäfer und Paul Alverdes überstrapaziert worden ist) pointiert einen meist schon bekannten Charakterzug einer bekannten (historischen) Persönlichkeit. Kurzgeschichten können aber einzelne Stilzüge der genannten und anderer epischer Kleinformen aufgreifen; darauf ist nicht zuletzt der Eindruck vom schillernden Charakter der Gattung Kurzgeschichte zurückzuführen.

Um den *Spielraum*, die gestalterischen Möglichkeiten der Kurzgeschichte anzudeuten, können einige Variationen und Möglichkeiten (erstens) der Menschendarstellung, (zweitens) des raum-zeitlichen Geschehensablaufs und (drittens) der Erzählhaltung unterschieden werden.

Zur Menschendarstellung: Die Hauptfigur oder die Hauptfiguren erscheinen stark typisiert (z. B. Brecht ›Maßnahmen gegen die Gewalt‹) oder werden andeutungsweise individualisiert dargestellt (z. B. Günter Eich ›Züge im Nebel‹). Die Handlungsträger können als unauffällige durchschnittliche Menschen gezeichnet werden (z. B. Böll ›Mein Onkel Fred‹) oder auch als seltsame Menschen, doch nicht als ›Helden‹ (z. B. Jakov Lind ›Reise durch die Nacht‹).

Zum raum-zeitlichen Geschehensablauf: Verschiedene Möglichkeiten des Geschehensablaufs lassen sich im Hinblick auf die Darstellung der räumlichen und zeitlichen Verhältnisse unterscheiden: Das Geschehen in Zeit und Raum wird in einer sogenannten *Augenblickskurzgeschichte* wie bei einer Momentphotographie blitzartig und punktuell ausgeleuchtet, das offene Ende weist dabei auf die unvermittelte Anfangssituation zurück (z. B. Borchert ›Die Küchenuhr‹). Oder das Geschehen erstreckt sich auf eine kurze Zeitspanne, wobei am Ende gegenüber dem Beginn eine kleine Verschiebung der Verhältnisse eingetreten ist: Ist der erzählte Zeitraum sehr kurz, wird die Zeit »normal« ablaufen (z. B. Borchert ›An diesem Dienstag‹ oder H. Bender ›Die halbe Sonne‹).

Zur Erzählhaltung: Die Erzählhaltung ist entweder dadurch bestimmt, daß der Erzähler kaum in Erscheinung tritt; das ergibt eine *objektivistische* Erzählhaltung (z. B. H. C. Artmann ›Die gute Köchin‹ und ›Abenteuer eines Weichenstellers‹). Oder der Erzähler zeigt unverhüllt, ironisch, desillusionierend, daß er erzählt; das führt zu sogenannten stilistischen Arabesken des Erzählers, und man spricht von einer *Arabesken-Kurzgeschichte* (z. B. Arno Schmidt ›Trommler beim Zaren‹ oder Ilse Aichinger ›Rede unter dem Galgen‹). Es sind aber auch folgende zwei Formen zu beobachten: Der Autor kann eine alltägliche Situation im entsprechend »mittleren« Stil erzählen, d. h. *ohne* ungewöhnlich-auffällige Effekte (z. B. Hans Bender ›Der Brotholer‹). Er kann jedoch in einer alltäglichen Situation auch eine groteske, abrupte und verblüffende Veränderung eintreten lassen; man spricht dann von einer *Überdrehungskurzgeschichte* (z. B. Böll ›Unberechenbare Gäste‹, Kafka ›Die Verwandlung‹, Martin Walser ›Die Matinee‹).

Kurzgeschichten sind engagierte Literatur. Aber diese Art von Engagement der *Gesinnung* genügt heute vielen nicht mehr, die unmittelbarer, direkter auf die gesellschaftlichen Verhältnisse einwirken wollen, als dies mit dichterischen Produkten möglich ist. Dabei zeigt sich besonders deutlich, daß Gattungen als literarische Ausdrucksform funktional bedingt sind, d. h. in engem Zusammenhang mit jeweils dominierenden gesellschaftlichen und weltanschaulichen Konzeptionen und Konstellationen entstehen, vergehen und sich wandeln. Literarische Entwicklung ist kein von den übrigen Daseinsbereichen unabhängiger Prozeß. Die Autonomie der literarischen Formen ist nur relativ, relativ zu gesellschaftlich-politischen Verhältnissen und Tendenzen. Diesen Umstand illustriert und bestätigt eine in den letzten Jahren zu beobachtende Entwicklung: der Trend zu nichtdichterischen literarischen Gattungsformen wie *Reportage, Interview-Protokoll* und szenischer Dokumentation.

Am meisten Aufsehen erregten Günter Wallraffs ›*Industriereportagen‹*[16]. Wallraff ging in den Jahren 1963 bis 1965 in deutsche Großbetriebe, teilte den Arbeitsalltag der Massen und berichtete in seinen kritischen Reportagen davon. Die Buchveröffentlichung erschien 1966. Im Vorwort zur Rowohlt-Taschenausgabe heißt es:

Was Wallraff als Arbeiter und Hilfsarbeiter an rücksichtsloser Ausnutzung der Arbeitskraft selbst erfahren hat, wird in seinen Industriereportagen zu einer Anklage, für die nur Fakten zählen. Die Forderungen nach der Humanisierung des Arbeitsprozesses sind noch nicht erfüllt worden, noch immer werden Arbeiter, meist aus Profitstreben, zu einem bloßen Werkzeug der Fabrikation degradiert.[17]

Ebenso wie seine gesellschaftskritischen Industriereportagen wurde auch eine weitere Reportagenfolge Wallraffs durch den Rundfunk verbreitet und erschien 1969 unter dem Titel: ›13 unerwünschte Reportagen‹ in Buchform. Ihre gesellschaftliche Wirkung ist nicht zu vergleichen mit der einer dichterischen Form; das zeigt auch der massive Widerstand der Betroffenen. Diese neue, besser: wiederaufgegriffene Literaturgattung ist einerseits durch die Abwendung von der Fiktion zugunsten der Fakten charakterisiert, andererseits durch einen sogenannten »neuen sprachlichen Realismus«. Vor allem aber geht es hier nicht so sehr um das *Brot* als vielmehr um die *Brotherrn* und ihr System. Diese Gattungsform will »nicht Literatur als Kunst, sondern Wirklichkeit«, wie Wallraff sagt; sie ist Waffe im Dienst einer gesellschaftskritischen Strategie; nicht nur von Wallraff gebraucht, sondern von etwa einem Dutzend »Werkkreisen«. Neue Anthologien solcher ›Reportagen aus der Arbeitswelt‹[18] sind entstanden und werden noch entstehen; sie sollen das Situations- und Klassenbewußtsein abhängig Arbeitender wecken.

Dieser Gattungsform verwandt sind die ebenfalls von Medien, Zeitschriften und Buchverlagen verbreiteten *Protokolle*. Bahnbrechend waren die 1968 erschienenen ›Bottroper Protokolle‹, aufgezeichnet von Erika Runge.[19] Martin Walser nannte diese Protokolle in seinem Vorwort: »Berichte aus der Klassengesellschaft«. In diesem Vorwort erklärt er:

Es stimmt, ich lebe in einer Demokratie, die Politiker leben in einer Demokratie, die Journalisten leben in einer Demokratie. Die Arbeiter und Arbeiterinnen, die hier zu Wort kommen, leben nicht in derselben Demokratie. Wir wollen das nicht wissen. Wir wissen es auch gar nicht.

Um dieses Wissen zu verbreiten, werden derartige Protokolle aufgezeichnet und veröffentlicht. Und Walser erklärt auch Anlaß und Funktion dieser neu verwendeten Gattungsform:

Es ist lächerlich, von Schriftstellern, die in der bürgerlichen Gesellschaft das Leben »freier Schriftsteller« leben, zu erwarten, sie können mit Hilfe einer Talmi-Gnade und der sogenannten schöpferischen Begabung Arbeiter-Dasein im Kunstaggregat imitieren oder gar zur Sprache bringen. Alle Literatur ist bürgerlich, bei uns, auch wenn sie sich noch so antibürgerlich gebärdet. Ich bin nicht so sicher, daß sie nichts als »affirmativ« [einverstanden] sei, aber bürgerlich ist sie sicher. Das heißt: sie drückt bürgerliche Existenz aus, Leben unter bürgerlichen Umständen; Gewissen, Genuß, Hoffnung und Kater in bürgerlicher Gesellschaft. Arbeiter kommen in ihr vor wie Gänseblümchen, Ägypter, Sonnenstaub, Kreuzritter und Kondensstreifen. Arbeiter kommen in ihr vor. Mehr nicht. Hier, in diesem Buch, kommen sie zu Wort.[20]

Und in ähnlicher Weise kommen z. B. in den von Tscheliesnig herausgegebenen ›Lehrlingsprotokollen‹[21] Lehrlinge aus dem Werk-

kreis Tübingen zu Wort und in einem von Gothe und Kippe vorge-
legten Band Fürsorgezöglinge.[22] Diese Protokolle und Berichte verstehen sich nicht zuletzt als »Anleitung zu solidarischem Handeln«.
Weniger engagiert, mehr vom Interesse bestimmt, dem Volk aufs
Maul zu schauen, sind die von Gerhard Aberle aufgezeichneten ›Gespräche an der Theke‹[23].
Vermutlich bald werden diese nichtdichterischen Gattungsformen
ebenso in Lesebüchern heimisch sein wie die Kurzgeschichte seit
langem. All das scheint die Erwartung zu bekräftigen, mit der Bodo
Heimann einen Aufsatz über ›Experimentelle Prosa‹ schließt:

Vielleicht breitet sich die Erkenntnis aus, daß jahrzehntelanges Experimentieren mit der Sprache weder die Sprache noch unser Bewußtsein, noch unsere Umwelt entscheidend verändert hat, sondern daß wir noch andere
Kräfte aufbieten müssen, um die Zerstörung unserer Welt zu verhindern.[24]

Unser Orientierungsversuch über einige in der Gegenwartsliteratur
bevorzugte Prosagattungen zeigt, daß die Kurzgeschichte mit ihrem
großen Spielraum von Gestaltungsmöglichkeiten bis in die Mitte der
60er Jahre dominierte. Dann aber verlor sie im Zusammenhang mit
jener Polarisierung der Literatur an Bedeutung, die auf der einen
Seite Literatur als Instrument revolutionärer Aktivität von der
Kunst löste (in den Reportagen und Protokollen); die auf der anderen Seite Literatur von der sogenannten Realität löste, um ihr Medium, die Sprache, zu thematisieren (in der experimentellen Literatur der Texte).

Anmerkungen

6. Bevorzugte Gattungen: Kurzgeschichte, Reportage, Protokoll

1 E. Essen: Moderne deutsche Kurzgeschichten. Nachwort, S. 54; R. Lorbe: Die deutsche Kurzgeschichte der Jahrhundertmitte, S. 36; S. Unseld: An diesem Dienstag, S. 139 ff.; H. Bender: Ortsbestimmung der Kurzgeschichte, S. 205 ff.

2 B. Brecht: Kleines Organon für das Theater, u. a. Nr. 5–25.

3 Eichenbaum, Boris: Aufsätze zur Theorie und Geschichte der Literatur. Frankfurt/M. 1965. (= edition suhrkamp 119), S. 84.

4 Prosaschreiben: Eine Dokumentation des literarischen Colloquiums Berlin. Hrsg. von Walter Hasenclever. Berlin 1964, S. 242.

5 Musil, Robert: Die Novelle als Problem (1914). In: R. M.: Tagebücher, Aphorismen, Essays und Reden. Hamburg 1955. (= Gesammelte Werke in Einzelausgaben, Hrsg. von Adolf Frisè), S. 685.

6 Schmidt, Arno: zitiert nach: Versäumte Lektionen. Entwurf eines Lesebuches. Hrsg. von P. Glotz und W. R. Langenbucher. Frankfurt/M. und Hamburg 1971. (= Fischer Bücherei 1963), S. 323.

7 Böll, Heinrich: in Nachwort zu: Wolfgang Borchert: Draußen vor der Tür und ausgewählte Erzählungen. Hamburg 1956. (= rororo Taschenbuch Nr. 170), S. 135.

8 Borchert, Wolfgang: Das Brot. In: W. B.: Draußen vor der Tür und ausgewählte Erzählungen. Hamburg 1956, S. 120–121. – Vgl. Hans Jürgen Skorna: Die deutsche Kurzgeschichte. S. 58.

9 W. Borchert: In: Draußen vor der Tür. S. 132.

10 Einige Anthologien von Kurzgeschichten (speziell für die Schule): Moderne Erzähler Nr. 1 ff. Paderborn (Schöningh) 1957 ff. (= Text-Reihe). – Moderne deutsche Kurzgeschichten. Hrsg. und eingeleitet von Erika Essen. Frankfurt/M. 1957. – Ostdeutsche Erzähler der Gegenwart. Zusammengestellt und mit einem Nachwort versehen von H. Tausch. Paderborn 1964. – Prosa aus der DDR. Einführung, Auswahl und Anmerkungen von H. Walwei-Wiegelmann. Paderborn 1969. – Textsammlung moderner Kurzgeschichten. Für die Schule ausgewählt und hrsg. von Ferdinand Piedmont. 12. Aufl. Frankfurt/M. 1970. – Neue deutsche Kurzgeschichten. Eine Anthologie für die Oberstufe. Hrsg. von Fritz Pratz und Hans Thiel. 3. Aufl. Frankfurt/M. 1970. – Neue deutsche Kurzprosa. Für die Schule gesammelt und hrsg. von Fritz Pratz. Frankfurt/M. 1970. – Heitere und satirische Prosa der Gegenwart. Für die Schule gesammelt und hrsg. von A. Becker und H. Thiel. 3. Aufl. Frankfurt/M. 1971.

11 Heißenbüttel, Helmut: Annäherung an Arno Schmidt. In: H. H.: Über Literatur. Olten 1966, S. 62 f.

12 Zitiert ebd., S. 62 f.

13 Schmidt, Arno: Nachbarin, Tod und Solidus. In: A. S.: Sommermeteor. 23 Kurzgeschichten. Frankfurt/M. 1969. (= Fischer Bücherei 1046), S. 83 ff.

14 Plavius, Heinz: Erwin Strittmaters Kleingeschichten. In: Sinn und Form 23 (1971), S. 1348–1352.
15 Siehe Literaturverzeichnis. Außerdem: Karl-Heinz Zierott. Die Kurzgeschichte in Literatur und Presse. Phil.Diss. München 1952 (Masch.). – Die nachfolgende Strukturbeschreibung ist besonders J. Kuipers und W. Höllerer verpflichtet.
16 Wallraff, Günter: Industriereportagen. Als Arbeiter in deutschen Großbetrieben. Reinbek 1970. (= rororo sachbuch 280/6723).
17 Vgl. Industriereportagen, Vorwort: »Zu diesem Buch«.
18 Vgl.: Ihr aber tragt das Risiko. Reportagen aus der Arbeitswelt. Hrsg. vom Werkkreis. (= rororo Band 1447).
19 Bottroper Protokolle. Aufgezeichnet von Erika Runge. Vorwort von Martin Walser. Frankfurt/M. 1968. (= edition suhrkamp 271).
20 Walser, Martin: Berichte aus der Klassengesellschaft. In: Bottroper Protokolle. S. 7–10.
21 Lehrlingsprotokolle. Hrsg. von Klaus Tscheliesnig. Vorwort von Günter Wallraff. Frankfurt/M. 1971. (= edition suhrkamp 511).
22 Gothe, Lothar und Rainer Kippe: Ausschuß, Protokolle und Berichte aus der Arbeit mit entflohenen Fürsorgezöglingen. Köln/Berlin 1970. (= pocket 18).
23 Aberle, Gerhard: Stehkneipen – Gespräche an der Theke. Frankfurt/M. 1971. (= Fischer TB 1194).
24 Heimann, Bodo: Experimentelle Prosa. In: Die deutsche Literatur der Gegenwart. Aspekte und Tendenzen. Hrsg. von Manfred Durzak. Stuttgart 1971, S. 230–257. – Vgl. dazu: A. Astel: Ottweiler Texte, S. 386: Astel hatte in einer Jugendstrafanstalt eine Autorenlesung und berichtet darüber: »Ich merkte: Diese Literatur, das war mein Problem und nicht das meiner Zuhörer. Und doch hatten diese Zuhörer – wie ich – ein Bedürfnis, ihre eigenen Probleme zu artikulieren.«

7. Bevorzugte Gattungen II:
Das Hörspiel, das Neue Hörspiel, das Fernsehspiel

I.

Das Hörspiel ist eine beachtenswerte Sonderform der modernen Literatur. Seine Geschichte ist überschaubar, die Prinzipien seiner Poetik sind wissenschaftlich erörtert.[1] Das Hörspiel ist an das Medium des Rundfunks gebunden. Es durchläuft demnach, historisch gesehen, die Phasen der eigenen Entwicklung ebenso wie jene der Entwicklung des Rundfunks. Das hat gerade in jüngster Zeit das Aufkommen der Stereophonie erwiesen: Erst diese technische Neuerung hat neben dem Monohörspiel das Stereohörspiel ermöglicht.[2] Weiter wurde die Entwicklung des Hörspiels stark beeinflußt vom Massenmedium Fernsehen. Dementsprechend haben wir uns in diesem Kapitel 1. mit dem Hörspiel, 2. mit dem Neuen Hörspiel, für das unter anderem die Stereophonie bedeutsam wurde, und 3. mit dem Fernsehspiel zu befassen.

Das Hörspiel ist, verglichen mit anderen, eine relativ junge Literaturgattung mit eigenen Formen und Gesetzen. Das wichtigste Kennzeichen des Hörspiels ist seine Nur-Hörbarkeit: Seine künstlerische Realisierung ist die akustische Gestaltung. Die vielen gedruckten Hörspieltexte sind noch keine Hörspiele, was diese akustische Sonderform auffällig von der modernen Leseliteratur unterscheidet.

Die Gebundenheit des Hörspiels an die technischen Gegebenheiten des Rundfunks ist für die Gattung also relevant. Die Stärke dieser Gebundenheit mag ein außerliterarisches Beispiel belegen: Das Hörspiel ist nach Länge, Sendezeit usw. von den Programmgepflogenheiten des Rundfunks abhängig. Selbst beim Protest gegen diese Programmkonventionen bleibt diese Bindung aufrecht. Gerad Kienast verfaßte ein Hörspiel mit dem Titel ›Zur Theorie des Hörens‹, dessen ungekürzte Fassung »bei einer angenommenen Sendedauer von 60 Minuten« aus Ansage, Absage und folgendem Text besteht, der einmal die 59 Minuten der Stille unterbricht: Pause – *O-Ton: Hört, hört!* – Pause.[3]

Durch die Bindung des Hörspiels an das Medium Rundfunk zeigt seine Geschichte einen klaren Beginn. Werfen wir aber zunächst einen Blick auf die Entwicklung des Rundfunks[4], die sich uns als Resultat einer Reihe von Experimenten verschiedener Wissenschaftler präsentiert. Namentlich waren daran etwa von 1865 bis 1906, über einen Zeitraum von vierzig Jahren also, die Engländer Maxwell und Faraday, die Deutschen Hertz und von Lieben, der Franzose Branly, der Italiener Marconi und die Amerikaner de Forest und Fessenden beteiligt. Allmählich fanden sie den Weg über den Signalfunk mit Morsezeichen zu erfolgreichen Sprechfunkversuchen. Die Krönung dieser technischen Bemühungen war die Übertragung der Stimme Enrico Carusos aus der Metropolitan Opera, New York, am 20. Jänner 1910. Inzwischen stritten sich hellhörige Industrielle bereits um die verschiedenen Patente. Nachdem die Differenzen beigelegt waren, kam es zur Gründung der Rundfunkgesellschaften in den verschiedenen Ländern: Zunächst der »Radio Corporation of America« im Oktober 1919 und der »British Broadcasting Company« BBC im Februar 1920. Erst im Oktober 1923 nahm dann die Radiostunde AG im Berliner Vox-Haus ihren regelmäßigen Sendebetrieb auf; und im November 1924 wurde der erste österreichische Sender in Wien eröffnet.

Das erste Hörspiel stand – verglichen mit den Entstehungsdaten des Mediums – schon relativ früh auf dem Programm, nämlich am 15. Jänner 1924. Sein Titel lautete im Original ›A Comedy of Danger‹; sein Autor war der englische Dramatiker Richard Hughes.[5] Dieses erste Exemplar der neuen Gattung ist bereits ein Paradigma ihrer Möglichkeiten, die es aber noch recht naiv entfaltet. Im Schacht einer Kohlengrube fällt durch einen Unfall plötzlich das Licht aus. Die »Bühne« ist dunkel, das Optische fehlt. Todesangst beherrscht die Gespräche der Eingeschlossenen. Die Rettung wird vom Opfer eines einzelnen realistisch verdüstert und idealistisch verklärt. Es ist offensichtlich, daß dieses Hörspiel vom wirklichkeitsnahen Stil der Reportage ausgeht. Es schafft sich die lichtlose Situation ohne tiefere psychologische Interpretation.

Das erste deutsche Hörspiel kam angeblich vom Sender Breslau, der am 21. Juli 1925 Rolf Gunolds ›Spuk‹ ausstrahlte – ein Irrtum, der sich in den meisten Lexika hartnäckig hält. Tatsächlich hat Gerhard Eckert noch drei frühere Hörspiele entdeckt, von denen aber nur eines gesendet wurde: nämlich Hans Fleschs ›Zauberei auf dem Sender‹ (Frankfurt, 24. Oktober 1924).[6] Diese Werke bieten einen völlig anderen Ansatz und eröffnen andere Perspektiven; sie sind romantisch-surrealistische Versuche und weit entfernt von der typischen Kurzschluß-Reportage Hughes. Das realistische Spiel des Engländers und die symbolischen Spiele der Deutschen, Anfänge einer neuen Gattung, stecken als Extreme damals bereits das breite Spektrum ihrer Möglichkeiten ab.

Die Entwicklung des Hörspiels bis in die 70er Jahre ist von den Medienforschern unterschiedlich in Phasen untergliedert worden. Wir wählen hier ein eigenes Kriterium: Wir greifen Höhepunkte der Gattung heraus und schaffen damit Akzentuierungen der Hörspielgeschichte.

Vorerst aber noch ein Wort zum Terminus »Hörspiel«. Das Wort taucht bereits in Friedrich Nietzsches ›Also sprach Zarathustra‹ und bei Richard Wagner auf, dort fehlt ihm aber der Bezug zum Medium des Rundfunks. Erstmals in unserem Sinne verwendet es der Redakteur Hans S. Heister in seiner Programmzeitschrift ›Der deutsche Rundfunk‹ im August 1924.[7] Vorher sprach man von »Sendungsspiel«, »Sendespiel«, »Funkspiel« und »Funkdrama«. Leider hat sich die von Alfred Braun im Jahre 1929 vorgeschlagene und von Heinz Schwitzke erneuerte Trennung der Termini »Hörspiel« und »Sendespiel« nicht durchgesetzt. Ein »Sendespiel« wäre demnach jede Dramenbearbeitung für den Hörfunk, ein »Hörspiel« aber nur die für den Rundfunk geschaffene eigene Gattung. Eine Hörfunk-Bearbeitung von Schillers ›Wallenstein‹ könnte also nur ein »Sendespiel« sein, nie aber ein »Hörspiel«. Wir bezeichnen mit dem Terminus »Hörspiel« vor allem das literarische Hörspiel.

Bereits gegen Ende der 20er Jahre erreichte das literarische Hörspiel seinen ersten Höhepunkt, obwohl die Phantasie der Autoren und die Darstellungskunst der Regisseure noch schwer mit den technischen Mängeln des Mediums zu ringen hatten. Das bezeugen eindrucksvoll die wenigen erhaltenen zeitgenössischen Aufnahmen. Alfred Döblin, Hermann Kasack, Walter Erich Schäfer u. a. Autoren[8] widmen sich aufmerksam der neuen Gattung. In den 30er Jahren ist es vor allem Bertolt Brecht, der die Möglichkeiten dieser Kunstform studiert. Beachtung verdient in dieser Entwicklungsphase besonders Eduard Reinachers ›Der Narr mit der Hacke‹ 1930.[9] Dieses symbolische Stück ist eine Vorwegnahme der späteren Wortkunst-Dichtung des Hörspiels. Die Geräuschkulisse der lärmenden frühen Stücke ist ersetzt durch eine sparsame symbolische Verwendung weniger akustischer Signale: z. B. das Hacken des Mönchs Zenkai im Granitberg. Durch leichte Blende kann daraus das innere Klopfen des Gewissens werden.

Den zweiten Höhepunkt erreicht die Hörspiel-Geschichte nach der Zäsur des Zweiten Weltkrieges. Überraschend ist dabei der Neueinsatz der Gattung mit einem vollendeten Kunstwerk: Im Februar 1947 sendet Hamburg die Premiere von Wolfgang Borcherts ›Draußen vor der Tür‹[10]. Mit dem tristen Heimkehrerschicksal Beckmanns hebt die Glanzzeit des deutschen literarischen Hörspiels an. Dem Interesse der Autoren an dieser Gattung entspricht das Interesse eines umfangreichen Publikums. Der NDR Hamburg rechnet Mitte der 50er Jahre bei einem Wintertermin mit drei bis vier Millionen Hörern. Im Jahre 1956 setzt dieser Sender achtzig Hörspieltermine an, in der ganzen Bundesrepublik sind es rund neunhundert.[11] Zunehmend beginnt sich technische und künstlerische Perfektion abzuzeichnen. Das deutsche Hörspielschaffen der 50er Jahre wird zum facettenreichsten der deutschen Dichtung. Wollte man diese Zeit der Hörspiel-Geschichte umfassend darstellen, müßte man viele Namen, viele Titel und viele Arten des Hörspiels erwähnen. Dürrenmatt und Frisch, Ilse Aichinger und Ingeborg Bachmann, Heinrich Böll und Wolfgang Weyrauch; wer kennt diese Autoren nicht, wer kennt nicht Hörspiele von ihnen? Einen Autor und sein Werk wollen wir exemplarisch herausgreifen: Günter Eich.[12] Günter Eich gelingt es, dem poetischen Wort im Hörspiel eine geradezu magische Funktion zu verleihen. Vielen Hörern boten seine Hörspiele nicht nur die Möglichkeit zur persönlichen Identifikation mit problematischer Innerlichkeit, sie bedeuteten vielen Menschen nach der Trümmerliteratur die Wiederentdeckung der Poesie schlechthin. Diese Wiederentdeckung weist Günter Eich allerdings auch den literarhistorischen Platz in den traditionsfreundlichen 50er Jahren zu.

Die Fülle von Eichs Hörspielthemen, den poetischen Reichtum seiner Werke belegen viele bekannte Titel: ›Träume‹, ›Die Brandung von Setúbal‹, ›Fis mit Obertönen‹, ›Die Mädchen aus Viterbo‹, ›Allah hat hundert Namen‹, ›Der Tiger Jussuf‹ usw. Trotz der Vielseitigkeit der Themen liegt den meisten Hörspielen Eichs ein prinzipielles Modell zugrunde, das Heinz Schwitzke treffend charakterisiert:

Der Mensch geht aus, sich selbst als Widerpart des Schrecklichen zum Zuge zu bringen, ein Wanderer auf einer steinigen Straße, von der links und rechts nicht weniger mühsame Wege abzweigen. Er muß in jede Abzweigung hinein, um zu erkunden, ob es nicht vielleicht diejenige ist, die weiterführt, der Hauptweg… Es ist scheinbar nur eine Frage der Geduld und der Leidensfähigkeit, den Weg zu finden, der hindurchführt; vor allem der Leidensfähigkeit, denn das einzige Orientierungszeichen ist, daß einem nichts geschenkt wird.[13]

Von besonderer Bedeutung ist bei Günter Eich die Sprache, und zwar in der Form des vielschichtigen Dialogs. Ihn bereichert eine vielfältige Bedeutsamkeit der Worte, die weit über bloße Kommunikation hinausreicht. Er schafft magische Worte, die in Assoziationen zu ähnlichen treten. Eine solche magische Assoziationskette aus bestimmten Worten wird zum Bauprinzip eines seiner Hörspiele. Es heißt ›Das Jahr Lazertis‹[14], und die Kette der magisch assonierenden

Worte reicht von »Lazertis« zu »Lazerte« zu »Laertes« zu »Lazarus« zu »La certitude« zu »La Certosa« und endet vielleicht mit dem unausgesprochenen »Caritas«. Der kurze Abriß der Handlung dieses Hörspiels mag das Gesagte veranschaulichen.

Der Kunstmaler Paul hörte einmal ein nur halbverstandenes Wort, als ein Herr und eine Dame nach einer Ballnacht an den Fenstern seines ebenerdigen Ateliers vorbeigingen; es klang wie »Lazertis«. Damit beginnt für Paul der Aufbruch in sein Schicksal: bewirkt durch das kleine halbverstandene Wort. Er meint nämlich plötzlich, er müsse dem wirklichen Wort, das ihm vorenthalten blieb, nachreisen. Die Assonanzen zum geheimnisvollen Wort, das wie »Lazertis« klang, werden zu Stationen seines weiteren Lebens.

Die erste Assonanz lautet »Lazerte«, und »Lazerte« bedeutet in mancher Sprache »Eidechse«. Jede Phase seines Lebens verkörpert sich in Begegnungen; in dieser Phase sind es die Begegnungen mit Laparte, einem Mann, der ein Buch über Eidechsen schrieb, und mit Manuela, einem Mädchen, das seine lazertartigen Augen in Liebe auf ihn richtet.

Laparte führt den Reisenden weiter in die zweite Assonanz »Laertes«. »Laertes« ist einmal der Vater des vielgereisten Odysseus, hier aber ist »Laertes« Symbol für den Arzt Dr. Bayard, der auf die Heimkehr seines Sohnes wartet. Paul trifft in Dr. Bayard erstmals auf sein späteres Schicksal. Begegnungen, Worte, Beziehungen bedeuten hier viel, sie liefern den eigentlichen interpretatorischen Kontext; denn: »Gibt es Wörter, die nicht die Welt enthalten?«[15]

Die nächste Station von Pauls Leben lautet als Wort-Variation und Sinn-Version »Lazarus«. Paul pflegt mitten im Urwald den leprakranken Richards und geht schließlich wissend seinem Geschick entgegen. Es ist die Gewißheit, »la certitude«, daß er sich durch seine Samaritertat mit dieser furchtbaren Krankheit angesteckt hat. Die Hoffnung, sich vielleicht zu täuschen, dauert kurz.

Denn schon findet ihn der Hörer in der nächsten Station: »La Certosa« heißt die Kartause, das brasilianische Leprosenheim. Und hier bleibt Paul schließlich, und zwar um der Kranken und um Manuelas willen, der er an diesem grauenvollen Ort wieder begegnet. Die letzte Assonanz »Caritas« läßt der Autor nur mehr erraten, er spricht sie expressis verbis nicht aus. Welche Bedeutung diese Wortassoziationen im Spiel der Personen haben, soll eine Dialogpassage zwischen Paul und Dr. Bayard illustrieren:

Paul: Und warum sollte auch ich mein Leben hier verbringen?
Bayard: Ich kenne Sie nicht. Herr Laparte kennt Sie besser.

Paul: Ich habe ihn vor einem Vierteljahr zum ersten Mal gesehen.
Bayard: Und machen doch schon seine Reise mit?
Paul: Ein Zufall. Und eigentlich hing alles an einem Wort. Herr Laparte nahm es für ein Zeichen der Vorsehung, wenn man so großartig über unsere Bekanntschaft sprechen will.
Bayard: Ein Wort? Und welches Wort?
Paul: Es hieß Lazertis, und es erinnerte ihn an seine Eidechsen.
Bayard: Lazertis?
Paul: Ich hörte es eines Nachts.
Bayard: Woher?
Paul: Durch das geöffnete Fenster. Zwei Betrunkene. Ich vermutete, daß es etwas von Wichtigkeit für mich sei.
Bayard (abwesend): Von Wichtigkeit für Sie.
Paul: Eine Vermutung ohne viel Grund. Und ich könnte mich auch verhört haben.
Bayard: Das Wort könnte anders heißen.
Paul: Das meint Herr Laparte.
Bayard: Lazertis. Und eine Spur anders.
Paul: Da gäbe es viele Spuren.
Bayard: Ich habe Grund genug, die meine von den vielen zu unterscheiden.
Paul: Die Ihre? Wohin führt sie?
Bayard: Laertes hieß Ihr Wort.
Paul: Hätte das mehr Sinn?
Bayard: Der Vater des Odysseus.
Paul: Die Irrfahrten, Ithaka?
Bayard: Die Irrfahrten und Ithaka.
Paul: Von Bedeutung für mich, dachten Sie?
Bayard: Für mich.
Paul: Für Sie?
Bayard: Weil ich einen Sohn habe.
Paul (lacht): Odysseus?
Bayard: So habe ich ihn manchmal genannt, wenn ich an ihn dachte. Aber bisher war mir nicht deutlich, daß ich dann Laertes wäre.
Paul: Es ist möglich. Vielleicht hieß es auch Laertes, mein Wort. Vielleicht hieß es Laertes, und vielleicht ganz anders.
Bayard: Laertes. Das ist der Name, der mir zusteht.
Paul: Und ich hätte es nur Ihrethalben gehört? Nur um es Ihnen zu bringen? Nur um es Ihnen zu sagen, während wir hier auf diesen leeren, sonnigen Platz hinunterschauen?
Bayard: Ja. Darum.
Paul (lacht): So wüßte ich endlich, weshalb ich nach Pernambuco gekommen bin?
Bayard: Bekanntlich ist Odysseus zurückgekehrt.
Paul: Keiner von uns hat es anders gelernt. Wenn Sie Homer vertrauen wollen –
Bayard: Homer und den Betrunkenen in der Nacht. Auch zu mir wird Odysseus heimkehren, der zwölf Jahre lang über das Meer fährt. [16]

Die Suche nach einem bestimmten Wort wird hier zur existentiellen Suche des Menschen nach sich selbst. Den Bezügen zwischen Worten und den daraus erwachsenden Beziehungen zwischen Menschen haftet ein geheimnisvoller Sinn an.

Mit Günter Eich und anderen Autoren[17] wie Dürrenmatt, Frisch, Bachmann, Aichinger, Weyrauch, Böll, Hoerschelmann, Schnabel, Hildesheimer, Hirche, Ahlsen ist das literarische Hörspiel der 50er Jahre zu einer beliebten Form zeitgenössischer Literatur geworden. Es ist kein Zufall, daß zur gleichen Zeit auch die wissenschaftliche Beschäftigung mit dem Hörspiel stark zunimmt; diese Forschung wird in der Form bestätigender Übereinstimmungen und kritischer Ergänzungen weitergetrieben. Anerkannte Praktiker äußern sich in Büchern und Aufsätzen zur Theorie der Gattung: Heinz Schwitzke, Eugen Kurt Fischer, Werner Klose, Friedrich Knilli sind unter den bekanntesten.

Alle wissenschaftlichen Äußerungen zum Hörspiel betonen die große Aktivität, die bei der Realisation dem Hörer zukommt; das Hörspiel zwinge ihn geradezu, schöpferisch mitzuproduzieren. Der Hörer allein muß die innere Synthese aller akustischen Signale vollziehen, die ihn treffen. Weiter hat man erkannt, daß das Hörspiel eindimensional ist, eindimensional als Spiel mit der verrinnenden Zeit. Es erlaubt kein Zurückblättern, keine Pause im Sinne des Verweilens. Das Hörspiel verlangt deshalb einen klaren Aufbau und Faßlichkeit der szenischen Abfolgeteile. Das Hörspiel ist als Werk ein notwendig gegliedertes Ganzes aus überschaubaren Einzelteilen. Diese Bausteine des Hörspiels wollen wir nach Form und Funktion kurz besprechen, und zwar in Anlehnung an Armin P. Franks grundsätzliche wissenschaftliche Untersuchung; ihre Kenntnis dient dem allgemeinen Verständnis der einzelnen Spiele.

In seinem Buch ›Das Hörspiel‹ führt Frank folgende Grundelemente an:[18] Wort, Stimme, Musik, Geräusch, radiofonischer Effekt, Stille und Raumklang. Im Hintergrund dieser Unterscheidungen bleibt die Frage nach dem Hörspiel als Kunstwerk, wie Frank bemerkt: »Kunstwerk ist es dann, wenn in ihm die Bausteine seines Mediums – zu denen natürlich auch solche gehören, die die Technik hervorgebracht hat – auf eine dem Medium adäquate Weise ästhetisch bedeutsam zusammengeordnet sind.«[19] Um das mitvollziehen zu können, muß man sich zuerst mit den einzelnen Bausteinen befassen.

Das Wort ist unbestreitbar, auch für das »Neue Hörspiel«, das notwendige und dominierende Element der Gattung. Es ermöglicht dem Hörer erst Verstehen und Erleben der vorgestellten Welt. Die Relevanz des Wortes im Hörspiel bestätigt dessen Nähe zur Literatur und rechtfertigt zugleich eine Hörspielästhetik literarischer Provenienz. Einen anderen Standpunkt nimmt Friedrich Knilli mit seiner Theorie vom »totalen Schallspiel« ein: Vor allem sein Buch ›Das Hörspiel. Mittel und Möglichkeiten eines totalen Schallspiels‹[20]

wurde in den frühen 60er Jahren lebhaft diskutiert. Die von Knilli bevorzugten Bausteine der »musique concrète« ließen die Geräuscheffekte im Werk dominieren und eliminierten das sinntragende Wort; dieses aber bildet die Basis des literarischen Hörspiels.

Da das Wort im Hörspiel nur als gesprochenes existiert, ist es nach Frank immer »an eine Stimme gebunden, an einen Tonfall, an eine Klangfarbe«.[21] Die Forderung der frühen Hörspielzeit nach wenigen, klar unterscheidbaren Stimmen ist längst aufgegeben worden. Sie entsprang dem falsch verstandenen Ideal einer möglichst konkreten Wiedergabe einer empirischen Wirklichkeit. Das hieße aber der Stimme eine pseudo-illustrierende Rolle zuschreiben. Besonders die monologischen Stücke erwiesen sehr bald die wichtigere Funktion der Stimme als ausdrucksgestaltendes Medium. Man weiß heute, daß eine ganze menschliche Tragödie im Wandel einer Stimme mitvollzogen werden kann.

Der Musik als einem weiteren wichtigen Baustein des Hörspiels kommen, grob unterscheidend, zwei Funktionen zu. Einmal dient sie der rhythmischen Strukturierung des ganzen Werks und zum anderen der Intensivierung des Details. Die Hintergrundsmusik als Untermalung ist heute unüblich, die Übergangsmusik erfüllt oft die Funktion der Blende.

Das Geräusch spielte in den Anfängen der Hörspielproduktion eine große Rolle. Man war damals bestrebt, Wirklichkeit möglichst exakt wiederzugeben. In der Art von Heimhörerfragen machte man in den 20er Jahren Geräuschversuche mit dem Publikum. Die Versuche erbrachten überraschend negative Ergebnisse, die Ursachen der Geräusche waren nicht erkennbar.[22] Die Hörspielpraktiker begriffen rasch, daß Geräusche nur im Kontext gesprochener Worte richtig gedeutet wurden. Im modernen Hörspiel begegnet uns nur mehr das Geräusch mit Aussagewert und das Geräusch als akustisches Symbol.

Radiofonische Effekte sind technische Möglichkeiten des Rundfunks. Man versteht darunter z. B. das Verzerren der menschlichen Stimme, die Wiedergabe einer Tonbandaufnahme mit erhöhter Geschwindigkeit, den Echo-Effekt u. a. m.

Sehr bedeutsam ist der Baustein »Stille«. Früher hatte die Stille wenig Wert. Bei der schlechten Tonqualität der Sendungen konnte der Hörer nämlich nicht erkennen, ob es sich um eine künstlerische Absicht des Regisseurs oder um eine der häufig auftretenden Störungen handelte. Heute begreift man die Stille, ihrer Funktion nach, als »imaginative Pause«. Sie markiert jene Stelle im akustischen Ablauf, die der Hörer besonders intensiv zum Aufbau seines Phantasieraums braucht.

Der Raumklang verleiht der Stimme eine besondere akustische Qualität. Künstlerisch verwendet, kann er ästhetischen Zwecken dienen.

Diese Bausteine bilden im Ablauf des Hörspiels Teilgestalten, wie Frank sie nennt. Er erörtert drei: Szene, Blende und Schnitt sowie Montage. Die Termini stammen aus der Filmbranche. Unter »Schnitt« versteht man hier wie dort die übergangslose Aneinanderreihung von Szenen oder Szenenteilen. Die verschiedenen »Blenden« sind rasch charakterisiert: *Aufblenden:* Spiel oder Szene beginnen, der Ton wirkt näherkommend, er gewinnt zunehmend an Lautstärke und Deutlichkeit. *Ausblenden:* Stimmen (oder Musik) scheinen durch Leiser-Werden sich zu entfernen. *Überblenden:* Man kann gegenläufig über ein Ausblenden von Stimmen ein Aufblenden von Musik legen usw. Die Blenden erfüllen dramaturgisch beachtliche Funktionen. Ein Beispiel: Der Sprung aus der gegenwärtigen Situation, d. h. der Sprechsituation in eine erinnerte Situation wird oft durch Blenden signalisiert.

Die wichtigste Teilgestalt des Hörspiels ist die Szene. Sie wird von Autor und Regisseur in ihrer Wirkung auf die Hörer genau berechnet, beide verwenden darauf künstlerische Sorgfalt. Soweit also die Erörterung der Bausteine und Teilgestalten des Hörspiels als relevante Strukturen.

Das deutsche Hörspielschaffen wurde, wie gesagt, in den 50er Jahren zu einem der facettenreichsten der deutschen Literatur. Bald aber war der Höhepunkt seiner Publikumswirkung überschritten, und eine neue Entwicklungsphase begann. Die Gründe für diese Veränderung sind vorwiegend zwei, allerdings außerliterarische:

1. Der monophone Rundfunk entwickelte eine neue Form: die Stereophonie. Damit entstand das Stereohörspiel mit neuen Möglichkeiten.

2. Die vitale Konkurrenz des Fernsehspiels hat dem Hörspiel, vor allem beim breiten Publikum, den Rang abgelaufen.

Diese zwei Komponenten schufen innerhalb weniger Jahre eine völlig neue Situation, die von der Frage bestimmt wurde: Ist das Hörspiel im Zeitalter des Massenfernsehens tot?

In den Hörspielabteilungen der Rundfunkstudios herrschte tiefer Pessimismus, man sah anfangs ratlos zu, wie das Fernsehspiel, begünstigt durch den Ausbau der Television, dem Hörspiel das Publikum entzog. Doch bald erkannte man: Die große Masse war abgewandert, geblieben war jedoch eine literarisch interessierte Gruppe von Elitehörern. Daraus mußten die Verantwortlichen ihre Konsequenzen ziehen. Man durfte keinesfalls in den zur Routine erstarrten Traditionen der Hörspielproduktion fortschwimmen. Soziologische Überlegungen zum Hörerkreis trafen nun plötzlich mit medialen zusammen. Die Stereophonie schuf dem Willen zur Innovation der Gattung auch neue technische Möglichkeiten. Man dachte nicht mehr nur daran, neue Hörer anzusprechen, sondern auch neue Autoren.

Mon, Heißenbüttel, Handke, Becker, Harig, Döhl, Bense, Jandl und Mayröcker begannen sich für die neue Gattung zu interessieren. Sie alle schreiben heute nicht zufällig Hörspiele: Das sind jene Autoren, denen wir im Kapitel über die ›Literatur der Texte‹ wieder begegnen, und mit ihnen hatte die Entwicklung des Hörspiels die dritte Phase seiner vorläufigen Entwicklung erreicht: nämlich jene des experimentellen Sprachhörspiels, des »Neuen Hörspiels«. Gerade dieses hält wieder besondere Schwierigkeiten für den Hörer bereit.

II.

Der Terminus »Neues Hörspiel« stammt von Klaus Schöning, er gebraucht ihn erstmals 1968 in seinem Essay ›Tendenzen im Neuen Hörspiel‹[23]. Das Neue Hörspiel unterscheidet sich vom alten Hörspiel in mehreren Aspekten.[24] Drei davon heben wir besonders hervor:

1. Die ideologische Veränderung
2. Die neue Einstellung zur Sprache
3. Die neue Einstellung zum Medium des Rundfunks und damit zur Realisation des Hörspiels

1. Die *Poetik des traditionellen Hörspiels* beruht *ideologisch* auf »Suggestion, Illusionierung und Verinnerlichung«. Dieser Illusionierungs- und Einfühlungstheorie entspricht die poetologische Grundposition im konventionellen Roman und im konventionellen Drama, ihr widerspricht aber bewußt das Neue Hörspiel. Dieses setzt ihr nämlich die Forderung nach »Distanzierung, Aperspektive und Illusionsdurchbrechung« entgegen. Diese Forderung ähnelt Thesen Bertolt Brechts und wurde auch durch solche theoretisch untermauert. Es ist weiter kein Zufall, daß das traditionelle Hörspiel von Prinzipien der Fiktion bestimmt wird, die Realität imaginieren, das Neue Hörspiel aber von den Prinzipien des Rationalen, Wissenschaftlichen und Technischen, die sprachliche Elemente reproduzieren und neu kombinieren. Die Poetik des Neuen Hörspiels hat die Poetik des alten Hörspiels ideologisch verändert und stimmt so mit den Theorien der modernen Literatur überein.

2. Diese *Übereinstimmung mit Theorien*, etwa im Bereich der Literatur der Texte, verdichtet sich *in der neuen Einstellung zur Sprache*. Diese besteht, vereinfacht ausgedrückt, darin, daß die Autoren die Sprache nicht als Medium der Mimesis, der Nachbildung von Wirklichkeit sehen, sondern fast als Wirklichkeit selbst. Die neuen Autoren stammen auch nicht zufällig aus der Gruppe der Konkreten und stützen sich nicht zufällig auf sprachkritische und sprachreflektorische Methoden. Die poetischen Verfahrensweisen im Neuen Hörspiel entsprechen jenen in den modernen Formen von Prosa und Drama. Auch das Neue Hörspiel kennt keine Geschichte und keine Handlung; im Gegensatz zum Illusions-Hörspiel stellt es keine imaginierte Realität vor. Die dialogischen Spannungen erheben verschiedene sprachliche Elemente und Formeln zum Gegenstand. Walter Weiss nennt das ›Thematisierung der Sprache‹. Das Verständnis dieser Werke beginnt bei der Erkenntnis ihrer Verfahrensweisen, es sind u. a. die schon bekannten: Reproduktion, Permutation, Reduktion, Analyse und Kombination. Franz Mon schrieb zu seinem Stereohörspiel ›das gras wies wächst‹ eine Einleitung, sie stellt eine Poetik des Neuen Hörspiels in nuce dar:

der hörer des folgenden hörspiels erfährt keine geschichte. es gibt zwar dialoge, aber keine zusammenhängende handlung. es handeln die sprachelemente, subjekte sind wörter, die wörteragglomerationen, die gestanzten redensarten, fragepartikel, überhaupt fragen aller art, wie sie quick und twen in **populären tests, in interviews, in briefkastenecken, bereithalten.** wörterreihen treten in spannung zu redensarten. redensarten hinterbauen dialoge. dialoge werfen fragen auf. die von wörterreihen beantwortet werden. es ist gut, sich die verschiedenen strukturtypen klarzumachen, in denen sprachliches manifest wird. es spannen sich hier von primitiven artikulationen über lexikalische wörtersammlungen, winzige dialoge bis zum wissenschaftlichen essay – im zitatausschnitt – und zur auflösung monologischer redeketten. eine entscheidende rolle spielt das bewußtsein des hörers, das das verwandte sprachmaterial wiedererkennt, das sich erinnert, wo diese prägungen herkommen, wie und von wem sie benutzt worden sind. das ganze material ist transparent auf einen riesigen hof gebrauchter sprache, der zugleich etwas von einer bahnhofshalle und einem friedhof hat.[25]

3. Die *neue Einstellung zum Medium des Rundfunks* beleuchten gewisse Änderungen zu früher. Man widmet der Problematik Sender – Empfänger mehr Aufmerksamkeit. Man stellt nun die traditionellen Hörspielmuster und Sendeformen kritisch in Frage. Man tradiert eben nicht mehr die bestehenden Formen, sondern versucht, neue Wege einzuschlagen. Das Neue an der Realisation des Hörspiels umreißt das Schlagwort vom Hörspielautor, der zum »Hörspielmacher« wird. Die berühmten Autoren der 50er Jahre kamen wenig mit dem Rundfunk in Berührung; sie schrieben Texte, die ein Regisseur mediumgerecht realisierte. In der neuen Ära des Experimentierens

bildet der Autor mit Regisseur, Schauspielern und Technikern eine Arbeitsgemeinschaft, die das Hörspiel macht. Der Autor ist nun aktiv an der akustischen Verwirklichung seines Textes im Studio beteiligt.

Die Atmosphäre von Versuch und Kritik spiegelt sich schon in den verschiedenen Titeln dieser Werke. Benennt Peter Handke seine Schöpfungen noch abstrahierend mit dem Gattungsnamen »Hörspiel«[26], so ergänzt Mauricio Kagel sein preisgekröntes Werk schon durch einen aufschlußreichen Zusatz: ›Hörspiel. Ein Aufnahmezustand‹[27]. Der Untertitel betont die technische Situation, die Entstehung im Studio, das Machen. Peter O. Chotjewitz nennt seine Spiele »Hörstücke«[18], Ferdinand Kriwett »Hörtexte«[29] und Paul Pörtner »Schallspiele«[30]. Ernst Jandl und Friederike Mayröcker fassen »Hörspiel« als doppelten Imperativ auf, nämlich »Hör! Spiel!«[31] Vielfach wird Kritik laut, sie bezieht sich nicht nur auf das traditionelle Hörspiel, sondern auch auf den soeben entstandenen Versuch. In Wolf Wondratscheks ›Paul oder die Zerstörung eines Hörbeispiels‹[32] gewinnt diese Kritik literarische Gestalt. Der Autor demonstriert »die Zerlegung eines Hörtextes in seine einzelnen Teile«, dabei wird »die Analyse der Illusion selbst thematisch«.[33] Die konstituierenden Faktoren dieser Collage sind Zitate von Sprachdokumenten und Zitate von Geräuschen. Wondratschek will das Hörspiel als Kategorie suspendieren, indem er Verfahrensweisen moderner Literatur reproduziert. Der Lastwagenfahrer Paul bildet das inhaltlich-thematische Zentrum aller Sätze, die der Autor hier kombiniert.

Etwas realitätsnäher, etwas weniger abstrakt gibt sich die Gemeinschaftsproduktion der Österreicher Ernst Jandl und Friederike Mayröcker mit dem Titel ›Fünf Mann Menschen‹[34]. Dieses Hörspiel wurde 1969 mit dem nach wie vor begehrten Preis der Kriegsblinden ausgezeichnet.

Das Werk baut sich aus vierzehn Szenen auf, von denen die erste und die letzte identisch sind. Dem Aufbau liegt die Chronologie des menschlichen Lebens zugrunde. Jede Szene ist eine Phase daraus. Gespielt wird aber nicht nur ein individueller Lebenslauf, sondern jener unindividuelle und fast analoge von fünf Menschen. Folgende Phasen sind szenisch gestaltet: Gebärklinik, Elternhaus, Schule, Kino, Berufsberatung, Militär, Zugabteil, Wirtshaus, Spital, Gericht, Kerker, Erschießung, Wirtshaus und wieder Gebärklinik. Jede Szene wird von einem Vers bitter charakterisiert, der häufig an einen bekannten Vers erinnert; Beispiele sind dafür: »Wer nicht wehren will, muß fühlen. In die Schule sollst du gehn, oder an der Ecke stehn. Der Junge wird zum Mann, Filme regen an«.

Die meisten Szenen sind relativ kurz. Das Szenengefüge bietet folgenden Sinn: Die Lebensläufe von fünf Menschen gleichen einander wie ein Ei dem anderen. Das Militärische, worauf die Titelform schon verweist, ist das durchlaufende Thema. Es kommt als Motiv schon spielerisch im Kleiderwunsch der Kinder durch, wie die zweite Szene ›Im Elternhaus‹ beweist:

Szene 2: Im Elternhaus

Sprecher	:	*Der Vater prüft den langen Bart,*
		die Kinder sind heut gut in Fahrt.

K1–K5 Pos. 1–5
Vater zwischen Pos. 2 und 3
Stimme der Mutter extrem R

Vater	:	*Du bekommst einen Janker.*
K1, K4, K5	:	*Ich will auch einen Janker.*
K2	:	*Papa, was ist das ein Janker?*
Vater	:	*Ein Rock stramm so wie die Soldaten.*
K5	:	*Mir auch einen.*
K1	:	*Mir auch einen.*
K3	:	*Ich will auch wie ein Soldat sein.*
K2	:	*Schießen . . .*
K5	:	*bummbummbumm*
K1	:	*t-t-t-t-t*
Vater	:	*Nun seid doch schon –*
Mutter	:	*Essen!*[35]

Die Aburteilung der fünf Mann Menschen vor Gericht, ihre Erschießung und die darauf folgende Szene schließen die analogen Lebensläufe ab. Das Gespräch des Erschießungskommandos im Wirtshaus ist besonders effektvoll. Die Reproduktion allgemeinster Sprechformeln für ihre Beobachtungen enthüllt die totale Teilnahmslosigkeit jener fünf Soldaten, die soeben fünf Verurteilte exekutiert haben; in beiden Fällen »fünf Mann Menschen«. Ihr Gespräch enthüllt die gedankenlose Tötung als heitere Konkurrenz eines Spieles.

Szene 12: Erschießung

Sprecher	:	*Gut gebrüllt, Löwe.*

M1–M5 Position 1–5, Rücken zum Hörer, dicht am Hörer.
Offizier Position 1, auf Distanz
Man hört von Anfang an das Marschieren einer kleinen Abteilung Soldaten zentral näherrücken (Breite etwa Position 2–4)
M1–M5 sprechen stumpf, gleichartig

M1	:	*sso.*
M4	:	*sso.*
M2	:	*sso.*
Offizier	:	*Abteilung –*
		halt!
M5	:	*sso.*

<pre>
Offizier   :   Geweeehr –
                    legt an!
M3   :   sso.
MI–M5 (leise)   :   sso.
Offizier (laut) :   FEUER!
</pre>

(Geräusch: Gewehrsalve)
(Geräusch: dumpfer Einschlag in MI–M5, leichtes Aufseufzen an Position 2 und 5, ungleichmäßiges Zusammensacken der Körper –)
(– sofort akustischer Übergang in lautes Ziehharmonikaspiel. Position I, immer die gleichen drei Akkorde; dann erst Sprecher, von Ziehharmonika fast übertönt, kaum verständlich).

Szene 13: Wirtshaus

<pre>
Sprecher (von Ziehharmonika fast übertönt)
                :   Bei einem Wirte wundermild,
                    da war ich jüngst zu Gaste.
</pre>

Die fünf Stimmen MI–M5 sind, wie um einen Tisch sitzend, folgendermaßen plaziert:

Stimmen		I	
	2		4
	3		5
Positionen	I 2 3	4 5	

(Kellnerin von rechts hinten auf Position 5 herantretend)

<pre>
M5   :   Der Linke hat gewackelt.
M2   :   Meiner fiel als erster hin.
M3   :   Meiner hat so lang gekniet.
M4   :   Der rechts hat dreingeschaut,
                    als ob ihm wer was klaut.
MI   :   Wir sind doch die richtigen Nußknacker!
(kurze Pause)
M2   :   Kellnerin!
Kellnerin   :   Noch was trinken?
M2   :   Butter!
(Ziehharmonika laut) [36]
</pre>

Jandl schreibt theoretisch zur neuen Gattung und praktisch als Nachwort zu seinem Hörspiel:

Das akustische Material wird unter Ausnützung der technischen Gegebenheiten in Bewegung gesetzt, es wird damit gespielt, es wird zum Spielen gebracht und ergibt nun, da das Material in erster Linie Gesprochenes ist, Assoziationen zu dem, was sich auch im Schema der Story befindet, also Personen, Dingen, Situationen etc. Keine Furcht nun vor diesen . . . sie kommen ins Spiel, sie schaffen Verwunderung, Überraschung für den Autor wie für den Hörer, und dürfen nur eines nicht tun: sich etablieren. [37]

Das Neue Hörspiel ist charakterisiert durch die Haltung des Experiments, es ist sozusagen die »offene Schreibweise« im Rahmen des

Mediums Rundfunk. Damit entspricht es ähnlichen Gesetzen und Verfahrensweisen, wie sie die Experimente anderer Gattungen aufweisen.

Das Publikum des Neuen Hörspiels bildet allerdings eine kleine Gruppe. Sie ist soziologisch kaum zu begrenzen und ist nicht einmal identisch mit jener Gruppe, die sich für experimentelle Leseliteratur interessiert.

III.

Das Fernsehspiel hat dem Hörspiel und dem Film großteils das Publikum entzogen. Sein Problem besteht eben in seiner relativen Nähe zum Film. In dieses Buch über Gegenwartsliteratur gelangt das Fernsehspiel unter einem bestimmten Aspekt. Dieser ist die Problematisierung des Fernsehspiels bzw. des Fernsehens überhaupt durch zeitgenössische Autoren.

Peter Handke z. B. bringt als fanatischer Kinobesucher jahrelange Erfahrungen für das Fernsehspiel mit. 1968 erhielt er die Einladung, ein Drehbuch für einen Fernsehfilm zu schreiben. Diese ›Chronik der laufenden Ereignisse‹[38] ist »notwendig ein literarischer Film geworden«, wie Handke selbst meint. Sein Entstehungsvorgang ist methodisch bedeutsam. Handke sah während des Jahres 1969 fast jeden Abend fern. Dabei prüfte und beobachtete er nicht nur die Gepflogenheiten des Programms, sondern auch seine eigenen Erfahrungen. In zunehmendem Maße bedrückten, ängstigten und erschreckten ihn bestimmte Bilder und Bilderfolgen, auf die offensichtlich andere Fernseher nicht so sensibel reagierten. Handkes Reaktion auf die Fernsehbilder ist literarisch, so findet er in eigener kritischer Bewußtseinsbildung gewissermaßen zur Fernsehliteratur. Er versuchte nämlich, die Manipulation durch Bilder mittels »Neubeschreibung gegenläufig (zu) machen«.[39] Er versuchte mit einer Geschichte aus Fernsehbildern und Fernsehklischees, die »masochistische Bilderlust« durchschnittlicher Fernseher zu irritieren. Diesem literarischen Ansatz entstammt ein Fernsehfilm, dessen Regisseur ebenfalls Peter Handke heißt. Drehbuch und Film richten sich absichtlich gegen die normalen Sehgewohnheiten beim Fernsehspiel. Hellmut Karasek bestätigt dies in einer Rezension: »Denn der Film störte den Konnex der Sehgewohnheiten so sehr, daß, wer nur wollte, die darauffolgende Tagesschau als eine Fortsetzung der Chronik der laufenden Ereignisse sehen konnte.«[40]

Handkes Fernsehfilm ist nicht die übliche Film»geschichte«, er liefert, als Kritik an Gattung und Medium, die Montage des sozusagen

Neuen Fernsehspiels: eine im Prinzip unfilmische, dokumentarische, mediumbewußte Bilderfolge. Ins literarische Drehbuch geraten daher eine Fülle technischer Vokabeln. Als Geschichte gelesen, wirkt das distanzierend und verhindert jeglichen Illusionseffekt. Der Text zum 26. Bild der »Chronik« sei als Beispiel zitiert:

Bild wie nach einer Umschaltung. Kreisende Totalen von Landschaften, die einander überblenden, die Städte bei Nacht, die Berge bei Tag, die Ebenen am Abend, von Hügeln und Hubschraubern aus. Völlige Lautlosigkeit. Blick auf Hochhäuser, Flußtäler, Bergrücken. Es entsteht der Eindruck von Geschichte. Langsames Ausblenden der letzten Einstellung, eines Zugs, der in einiger Entfernung durch eine Ebene nach Westen fährt, wo die Sonne gerade untergegangen ist.[41]

Stimmung, Situation, Handlung fehlen, relevant ist der literarische Gebrauch fernsehtechnischer Bildmodelle und ihrer Formmöglichkeiten. Veränderung, Reproduktion und Kombinatorik bestimmen den Aufbau eines solchen Werks. Der Autor versucht, teils methodisch, teils spielerisch, Widerstand gegen eingefahrene Klischees des Fernsehens und davon betroffener Lebensgewohnheiten der Fernseher zu leisten.

In Handkes Werk sind es sonst die sprachlichen Modelle und ihre Funktion, hier in der »Chronik« sind es die Modelle von Bildern, Bilderfolgen und daraus resultierender Sehgewohnheiten. Das Fernsehspiel kann dort zur Gattung im modernen Sinne werden, wo es sich kritisch und konsequent seiner spezifischen Verfahrensweisen bedient; darin beruht als »Neues Fernsehspiel« seine Parallele zum »Neuen Hörspiel«.

Anmerkungen

7. Bevorzugte Gattungen II:
Das Hörspiel, das Neue Hörspiel, das Fernsehspiel

1 Vgl. die allgemeine Literatur zu diesem Kapitel u. S. 192 f.
2 Kamps, Johann M.: Beschreibung, Kritik und Chancen der Stereophonie im Hörspiel. In: Akzente 16 (1969), S. 66–76.
3 Kienast, Gerald: Zur Theorie des Hörens. In: Neues Hörspiel. Essays, Analysen, Gespräche. Hrsg. von Klaus Schöning. Frankfurt/M. 1970. (= edition suhrkamp 476), S. 221 f.
4 Zu den Details der Rundfunkgeschichte vgl. Arnim P. Frank: Das Hörspiel. Heidelberg 1963. (= Frankfurter Arbeiten aus dem Gebiet der Anglistik und der Amerika Studien. H. 8).
5 Der deutsche Text findet sich in: Dreizehn europäische Hörspiele. Auswahl und Nachwort von Hansjörg Schmitthenner. München 1962, S. 7–18.
6 Vgl. Heinz Schwitzke: Das Hörspiel. Dramaturgie und Geschichte. Köln/Berlin 1963, S. 59 und 47.
7 Ebd., S. 56.
8 Sprich damit ich dich sehe. Bd. 2: Frühe Hörspiele. Hrsg. von Heinz Schwitzke. München 1962. (= List Bücher 217).
9 Ebd., S. 189–204.
10 Borchert, Wolfgang: Das Gesamtwerk. Mit einem biographischen Nachwort von Bernhard Meyer-Marwitz. Hamburg 1949, S. 99–165.
11 Vgl. H. Schwitzke: Das Hörspiel, S. 264–268.
12 Vgl. die Hörspielsammlungen von Günter Eich: Träume. Frankfurt 1953; Stimmen. Frankfurt 1958. Einige Hörspiele auch in: Eich, Günter: Ein Lesebuch. Frankfurt/M. 1972.
13 H. Schwitzke: Das Hörspiel, S. 409.
14 Der Text des Hörspiels ›Lazertis‹ in: Dreizehn europäische Hörspiele. Auswahl und Nachwort von Hansjörg Schmitthenner. München 1962, S. 151–186.
15 Ebd., S. 153.
16 Ebd., S. 162–163.
17 Wichtige Hörspielsammlungen: Bachmann, Ingeborg: Zwei Hörspiele. München 1963. – Böll, Heinrich: Erzählungen, Hörspiele, Aufsätze. Köln/Berlin 1961. – Deutsche Hörspiele. Hrsg. von Herbert W. Reichert. New York 1959. – Dreizehn europäische Hörspiele. Hrsg. von Hansjörg Schmitthenner. München 1962. – Dürrenmatt, Friedrich: Gesammelte Hörspiele. Zürich 1961. – Eich, Günter: Träume. Frankfurt/M. 1953. – Eich, Günter: Stimmen. Frankfurt 1958. – Hörspielbücher 1950–1961 (jährlich ein Band). Frankfurt/M. 1950–1961. – Hörspiele. Mit einem Nachwort von Ernst Schnabel. Frankfurt 1961. (= Fischer Bücherei 378). – Kaschnitz, Marie Luise: Hörspiele. Hamburg 1962. – Kühner, Otto Heinrich: Mein Zimmer grenzt an Babylon. München 1954. – Kreidestriche ins Ungewisse. Hrsg. von Gerhard Prager. Darmstadt 1960. – Spectaculum. Texte moderner Hörspiele. Hrsg. von

K. M. Michel. Frankfurt/M. 1963. – Sprich damit ich dich sehe. Bd. 1. Hrsg. von Heinz Schwitzke. München 1960. (= List Bücher 164). – Sprich damit ich dich sehe. Bd. 2. Frühe Hörspiele. Hrsg. von Heinz Schwitzke. München 1962. (= List Bücher 217). – Sechzehn deutsche Hörspiele. Hrsg. von Hansjörg Schmitthenner. München 1962. – Weyrauch, Wolfgang: Dialog mit dem Unsichtbaren. Olten 1962.

18 A. P. Frank: Das Hörspiel, S. 94.
19 Ebd., S. 93.
20 Knilli, Friedrich: Das Hörspiel. Mittel und Möglichkeiten eines totalen Schallspiels. Stuttgart 1961. (= Urban Taschenbücher 58).
21 A. P. Frank, S. 99.
22 H. Schwitzke: Das Hörspiel, S. 58.
23 Schöning, Klaus: Tendenzen im Neuen Hörspiel. In: Rundfunk und Fernsehen 17 (1969), S. 20–30.
24 Neues Hörspiel. Essays, Analysen, Gespräche. Hrsg. von Klaus Schöning. Frankfurt/M. 1970. (= edition suhrkamp 476). Vgl. auch: Akzente 16 (1969). H. 1, S. 1-96. (Redaktion: Johann M. Kamps).
25 Mon, Franz: Bemerkungen zur Stereophonie. In: Neues Hörspiel. Hrsg. von Klaus Schöning, S. 126–128, Text S. 128.
26 Vgl. Handke, Peter: Wind und Meer. Hörspiele. Frankfurt/M. 1970. (= edition suhrkamp 431), darin die Hörspiele ›Hörspiel‹ und ›Hörspiel Nr. 2‹.
27 Vgl. Neues Hörspiel, vgl Anm. 24, S. 229.
28 Ebd., S. 261.
29 Ebd., S. 37–45.
30 Ebd., S. 58–70.
31 Jandl, Ernst und Friederike Mayröcker: Anmerkungen zum Hörspiel. In: Neues Hörspiel. Hrsg. von Klaus Schöning, S. 88–91.
32 Wondratschek, Wolf: Paul oder die Zerstörung eines Hörbeispiels. München 1971. (= Reihe Hanser Bd. 72).
33 Ebd., S. 5.
34 Neues Hörspiel. Texte Partituren. Hrsg. von Klaus Schöning. Frankfurt/M. 1969, S. 111–140.
35 Ebd., S. 115.
36 Ebd., S. 127f.
37 Neues Hörspiel [Vgl. Anm. 24], S. 88.
38 Handke, Peter: Chronik der laufenden Ereignisse. Frankfurt/M. 1971. (= suhrkamp taschenbuch 3).
39 Ebd., S. 129.
40 Ebd., S. 130.
41 Ebd., S. 66–68.

8. Die Literatur der Texte und die Problematisierung der herkömmlichen Gattungen I

Zu Beginn der 60er Jahre bestimmte Helmut Heißenbüttel die Situation der Literatur im 20. Jahrhundert, wie folgt: »Sprache selber wird problematisch... Die Möglichkeit oder Unmöglichkeit des Sprechens selbst tritt in den Mittelpunkt. Warum? Weil die verbindlichen Vorprägungen des Sprechens, vom einfachen Satz bis zu den literarischen Gattungen, ihre ... Verbindlichkeit verloren haben.« Dieser »Verfall der sprachlichen Verformungen« sei ein allgemeiner »Vorgang von außerordentlicher Reichweite, ein Vorgang, der nicht umzukehren ist«.[1] Er erfaßt nicht nur mehr oder weniger feste und bedeutungsvolle Konventionen der Literatur, wie z. B. Vers-, Strophen- und Gedichtformen, sondern reicht bis zu den scheinbar unverrückbaren Hauptgattungen, den »Naturformen der Dichtung«,[2] wie Goethe sie nannte, bis hin zu den ganz selbstverständlichen, festen Ordnungen der Sprache, etwa den Satzbauplänen.[3]
An dieser Stelle erinnern wir uns an ein vieldiskutiertes und S. 36 bereits erwähntes Dokument vom Beginn des 20. Jahrhunderts, das bereits weitgehend Heißenbüttels Thesen vorwegnimmt: Hugo von Hofmannsthals ›Brief‹ des Lord Chandos aus dem Jahre 1902. Der Schreiber dieses fiktiven Briefes, der zumindest teilweise Erfahrungen und Meinungen des Autors wiedergibt, ist als Schriftsteller verstummt, weil ihm die literarischen Konventionen fragwürdig geworden sind. Doch damit nicht genug: ihm ist schlechthin »die Fähigkeit abhanden gekommen, über irgend etwas zusammenhängend zu denken oder zu sprechen«, denn die Worte und Urteile, die »doch alle Menschen ohne Bedenken geläufig mit schlafwandlerischer Sicherheit« anzuwenden pflegen, »zerfielen« ihm »im Munde wie modrige Pilze«.[4]
Neben der vorherrschenden Erfahrung des Verlusts und Zerfalls meldet sich da bei Hofmannsthal bereits etwas anderes: die kritische Reflexion auf die vorgegebene Sprache, die Kündigung des naiven, »schlafwandlerischen« Einverständnisses mit ihren konventionellen Ordnungen auf allen Ebenen. Allerdings verfolgte Hofmannsthal diesen Weg nicht weiter, sondern überschritt die problematisch gewordene Sprachkonvention durch ein »neues, ahnungsvolles Verhältnis zum ganzen Dasein« und eine ihm gemäße Sprache der »Chiffren«, die sich dem gewöhnlichen Verständnis entziehen und

gerade dadurch »alles aufschließen« sollen.[5] Dichter wie Rilke, George, Trakl, Benn, bis hin zu Paul Celan, gingen einen ähnlichen Weg.

Heißenbüttel jedoch tut diese moderne »Rückkehr zur Bildlichkeit der Sprache« als bloße »Nachblüte der stilisierten romantischen Metaphorik« ab.[6] Für ihn ist sie ein Schritt zurück hinter die begonnene Reflexion und Problematisierung der Vorprägungen, hinter das bereits aufgekündigte »schlafwandlerische« Einverständnis mit ihren Ordnungen. Für ihn ist die sinnbildliche (symbolisch-metaphorische) Ausdrucksweise und zusammen mit ihr der metaphysische Anspruch der Literatursprache in den Prozeß des Verfalls der sprachlichen Vorformungen einbezogen. Die eigentlich wirksamen Prinzipien der heutigen Literatur findet er vielmehr in der »antigrammatischen, antisyntaktischen bzw. freisyntaktischen Sprachveränderung und Sprachreproduktion« sowie in der untrennbar damit verbundenen »Betrachtung der Relation zwischen Literatur und Sprache, Literatur und Grammatik«, in dem also, was man unzureichend oder bewußt herabsetzend als »experimentelle Literatur« zu bezeichnen pflegt.[7] Diese stellt ebenso wie die esoterisch-verfremdende Bildlichkeit der Chiffren eine Antwort auf die erfahrene Problematisierung der Sprache dar. Sie trat denn auch schon vor dem Ersten Weltkrieg auf, und meldet sich seitdem in mehreren Schüben und Abwandlungen immer wieder zu Wort. Sie ist mit literarischen Richtungen oder auch Etikettierungen wie Futurismus, Formalismus, Expressionismus, Dadaismus, Surrealismus, Konkrete Poesie eng verbunden und bildet geradezu das Gemeinsame in diesen unterschiedlichen Richtungen. Vom Anfang an bis heute ist sie dem Vorwurf der mutwilligen bis bösartigen Sprach- und Kulturzerstörung oder auch dem Vorwurf der unverbindlichen bis leichtsinnigen Sprachspielerei ausgesetzt. Sie erhält aber nach Heißenbüttel ihr spezifisches Gewicht durch die hinter ihr stehende Auffassung, daß »die Sprache von sich aus Grundmodell und Schemata für die menschliche Orientierung in der Welt« liefert, daß also »Veränderungen der Sprache« »Veränderungen der Weltinterpretation bedeuten«.[8]

Nicht wenige und nicht geringe Gegenwartsautoren stimmen in diesem Hauptpunkt mit Heißenbüttel überein. So erklärt Gerhard Rühm als Sprecher der Wiener Gruppe, welche zwischen 1952 und 1964 die Konkrete Poesie entscheidend mitbegründet und weiterentwickelt hat: »wir gingen davon aus, daß das denken des menschen dem stand seiner sprache entspreche, daher die auseinandersetzung mit der sprache die grundlegendste auseinandersetzung mit dem menschen sein müsse. neue ausdrucksformen verändern die sprache und damit sein weltbild«.[9] Und Franz Mon, ein deutscher Pionier der Konkreten Poesie, meint lakonisch: »Für uns sind Sprache und Wirklichkeit nahezu identisch geworden«. [10] Davon ausgehend behauptet Peter Handke, jeder literarische Stil sei eine Sprach-Kunst-Methode, auch der Realismus, der so tut, als biete er Natur schlechthin. Er verschleiert damit nur seinen Methodencharakter, macht blind für die Wirklichkeit schaffende und bestimmende Macht der Sätze und liefert sich ihnen gerade dadurch kritiklos aus. Oswald Wiener, der die Wiener Gruppe mitbegründet hat, motiviert ihre »antigrammatische« Aktivität besonders radikal und universell: Wer da glaube, die Erkenntnis sei Widerspiegelung der objektiven Realität (Wirklichkeit) im subjektiven menschlichen Bewußtsein, der greift in der Sprache nach angeblich außersprachlichen Tatsachen und kommt dabei doch nirgends über die Sprache hinaus. Die Sprache organisiere die ganze Wirklichkeit: »die wörter mitsamt ihrem gebrauch sind untrennbar mit politischer und sozialer organisation verbunden, *sind* diese organisation«. Sie sind darüber hinaus die Voraussetzung und der bestimmende Rahmen aller wissenschaftlich-philosophisch-religiösen Weltorientierung, oder, wie es Wiener provozierend formuliert: sie »sind jenes apriori über dessen existenz sich die blödmänner ihre nerven verbraucht haben, sind eigentlich nur dazu da, damit die dümmeren leute an die wirklichkeit glauben, wie früher an das jenseits«. [11]

Solche Äußerungen stehen in Zusammenhängen, die über den Bereich der Literatur im engeren Sinn weit hinausgehen. Sie sollen hier zum besseren Verständnis wenigstens andeutungsweise skizziert werden. Einen Wink geben uns die herangezogenen Autoren selbst, wenn sie sich alle auf die »neue Sprachwissenschaft« und die Philosophie der Gegenwart beziehen, die nach Günther Patzig durch einen Grundzug gekennzeichnet ist: durch »die radikale Besinnung auf die *Sprache*«. [12]

Daß »Weltverständnis und Weltinterpretation des Menschen von seiner Sprache vorformuliert werden«, »daß nur gedacht werden kann, was im syntaktischen Modell als Denkmöglichkeit vorgegeben ist«, [13] geht nicht zuletzt zurück auf Kant und seine »kopernikanische Wendung« [14] in der Erkenntnistheorie. Danach ist die Wirklichkeit nicht durch vorgegebene Gegenstände, sondern vielmehr durch die Auffassungsformen des erfahrenden, erkennenden, wollenden menschlichen Subjekts bestimmt. Kant leitete damit einen Wandel im Wirklichkeitsverständnis ein, der darauf hinausläuft, daß Wirklichkeit nicht mehr als allen gleich vorgegebener Sachverhalt erscheint, der durch die Annäherung unserer Erkenntnis an die Dinge erkannt werden kann. Sie enthüllt sich vielmehr als Produkt unserer Art, sie aufzufassen, als Produkt menschlicher Perspektiven, Inter-

114

essen, Wünsche, als Ergebnis der menschlichen Arbeit. In diese Richtung wirkten neben Kants Erkenntnislehre u. a. die Entdekkung der wirklichkeitsbestimmenden Rolle der Triebe durch Freud,[15] die Herausarbeitung der Leben und Denken bestimmenden Kraft von Produktionsbedingungen und Klasseninteressen durch Marx und seine Nachfolger,[16] der Nachweis der Beobachterrelevanz in der Physik durch Heisenberg.[17]

Einen bedeutenden Anteil an diesem Prozeß hatten Veränderungen in der Sprachphilosophie und in der Sprachwissenschaft. Wilhelm von Humboldt übertrug Kants kopernikanische Wendung auf die Sprachbetrachtung. Er setzte Denkformen gleich mit Sprachformen. Der Mensch schafft und hat nach ihm seine Welt durch die Sprache. Er »lebt mit den Gegenständen hauptsächlich, ja ... sogar ausschließlich, wie die Sprache sie ihm zuführt«.[18] Der Romantiker August Wilhelm Schlegel wendete dies auf die Sprache der Poesie an, wenn er sie als gesteigerte, potenzierte Sprache auffaßt, die die gewöhnliche Sprache voraussetzt. Diese ist selbst schon »kein Produkt der Natur, sondern ein Abdruck des menschlichen Geistes«, »der darin den ganzen Mechanismus seiner Operationen niederlegt.«[19]

Die einflußreiche analytische Philosophie macht in unserer Zeit von einer anderen Seite her mit dem Zusammenhang von Sprache und Denken ernst: Sie analysiert und kritisiert die natürlichen Sprachen logisch und entwickelt davon abgehobene, logisch reinere wissenschaftliche Kunstsprachen, die doch zugleich auch wieder als Modell und Maßstab für die Beschreibung der natürlichen Sprachen dienen. Ludwig Wittgenstein, einer ihrer prominenten Vertreter und zugleich ein wichtiger Gewährsmann für viele Gegenwartsautoren, faßte in seinem ›Tractatus logico-philosophicus‹ die Philosophie als Sprachkritik, die Sprache als Modell der Wirklichkeit, die Grenzen unserer Sprache als Grenzen unserer Welt auf: »Alle Philosophie ist ›Sprachkritik‹ . . . der Satz ist ein Modell der Wirklichkeit, so wie wir sie uns denken ... *die Grenzen meiner Sprache* bedeuten die Grenzen meiner Welt.«[20] Teilweise übereinstimmend damit deutet und beschreibt der sprachwissenschaftliche Strukturalismus seit Ferdinand de Saussure Sprache als Zeichensystem, als System von Einheiten, die Information und Kommunikation ermöglichen und herstellen.[21] Sprachbeschreibung wird so zu einer Abteilung der allgemeinen Lehre von den Zeichen und den Zeichensystemen, zu denen etwa auch die nichtsprachlichen visuellen und akustischen Verkehrszeichen gehören, und zu einer Abteilung der Informations- und Kommunikationswissenschaften, die sich z. B. auch mit den sogenannten Computersprachen der datenverarbeitenden Maschinen beschäftigen. In der Sprachbeschreibung unterscheidet man verschiedene Zeichenebenen, die jedoch zusammenwirken müssen, damit die Sprache im vollen Sinne funktionieren kann. Von der Ebene der Schriftzeichen (Grapheme) und der Lautzeichen (Phoneme) geht es über die Wortebene (Morpheme, Lexeme) bis zur Satzebene und zur Ebene der übersatzmäßigen Einheiten der Texte. Während der ältere Strukturalismus sich vornehmlich mit den Sprachzeichen unterhalb der Satzebene oder höchstens bis zu ihr hinauf beschäftigte, geht der neuere Strukturalismus vorzugsweise von den übergeordneten Zeichenebenen des Satzes oder auch des Textes aus und steigt von da hinab zu den untergeordneten Ebenen der Wort-, Laut- und Schriftzeichen.[22] Dies geschieht in der sogenannten generativen Transformationsgrammatik und in der Textlinguistik.

Bereits Humboldts Ansatz in der Sprachwissenschaft unterschied sich von Kant, der vom abstrakten Subjekt des Erkennens, Empfindens und Wollens ausging, durch einen Gesellschaftsbezug. Für Humboldt ist die Nation als Sprachgemeinschaft mit ihrer »gleichartigen Subjektivität« die eigentliche Schöpferin der Sprach- und Denkformen, der »eigentümlichen Weltansicht jeder Sprache«.[23] Sprachwissenschaftler und Sprachphilosophen des 20. Jahrhunderts, wie Ernst Cassirer[24], Leo Weisgerber[25] und Benjamin Lee Whorf[26], folgten ihm darin nach, wenn sie Sprache als soziales Objektgebilde bestimmen und mit dem Begriff des muttersprachlichen Weltbildes arbeiten. Der Begründer der modernen strukturellen Linguistik, Ferdinand de Saussure, vertrat nun die Ansicht, das Zeichensystem der Sprache sei gesellschaftlich gesetzt, sei Konvention, gelte und funktioniere in bestimmten gesellschaftlichen Rahmen, ja sei selbst notwendige Bedingung von Gesellschaft, insofern jede Gesellschaft in ihrer Existenz an Kommunikation und Information gebunden sei. Er gebrauchte dafür mit Vorliebe den Vergleich mit dem Schachspiel: im Schachspiel wie im Sprachspiel hängt der Wert der Elemente (der Schachfiguren, der Sprachzeichen) von ihrer jeweiligen besonderen Situierung (auf dem Schachbrett, in der Rede, im Text) und von den vorausgesetzten rahmengebenden allgemeinen Spielregeln ab.[27] Dieses Schachspielmodell erlaubt sowohl die Anwendung auf die theoretische Seite des Sprachsystems, als Denkform, als Weltansicht, wie auch die Anwendung auf die praktisch-instrumentale Seite, wo es als System gesellschaftlicher Verhaltensregeln, als Handlungsform erscheint. Damit war die einseitige Betonung der Vorstellungs- und Denkseite der Sprache, die bei Humboldt und seinen Nachfolgern vorherrschte, bereits grundsätzlich überwunden. Ludwig Wittgenstein ging in dieser Richtung weiter. In seinen ›Philosophischen Untersuchungen‹ bestimmte er Sprache als »Lebensform« und vereinigte so die Aspekte der Denkform und der Handlungsform.[28] Diese Lebensform beschrieb er ähnlich wie de Saussure mit dem Schachspielmodell[29] als öffentliches Sprachspiel bzw. als eine Vielzahl öffentlicher Sprachspiele. So setzte er Sprachzeichen mit Schachfiguren und gesellschaftlichen Anweisungen, Sprachregeln mit Spielregeln und gesellschaftlichen Verhaltensnormen, Sprachsysteme mit verschiedenen Spielen und verschiedenen gesellschaftlichen Systemen gleich. Von einer solchen Grundlage aus konnte in jüngster Zeit die sogenannte Pragmatik in der Linguistik herausgehoben werden.[30] Wenn man neuerdings Sprache mehr oder weniger ausschließlich als Handlungsform in zugeordneten gesellschaftlichen Situationen (Kontexten, Rahmen) auffaßt,[31] dann ist die frühere Vernachlässigung des Werkzeugcharakters der Sprache gegenüber ihrer Erkenntnisfunktion nicht nur aufgegeben,[32] sondern das Pendel schlägt zur Gegenseite hin aus.

Sprache als Form der gesellschaftlichen Praxis, Sprachsysteme als gesellschaftliche Systeme, Sprachregeln als gesellschaftliche Verhaltensregeln, Sprachverwendung als gesellschaftliches Verhalten – eine solche Sprachauffassung stellt enge Verbindungen zwischen der Sprachwissenschaft, der Linguistik, und der Gesellschaftswissenschaft, der Soziologie, her. Sie führen in der jüngsten Zeit zur Entwicklung der sogenannten »Soziolinguistik«.[33] Diese geht über die frühere Unterscheidung und Untersuchung verschiedener Sprachebenen (Sprachniveaus) innerhalb der Nationalsprachen, wie z. B. Hochsprache, Umgangssprache, Alltagssprache, Mundart, hinaus und sucht die verschiedenen Sprachebenen in ihrer gesellschaftlichen Bedeutung als voneinander abgehobene Gruppensprachen oder auch Klassensprachen zu erfassen. Diese Gruppensprachen schließen durch ihren besonderen »Gruppencode«, ihre besondere Art der Verschlüsselung, die Angehörigen der Gruppe zusammen und schaffen auf der anderen Seite für Angehörige anderer Niveaus sprachlich-gesellschaftliche Schranken (Barrieren). Die marxistische These von der Aufteilung der Gesellschaft in einander widerstreitende Klassen und ihnen zugeordnete Denkformen (Ideologien) erhält hier sprachwissenschaftliche Anwendungsmöglichkeiten.

Vor dem Hintergrund des hiermit beendeten Ausflugs in den Bereich der Philosophie, der Linguistik und der Soziologie der Gegenwart verlieren die Äußerungen Heißenbüttels und anderer Gegenwartsautoren, die uns zu diesem Exkurs veranlaßt haben, ihren befremdlichen Charakter. Wenn die Sprache von sich aus Grundmodell und Schemata für die menschliche Orientierung in der Welt liefert, wenn Veränderungen der Sprache Veränderungen in der Weltinterpretation bedeuten, dann ist die antigrammatische Richtung der

Literatur des 20. Jahrhunderts grundsätzlich mehr als mutwillige Sprachzerstörung oder unernste Sprachspielerei.

Dem entspricht, daß sich die erste Phase der experimentellen Literatur des 20. Jahrhunderts, im Futurismus, Expressionismus, Dadaismus, als sprachlich-ästhetische und als ethisch-politische Revolte zugleich verstand. So spricht Tommaso Marinetti, einer ihrer Väter, in seinem ›Technischen Manifest der futuristischen Literatur‹ (deutsch 1912) mit einem bezeichnenden Bild von seinem »stürmischen Bedürfnis, die Worte aus dem Gefängnisse der lateinischen Periode zu befreien«.[34] August Stramm, der Marinettis Devise »parole in libertá« (Freisetzung, Befreiung der Wörter aus dem vorgegebenen konventionellen Satz- bzw. Regelverband) übernahm, schrieb Gedichte, die eine bloße Wortabfolge als Prozeß bieten. Alle Wörter, die nur der Verbindung im Satz dienen und nicht selbständig sind bzw. sein können, wie etwa die Formwörter und die Beiwörter, werden geopfert. So bleiben eigentlich nur die Substantive und ihre Vertreter sowie die Verben. Aber Stramm versucht darüber hinaus auch die konventionellen Wortartgrenzen zwischen ihnen aufzuheben, indem er fast ausschließlich Infinitive verwendet, die sich weder dem Substantivbereich noch dem Verbalbereich eindeutig zuordnen lassen. Und diese Infinitive verändert er noch dadurch, daß er die Vorsilben möglichst wegläßt und so durchweg Einfachwörter (Simplicia) erhält. Durch die Auflösung des Satzes und durch die Aufhebung der Wortklassengrenzen nähern sich seine Gedichte der Wortkolonne, der Konstellation aus Wörtern einer nicht weiter differenzierten Wortart. Sie emanzipieren sich damit sowohl von der überkommenen poetischen Grammatik wie von der Grammatik der Normalsprache. Allerdings bleiben andere Konventionen, wie geregelter Rhythmus, Gedichtzeile, konventionelles Wortmaterial, unangetastet. Als Beispiel setzen wir das Gedicht ›Trieb‹ hierher, in dem Stramms Sprachreduktion auf elementare Einheiten durch das besondere Thema zusätzlich gestützt wird:

August Stramm: Trieb[35]

Schrecken Sträuben
Wehren Ringen
Ächzen Schluchzen
Stürzen
Du!
Grellen Gehren
Winden Klammern
Hitzen Schwächen
Ich und Du!
Lösen Gleiten
Stöhnen Wellen

Schwinden Finden
Ich
Dich
Du!

Auch perfekten Beispielen der kritischen Wiedergabe, der Reproduktion des Vorgeprägten, begegnen wir in dieser ersten Phase, so
bei dem Dadaisten Kurt Schwitters und seinem Gedicht ›Banalitäten
aus dem Chinesischen‹. Im Stil der Spruchweisheiten der chinesischen Philosophen folgen da leicht veränderte Sprichwörter, Le-
bensweisheiten, Redensarten aufeinander. Ihre Trivialität und Banalität wird dadurch besonders herausgetrieben, daß sie sich vornehmlich als Allsätze *(alle . . . jeder . . . jedes . . .)* aufspielen. Andererseits
geben sie sich direkt oder indirekt als Sätze einer bestimmten sozialen Klasse, als Bürgersätze, zu erkennen. Die beschränkte Klassen-
perspektive und die Form des Allsatzes bringen zusammen groteske
Ergebnisse hervor, wie etwa den Satz: »*Jede Frau hat eine Schürze*«;
worin das bürgerliche Leitbild der Frau als braver Hausfrau aufs
Korn genommen wird. Indem Schwitters solche Sätze listig zusam-
menstellt, montiert, sie dabei leicht verändert und ihnen die ebenso
anspruchsvolle wie unangemessene Form von Allsätzen verleiht,
entlarvt er sie gerade dadurch als Klassenbanalitäten. Er gibt damit
ein Beispiel für kritische Sprachreproduktion mit ästhetisch-politi-
scher Zielsetzung.

Kurt Schwitters: Banalitäten aus dem Chinesischen[36]

Fliegen haben kurze Beine.
Eile ist des Witzes Weile.
Rote Himbeeren sind rot.
Das Ende ist der Anfang jedes Endes.
Der Anfang ist das Ende jedes Anfangs.
Banalität ist aller Bürger Zier.
Das Bürgertum ist jedes Bürgers Anfang.
Würze ist des Witzes Kürze.
Jede Frau hat eine Schürze.
Jeder Anfang hat sein Ende.
Die Welt ist voll von klugen Leuten.
Kluge ist dumm.
Nicht alles, was man Expressionismus nennt, ist Ausdruckskunst.
Dumme ist klug.
Kluge bleibt dumm.

Einen neuen Aufschwung erlebte die »antigrammatische Tätigkeit«
im Rahmen der experimentellen Dichtung, der Konkreten Poesie
nach dem Zweiten Weltkrieg.[37] Im Gegensatz zur Chiffrendichtung
von Hofmannsthal bis Celan, die trotz aller Bildverfremdung und
Problematisierung der Sprache, bis hin zum Verstummen, doch im-

mer noch an der Bildsynthese festhält, verfährt die antigrammatische Richtung analytisch-kombinatorisch. Ihre Vertreter reduzieren, darin dem sprachwissenschaftlichen Strukturalismus verwandt, auf Sprachelemente (sprachliche Zeichen) verschiedener Ebenen und kombinieren sie, von den Schrift- und Lautzeichen über Wörter und Sätze bis hin zu übersatzmäßigen Einheiten in Großtexten. Dabei werden diese verschiedenen Einheiten und Ebenen besonders herausgehoben und zum Gegenstand gemacht, thematisiert.

Verallgemeinernd kann man sagen, daß die antigrammatische Literatur die traditionellen Vorprägungen zugunsten des Rückgangs auf die Elemente und der neuartigen, innovatorischen Kombination von Elementen abbaut oder zumindest relativiert. Dabei sollen u. a. noch nicht vorbelastete, neue literarische Gattungen herauskommen, und auch die traditionellen Gattungen bzw. Typen können auf der Skala der möglichen Anordnungen und Kombinationen systematisch neu bestimmt werden. So ist es zu verstehen, wenn Heißenbüttel seine literarischen Arbeiten 1960–1967 einfach als ›Textbücher I–VI‹[38] bezeichnet und wenn sich darin neben relativierten traditionellen Gattungsbezeichnungen, wie ›Quasiroman‹, ›3×13 mehr oder weniger Geschichten‹, ›quasi-autobiographisch‹, ›abc-Ballade‹, ›Gedicht über die Übung zu sterben‹, neuartige Titel finden, wie ›Verallgemeinerungen‹, ›Topographien‹, ›Einfache grammatische Meditationen‹, ›Sprechwörter‹, ›Zusammensetzungen‹, ›Menge mit aufgeprägter Metrik‹, ›Einsätze‹. Dies wird von den einen als selbstgenügsames formales Verfahren oder auch als mehr oder weniger schlüssige Entsprechung zu den Verfahrensweisen und zum Fortschritt im Bereich der Wissenschaften und der Technik aufgefaßt und bewertet. Andere dagegen achten mehr auf die gesellschaftlich-geschichtliche Einbettung und verstehen dieses Verfahren als Loslösung von der unbefragt hingenommenen Herrschaft überkommener, angeblich »natürlicher« literarisch-sprachlicher und damit auch gesellschaftlicher »Lebensformen«, als Eintritt in ein kritischeres und distanzierteres Verhältnis zu ihnen, was Veränderungen leichter macht.

An einer Reihe von Beispielen aus der Gegenwartsliteratur soll nun das allgemein Gesagte anschaulicher gemacht werden. Sie reicht von der einfachen Anordnung und Kombination weniger Elemente (Zeichen) bis zur komplexen Verschränkung von Verfahrensweisen auf verschiedenen Zeichenebenen in Großtexten.

Im Sinne des Weges vom Einfachen zum Komplexen, vom Kleintext zum Großtext beginnen wir mit einem Text von Ernst Jandl. Sein Titel: ›die zeit vergeht‹.[39] Er beginnt mit dem Wort »lustig«, das sich rhythmisch in die zwei gleich großen Laut- bzw. Buchstabengruppen »lus« und »tig« aufspaltet. In den folgenden Zeilen werden diese, für sich, wiederholt (redupliziert), zuerst einmal, dann zweimal, dann dreimal usf. So entsteht im Schriftbild die Figur einer symmetrisch von oben nach unten wachsenden Pyramide, die theoretisch endlos weiterwachsen könnte. Doch wird sie aus praktischen Gründen dort abgeschlossen, wo jedes der zwei wiederholten Elemente je sieben Wiederholungen erreicht:

lustig
luslustigtig
lusluslustigtigtig
luslusluslustigtigtigtig
lusluslusluslustigtigtigtigtig
luslusluslusluslustigtigtigtigtigtig
lusluslusluslusluslustigtigtigtigtigtigtig

Was geht hier vor? Ein Wort (»lustig«) wird gegen die Gewohnheit aus dem Satz- und Sinnzusammenhang mit dem Titel (›die zeit vergeht lustig‹) weitgehend herausgelöst und dann durch Teilung in Buchstabengruppen zerlegt, die sich durch ihre Wiederholungen mehr und mehr gegenüber der übergeordneten Worteinheit verselbständigen. Ein formaler Analyse- und Reduktionsvorgang also, an dessen Ende bloße Lautkombinationen übrigbleiben. – Das ist aber nur eine Seite. Auf der anderen Seite gehen der angelegte Satz und seine Aussage nicht völlig verloren, »lustig« erscheint trotz allem als seine ihm zugeordnete Artangabe. Indem sich diese aber durch mechanische Teilung und Wiederholung der Teile in eine kleine »sprechmaschine« verwandelt, die grundsätzlich endlos immer dasselbe sagt und deren zweiter Teil – zumindest für den Süddeutschen – an das monotone Ticken einer Uhr erinnert (»tigtig«), macht die Art (das Wie, die Form) der Aussage ihren Inhalt (das Was) fragwürdig. Diese Zeit vergeht nicht lustig, sondern langweilig, immer nach demselben Schema. Die belanglose Sprachspielerei enthüllt sich im Sinne der Lehre von der Information als Muster für eine redundante (nichtssagende, nichts Neues bringende, identisch wiederholte) Aussage und damit als ein Stück möglicher Kritik, das immer wieder von der jeweiligen Situation her aktualisiert werden kann.

Das nächste Beispiel hat es ebenfalls mit der Lautebene zu tun und stammt ebenfalls von Ernst Jandl:

lichtung [40]

manche meinen
lechts und rinks
kann man nicht
velwechsern.
werch ein illtum!

In »lechts« und »rinks« vertauscht der Sprecher die Laute »r« und »l«. Er weicht damit von der deutschen Sprachnorm ab, anders gesagt, er macht einen Fehler, den man aus der engen Zusammengehörigkeit der Gegenwörter »rechts« und »links« motivieren könnte. Wenn er aber nun gleich danach denselben Lautaustausch innerhalb des Wortes »verwechseln« (»velwechsern«) vornimmt, dann entsteht der Eindruck, daß in der Abweichung Absicht, Organisation, System liegt, daß sie also mehr als ein bloßer Schnitzer sein muß. Dieser Eindruck verfestigt sich im Schlußsatz, denn zwischen »welch« und »irrtum« besteht kein Zusammenhang wie der zwischen »rechts« und »links«. Ja, der systematische Charakter dieser Lautvertauschung veranlaßt uns dazu, sie rückschließend auch im Titel anzuwenden. Er lautet dann »richtung«. Damit bekommt dieser Text aber eine Aussage, die mit der sprachlichen Verfahrensweise übereinstimmt. Anders herum gesagt: Die systematische Lautvertauschung zeigt oder möchte zeigen, daß linke und rechte Richtung austauschbar sind. Damit zeichnen sich unter anderem auch speziellere politische Aktualisierungsmöglichkeiten ab. Unabhängig davon bietet der Text ein sehr einfaches Beispiel für eine heutige Kunsttheorie, die da behauptet, die künstlerische Abweichung vom Gewohnten (Normalen, Regelmäßigen) unterscheide sich von einer bloß fehlerhaften, zufälligen dadurch, daß sie in der Abweichung eine neue, eigene Regel (Ordnung) entwickelt bzw. erkennen läßt.[41]

Wir kommen im letzten Kapitel dieses Buches darauf noch zurück. Eugen Gomringer schrieb über seinen Text ›schweigen‹, dieses immer wieder zitierte Musterbeispiel für die Konkrete Poesie: »hier machte ich den versuch, ein gedicht mit einem einzigen wort zu schreiben, wobei die zahl der wiederholungen genau kalkuliert wurde.«[42] Gomringer verwirklicht also August Stramms Ziel, das Einwortgedicht. Vierzehnmal ordnet er das Wort »schweigen« in fünf Gedichtzeilen zu je drei Wortstellen an. In der dritten Zeile bleibt die zweite Stelle unbesetzt. Für das Auge bleibt hier eine Lücke, für das Ohr eine Pause. Sie nimmt genau die Mitte des Textes ein. Für das Auge ist die Lücke eingerahmt durch zwei vollbesetzte Verszeilen darüber und darunter und durch je eine besetzte Stelle links und rechts. Wird der Text, dem Schriftbild entsprechend, in Versform gelesen, so ist diese Anordnung auch hörbar. Darüber hinaus wird akustisch wirksam, daß das Wort vor der Pause siebenmal und danach ebenfalls siebenmal zu sprechen ist.

Eugen Gomringer: schweigen[43]

schweigen schweigen schweigen
schweigen schweigen schweigen
schweigen   schweigen
schweigen schweigen schweigen
schweigen schweigen schweigen

Gomringer arbeitet hier mit der Verfahrensweise der Wiederholung und der Tilgung, des Weglassens. Was das Wort »schweigen« sagt, zeigt die Lücke bzw. die Pause. Durch die Beschränkung auf das eine Wort, das er klein schreibt, erreicht Gomringer eine noch größere Unbestimmtheit bzw. Mehrdeutigkeit, als wir sie bei Stramm kennengelernt haben: »schweigen« schillert unentschieden zwischen Substantiv (Hauptwort) und Verb (Zeitwort), befindet sich also noch in einem Zustand vor der Aufteilung in Wortklassen und ihre verschiedenen Rollen. Daneben könnte man es nicht nur als wiederholte Nennung, sondern auch satzwertig, als wiederholten Befehl (schweigen! schweigen! schweigen!) auffassen, – eine Poesie der Möglichkeiten also, im Gegensatz zur Poesie der fiktionalen Wirklichkeiten.

Man kann darüber streiten, ob Gomringer nicht bereits dasselbe Ziel erreicht hätte, wenn er »schweigen« nur fünfmal verwendet hätte: je zweimal in zwei Zeilen und dann in der dritten Zeile nur einmal. Dies hätte genügt, um eine Regel (Ordnung) aufzubauen und dann die Lücke bzw. Pause als Abweichung davon zu markieren:

schweigen schweigen
schweigen schweigen
schweigen

Gomringers Lösung ist also weniger funktional notwendig als vielmehr durch den Gesichtspunkt der graphischen, der akustischen Symmetrie bedingt.[44] Damit erhält der nicht selten vernommene Vorwurf Nahrung, daß hier nur eine Form des ästhetisierenden Kunstgewerbes getrieben werde, das sich zum Einsatz für Werbezwecke bestens eigne.

Gegenüber dem folgenden Text von Gomringer gewinnt dieser Vorwurf noch eine zusätzliche Schärfe. Gomringer bedient sich hier der Verfahrensweise der addierenden Hinzufügung eines Wortelements zu einem vorgegebenen, wiederholten Wortelement in drei aufeinanderfolgenden Strophen. In der vierten Strophe werden dann die bis dahin eingeführten drei Elemente wiederholt. Der Hinzutritt eines vierten, andersartigen Elements bringt eine pointierende Schlußwendung. Wenn Gomringer hier das Spanische gebraucht, so entspricht das seinem Programm einer Universalliteratur, deren Texte sich gleichartig in verschiedenen Sprachen realisieren lassen,[45] anderseits gehören die verwendeten Elemente doch so sehr zu einem vorgeformten Bild Spaniens, daß die Übersetzung nicht mehr gleichwertig ist. Sie hat in der Folge also keinen Eigenwert, sondern dient nur als Verständnishilfe:

Eugen Gomringer: avenidas[46]

avenidas
avenidas y flores

flores
flores y mujeres

avenidas
avenidas y mujeres

avenidas y flores y mujeres y
un admirador

Die Übersetzung:

Alleen
Alleen und Blumen

Blumen
Blumen und Frauen

Alleen
Alleen und Frauen

Alleen und Blumen und Frauen und
ein Bewunderer

Der »Bewunderer« (admirador) ist, äußerlich, das vierte Element der Aneinanderreihung, und doch mehr als das. Die Bedeutung seines Rollennamens bewirkt, daß er sich von den »Alleen und Blumen und Frauen« abhebt, ihnen gegenübertritt, sich ihnen zuwendet und sie mit seinem Blick zu einer Summe, einem Ganzen zusammenfaßt. Die Versgliederung unterstreicht diese pointierende Wendung noch besonders.

Wieder zeigt sich Gomringer als der Experimentator mit Elementen und elementaren Verfahrensweisen: In ›schweigen‹ die Wiederholung und Tilgung des einen Wortes; hier die aneinanderreihende Erweiterung und summierende Zusammenfassung von mehreren Wortelementen; in dem Gedicht ›alles ruht‹, einzelnes bewegt sich‹ – einem Beispiel des Grobvergleichs im ersten Kapitel[47] – war es die systematische Umstellung (Permutation) von fünf Wortelementen in zwei Sätzen und zwei Sätzen.

Gomringer hat dieses Verfahren mit der Sprache unserer Zeit in Ver-

bindung gebracht, die auf »schnelle kommunikation« gerichtet ist und damit zur »verknappung« und »vereinfachung« sowie zur Internationalität dränge. Der Dichter der »konstellationen« schaffe Spielformen und Spielformeln, die damit übereinstimmen: »die konstellation ist die einfachste gestaltungsmöglichkeit der auf dem wort beruhenden dichtung . . . die konstellation ist das letztmögliche absolute gedicht. die konstellation ist inter- und übernational«. So arbeitet der Konstellationendichter auf das »praktische ziel der neueren sprachauffassung hin, auf eine universale gemeinsprache«, und bekomme damit eine neue »organische funktion in der gesellschaft«. Dies behauptet Gomringer in den programmatischen Aufsätzen ›vom vers zur konstellation. zweck und form einer neuen dichtung‹ und ›23 punkte zum problem ‚dichtung und gesellschaft‘‹.[48]
Als Beispiel führt er gerade in diesem Zusammenhang den Text ›avenidas‹ an. Ludwig Harig, dessen Roman ›Sprechstunden‹ uns noch beschäftigen wird, bezog sich in jüngster Zeit parodistisch darauf.[49] Er übernimmt die spanische Sprache und die Verfahrensweise, ändert aber die Wortelemente und stellt damit einen Gegenentwurf hin.

curas y policias
curas y curas y policias y policias

Die Übersetzung:

Pfaffen und Polizisten
Pfaffen und Pfaffen und Polizisten und Polizisten

Dieser Gegenentwurf problematisiert Gomringers »schönes« Spanienklischee und seinen Anspruch auf Fortschrittlichkeit; vertragen sich doch offenbar seine modernen Techniken ohne weiteres mit einer reaktionären Ordnung, die durch sein Klischee zugedeckt, durch Harigs Konstellation aufgedeckt wird.
Wenn Gomringers und Harigs Aneinanderreihungen gemeinsam den Elementarübungen in einer spanischen Grammatik entsprechen, so ist Harigs spanische Grammatik doch eine andere als die Gomringers. Dem werbewirksamen konformistischen Modell steht das kritische gegenüber. Die verwendeten Wortelemente sind nach Semantik (Bedeutungszusammenhang) und Pragmatik (Handlungszusammenhang) nicht gleichgültig. Das läßt sich nicht zuletzt auf den Grammatikunterricht in unseren Schulen anwenden.

Anmerkungen

8. Die Literatur der Texte und die Problematisierung der herkömmlichen Gattungen I

1 H. Heißenbüttel: Über Literatur, S. 224, 226.
2 Der Titel eines Abschnitts der ›Noten und Abhandlungen zum besseren Verständnis des ›West-Östlichen Divans‹, in: Goethes Werke. Hamburger Ausgabe. Bd. 2. 5. Aufl. Hamburg 1960, S. 187–189. »Epos, Lyrik, Drama« bzw. »lyrisch, dramatisch, episch«, welche Goethe als »Naturformen« ansieht, hat Emil Staiger als »Grundbegriffe der Poetik« herausgestellt.
3 Heute auch in der Schulgrammatik üblicher Begriffsname. Er bezeichnet mehr oder weniger fest vorgegebene syntaktische Programme, für die man sich im Deutschen besonders mit der Wahl des satzkonstituierenden Verbs entscheidet. Dieses eröffnet eine bestimmte Zahl und bestimmte Arten von Planstellen, die zu besetzen sind. Die sogenannte experimentelle Richtung der modernen Literatur verstößt auch gegen solche normalsprachlichen Forderungen bzw. Erwartungen. Vgl. dazu A. Stramm: Trieb, S. 118/119.
4 Ausgewählte Werke in zwei Bänden. Bd. 2. Frankfurt/M. 1961, S. 341 f.
5 Ebd., S. 346.
6 Über Literatur, S. 155.
7 Ebd., S. 149, 154.
8 Ebd., S. 154, 220 f.
9 Die Wiener Gruppe. Reinbek 1967, S. 27 f.
10 Sprache ohne Zukunft? In: Deutsch – gefrorene Sprache in einem gefrorenen Land? Literarisches Colloquium Berlin 1964, S. 44.
11 Wiener, Oswald: die verbesserung von mitteleuropa, roman. reinbek bei hamburg 1969, S. CXXXVIII, CXXIX.
12 Patzig, Günther: Die Sprache, philosophisch befragt. In: Die deutsche Sprache im 20. Jahrhundert, S. 10.
13 H. Heißenbüttel: Über Literatur, S. 153 f.
14 G. Patzig: Die Sprache, philosophisch befragt, S. 17. Dazu: Kritik der reinen Vernunft. Vorrede zur zweiten Auflage.
15 Der psychische Apparat und die Außenwelt. In: Abriß der Psychoanalyse . . . Frankfurt/Hamburg 1971. (= Fischer-Bücherei 6043), S. 51–59, bes. 53 f.
16 Marx und Engels: Feuerbach (1. Teil der ›Deutschen Ideologie‹). In: Marx-Engels. Studienausgabe in vier Bänden. Hrsg. von Iring Fetscher. Bd. 1. Frankfurt/M. 1966, S. 101 f., 107, 110: *Über die Produktion des Bewußtseins* ». . . Diese Geschichtsauffassung beruht also darauf, den wirklichen Produktionsprozeß, und zwar von der materiellen Produktion des mittelbaren Lebens ausgehend, zu entwickeln und die mit dieser Produktionsweise zusammenhängende und von ihr erzeugte Verkehrsform . . . als Grundlage der ganzen Geschichte aufzufassen und sie sowohl in ihrer Aktion im Staat darzustellen, wie die sämtlichen verschiedenen theoretischen Erzeugnisse und Formen des Bewußtseins, Religion,

Philosophie, Moral etc. etc., aus ihr zu erklären und ihren Entstehungs-
prozeß aus ihnen zu verfolgen, wo dann natürlich auch die Sache in ihrer
Totalität (und darum auch die Wechselwirkung dieser verschiedenen Seiten aufeinander) dargestellt werden kann . . . die . . . umgebende sinnliche Welt (ist) nicht ein unmittelbar von Ewigkeit gegebenes, sich stets
gleiches Ding . . ., sondern das Produkt der Industrie und des Gesell-
schaftszustandes . . . Selbst die Gegenstände der einfachsten ›sinnlichen
Gewißheit‹ sind . . . nur durch gesellschaftliche Entwicklung, die Industrie und den kommerziellen Verkehr gegeben . . . Die Industrie und der
Handel, die Produktion und der Austausch der Lebensbedürfnisse bedingen ihrerseits und werden wiederum in der Art ihres Betriebes bedingt
durch die Distribution, die Gliederung der verschiedenen menschlichen
Klassen . . . Die Klasse, die die Mittel zur materiellen Produktion zur
Verfügung hat, disponiert damit zugleich über die Mittel zur geistigen
Produktion . . . Die herrschenden Gedanken sind weiter Nichts als der
ideelle Ausdruck der herrschenden materiellen Verhältnisse . . . also der
Verhältnisse, die eben die eine Klasse zur herrschenden machen, die Ge-
danken ihrer Herrschaft« . . .

17 Heisenberg, Werner: Das Naturbild der heutigen Physik. Reinbek 1962.
  (= rowohlts deutsche enzyklopädie 8); Die Krisis der materialistischen
  Auffassung, S. 10–12.
18 Über die Verschiedenheit des menschlichen Sprachbaues und ihren Ein-
  fluß auf die geistige Entwicklung des Menschengeschlechts. Hrsg. Herbert Nette. Darmstadt 1949, S. 60.
19 Vorlesungen über schöne Kunst und Literatur. 23. Stunde. In: August
  Wilhelm Schlegel. Kritische Schriften und Briefe II: Die Kunstlehre.
  Stuttgart 1963. (= Sprache und Literatur 5), S. 225 f.
20 Tractatus logico-philosophicus, S. 33, 89.
21 Grundfragen der allgemeinen Sprachwissenschaft, besonders Erster Teil:
  Allgemeine Grundlagen.
22 Vgl. dazu G. Helbig: Geschichte der neueren Sprachwissenschaft;
  J. Lyons: Einführung in die moderne Linguistik.
23 Über die Verschiedenheit des menschlichen Sprachbaues . . ., S. 60.
24 Cassirer, Ernst: Philosophie der symbolischen Formen. Erster Teil: Die
  Sprache. Berlin 1923.
25 Weisgerber, Leo: Grundzüge der inhaltbezogenen Grammatik. Sprachliche Gestaltung der Welt. 3. Aufl. Düsseldorf 1962. (= Von den Kräften
  der deutschen Sprache I und II).
26 Whorf, Benjamin Lee: Sprache – Denken – Wirklichkeit. Beiträge zur
  Metalinguistik und Sprachphilosophie. Hrsg. u. übers. Peter Krausser.
  6. Aufl. Hamburg 1969. (= rowohlts deutsche enzyklopädie 174).
27 Grundfragen der allgemeinen Sprachwissenschaft, S. 104 f.
28 Philosophische Untersuchungen, S. 20.
29 Ebd., S. 66.
30 Wunderlich, Dieter: Die Rolle der Pragmatik in der Linguistik. In: Der
  Deutschunterricht 22 (1970), H. 4, S. 5–41.
31 Schmidt, Friedrich J.: Sprachliches und soziales Handeln. Überlegungen
  zu einer Handlungstheorie der Sprache. In: Linguistische Berichte 2
  (1969), S. 64.
32 G. Patzig: Die Sprache, philosophisch befragt, S. 17.
33 Wichtig in diesem Zusammenhang, in einer anschwellenden Flut von Pu-
  blikationen, die Namen Basil Bernstein, W. Labov, Ulrich Oevermann.
  Zur ersten Information, mit Bibliographie: Hartig, Matthias/

Kurz, Ursula: Sprache als soziale Kontrolle. Neue Ansätze zur Soziolinguistik. Frankfurt/M. 1971. (= edition suhrkamp 453).

34 A. Arnold: Zur Linguistik des Expressionismus: Von Marinelli zu August Stramm, S. 16–56.

35 In: Lyrik des expressionistischen Jahrzehnts. München 1962. (= Sonderreihe dtv 4), S. 131.

36 Ebd., S. 186.

37 Dazu: Text + Kritik: Konkrete Poesie; Konkrete Poesie II.

38 Zusammengefaßt in: Das Textbuch. Neuwied/Berlin 1970. (= Sammlung Luchterhand 3).

39 Jandl, Ernst: sprechblasen. gedichte. neuwied/berlin 1968, S. 75. – Ders.: Voraussetzungen, Beispiele und Ziele einer poetischen Arbeitsweise. In: protokolle 70/2, S. 25–40.

40 Laut und Luise. Olten/Freiburg 1966, S. 175.

41 Bierwisch, Manfred: Poetik und Linguistik. In: Literaturwissenschaft und Linguistik. Ergebnisse und Perspektiven. Hrsg. Jens Ihwe, Bd. II/2. Nr. 41, S. 568–586; bes. Abschnitt 5, S. 581–584.

42 worte sind schatten. die konstellationen 1951–1968. reinbek 1969, S. 298.

43 Ebd., S. 27.

44 Dazu: Wagenknecht, Christian: Variationen über ein Thema von Gomringer. In: Text + Kritik 25 (1970), S. 14–16.

45 vom vers zu konstellation. In: worte sind schatten, S. 277–282.

46 Ebd., S. 107.

47 Vgl. S. 10 dieses Buches.

48 worte sind schatten, S. 277–282, 287–291; zitierte Stellen S. 280f., 289, 279f.

49 Sprechstunden für die deutsch-französische Verständigung und die Mitglieder des Gemeinsamen Marktes, ein Familienroman. München 1971, S. 186, 230.

9. Die Literatur der Texte und die Problematisierung der herkömmlichen Gattungen II

Im vorangegangenen Kapitel haben wir zuerst die Voraussetzungen für die Literatur der Texte in der Situation der Literatur des 20. Jahrhunderts und in der Sprachtheorie seit dem Ende des 18. Jahrhunderts kennengelernt. Dann sind wir ihr, nach einem Blick auf Vorläufer im Expressionismus und Dadaismus, an einer systematisch geordneten Reihe von Beispielen nachgegangen. Diese beschränkte sich zunächst auf bewußt einfache, reduzierte Anordnungen und Kombinationen weniger Sprachelemente. Nun kommen wir zu vielfältiger verschränkten Verfahrensweisen und von der Laut- und Wortebene zur Satzebene und zu satzüberschreitenden Texten.
Die Beispiele unterscheiden sich von den bisherigen weiter dadurch, daß sie sich nicht nur als »objektive spiele« (so Gomringer) verstehen, sondern den öffentlichen, gesellschaftlich-politischen Charakter des Sprachspiels beachten und verdeutlichen wollen.
Das gilt zunächst nur begrenzt für Ernst Jandls Text ›eine fahne für österreich‹[1], der formal den Übergang von der Wortebene der Konstellation zur Satzebene in besonders einfacher und einprägsamer Form vollzieht:

rot
ich weiß
rot

Da stehen genau untereinander die Farbwörter »rot, weiß, rot«, entsprechend den Farben der geltenden österreichischen Fahne. Vor »weiß« ist nun aber das Personalpronomen »ich« gesetzt. Es fordert dazu auf, den Text nicht nur von oben nach unten, sondern, der Lesegewohnheit entsprechend, auch Zeile für Zeile horizontal, von links nach rechts zu lesen. Dann lautet er: »rot, ich weiß, rot«. Je nach der Leserichtung ändern sich der grammatische Wert und die Bedeutung (Semantik) von »weiß«. Von oben nach unten (vertikal) gelesen, handelt es sich um ein Farbadjektiv in einer Wortkonstellation, um ein Paradigma. Von links nach rechts gelesen, handelt es sich um die satztragende Personalform des Verbs »wissen«, um ein Syntagma. Bezieht man den Satz »ich weiß rot« auf den Titel, so löscht er gleichsam die weiße Farbe in der österreichischen Fahne.

Das sprechende Ich weiß, daß deren Farbe rot sein wird oder sein soll, nur rot. Der grammatischen Zweiwertigkeit des Beispiels entspricht die Zweideutigkeit seiner Aussage.

Ist hier der Zusammenhang zwischen grammatischer Form und politischer Aussage eher willkürlich-spielerisch hergestellt, so versuchen ihn andere Gegenwartsautoren zwingender zu machen: Bestimmte Satzschemata sollen als Spiegel, Träger und Befestiger sozialer Rollen und Rollenvorstellungen sichtbar gemacht werden.

So beginnt der ›Religionsunterricht‹ in Barbara Frischmuths Buch ›Die Klosterschule‹[2] folgendermaßen:

Dem Herzen Jesu zuliebe
Zähneputzen.
Sich den Hals waschen.
Jeden Freitag eine frische Schürze umbinden.
An jedem Herz-Jesu-Freitag die Frühmesse besuchen . . .
Zu vielen Zeiten eine Andacht zum Herzen Jesu verrichten.
Glauben, daß das Herz Jesu das Herz Jesu ist.

Scheinbar neutral und naiv werden hier Sätze aus dem Religionsunterricht der religiösen Erziehungsanstalt wiedergegeben. Wir wollen einmal die provozierende inhaltliche Zusammenstellung von religiöser und hygienischer Verrichtung beiseite lassen. Der grammatischen Form nach schillern die Sätze zwischen verkürzter inhaltlicher Wiedergabe und Befehl im Infinitiv. Dies wird bedeutsam, wenn wir uns daran erinnern, daß Wittgenstein etwa im öffentlichen Sprachspiel Sprachzeichen und gesellschaftliche Anweisung, Sprachregel und gesellschaftliche Verhaltensnorm zusammensieht:

Was hat der Ausdruck Regel – sagen wir, der Wegweiser – mit meinen Handlungen zu tun? Was für eine Verbindung besteht da? – Nun, etwa diese: ich bin zu einem bestimmten Reagieren auf dieses Zeichen abgerichtet worden, und so reagiere ich nun . . . einer Regel folgen, das ist analog dem: einen Befehl befolgen.[3]

Diesen Zusammenhang von Sprachgebrauch und Gehorchen meinte Handke, wenn er seiner Besprechung des Buches ›Geometrischer Heimatroman‹ von Gerd F. Jonke die Überschrift gab: ›In Sätzen steckt Obrigkeit.‹[4] Im Modell des Dorfes wird da ein Lebensmodell mit allgemeinem Anspruch entworfen. Das Geometrische entspricht etwa dem Schachspiel bei de Saussure und Wittgenstein. Es ist wörtlich zu verstehen und als bildlicher Ausdruck, sowohl für die angewendete konstruierende Verfahrensweise wie auch für das dargestellte Ordnungssystem. Mittelpunkt dieses Dorfsystems ist der »Dorfplatz«, der als »strukturales muster« optisch und sprachlich entworfen wird.[5] Die optische Skizze und die sprachliche Beschreibung des Dorfplatzes werden bezeichnenderweise im Rahmen einer Schulstunde gegeben. Sie gehen wie von selbst in die Beschreibung der herrschenden politisch-gesellschaftlichen Ordnung und ihrer Vertreter (Bürgermeister, Pfarrer) über. Und daraus gehen wieder wie von selbst offene oder als Aussagesätze getarnte Anweisungen, Verhaltensregeln hervor:[6]

Der Lehrer hatte auf die linke Tafelseite neben die Dorfplatzdarstellung im Aufriß das Gebäude des Rathauses gezeichnet, auch das Gebäude der Schule, auf die rechte Tafelseite neben die Darstellung des Brunnens die Kirche mit dem Turm und dem Pfarrhaus, in das Pfarrhaus hinein das geöffnete Pfarramtsstubenfenster, in das geöffnete Fenster hatte er den Kopf des Pfarrers, der aus dem Fenster herausschaut, hineingezeichnet, neben dem Kopf des Pfarrers hatte er die rechte Hand des Pfarrers mit erhobenem Zeigefinger dargestellt, er hatte auf der linken Tafelhälfte aus der Rathausdarstellung im Aufriß den Bürgermeister aus dem Tor heraustreten lassen, der Lehrer hatte dem dargestellten Bürgermeister einen Leitz-Ordner unter den rechten Arm geschoben, er hatte den Kindern die leitende Funktion des Bürgermeisters im Dorf erklärt:
– Der Bürgermeister ist der erste Mann im Dorf, er regelt alles zum Wohle des Dorfes . . .
– Außerdem:
Messer, Gabel, Scher und Licht
ist für kleine Kinder nicht,
man putzt sich jeden Tag die Schuhe,
man geht am Sonntag in die Kirche,
man wäscht sich jeden Abend ganz,
man denkt demokratisch, . . .

Die Sätze der Schulstunde bieten das »strukturale muster« eines öffentlichen Sprachspiels, das die »dinge« und die gegebene politisch-gesellschaftliche Ordnung miteinander verbindet und der Vermittlung und Einübung dieser Ordnung dient. Wir erinnern uns an dieser Stelle an Handkes ›Kaspar‹, den wir zum Grobvergleich des ersten Kapitels herangezogen haben. Ihm bringen die »Einsager« als unpersönliche Sprecher der herrschenden Sprach- und Gesellschaftsordnung durch bestimmte Satzmuster Einverständnis mit dem Bestehenden bei: und zwar durch den »aber-Satz«, in Verbindung mit bestimmten »positiven« Eigenschaftswörtern, wie »genügsam, maßvoll, zufrieden, einsichtig«:

Der Raum ist klein, a b e r mein. Der Schemel ist niedrig, a b e r bequem . . . Der Reiche ist reich, a b e r leutselig. Der Arme ist arm, a b e r glücklich.[7]

Die besondere Sprachsituation des Unterrichts erhält auf solche Weise eine weiter ausgreifende Bedeutung, als beispielhafte Sprachvermittlung, Spracherlernung, als Beispiel für Sprachgebrauch, d. h. aber für Sprachbeherrschung und Beherrschtwerden durch Sprache. Die Spracherlernung zeigt sich als Vorgang der Sozialisierung, der Anpassung an eine Gesellschaft auf dem Wege über die meist nicht bewußte Übernahme, Internalisierung, ihres Normensystems. Der Sprachgebrauch erscheint als Anwendung der Denk-, Handlungs- und Bewertungsschemata, die vom jeweiligen System bereitgestellt werden. Er geht aus sprachlich-gesellschaftlichen Situationen hervor, bleibt auf sie bezogen und greift »in Gestalt von Sätzen« in sie ein. – Aus dieser Verwendung als Modell für Sozialisation durch Sprache und für das öffentliche Sprachspiel überhaupt erklärt es sich wohl, daß sich die Sprachsituation des Unterrichts in der experimentellen Literatur der Gegenwart so häufig einstellt. Dies ist eine wichtige Anwendung der in der Literatur wie in der Sprachwissenschaft und Sprachphilosophie sich durchsetzenden Auffassung, daß »wir die Sprache nicht bloß als Fundament der Weltansicht, sondern als Medium unseres Weltverhältnisses überhaupt ernst nehmen«[8] müssen. Man begnügt sich nun nicht mehr damit, den lange vernachlässigten praktischen, instrumentalen, gesellschaftlichen Aspekt der Sprache auch zu berücksichtigen. Man versteht vielmehr das Sprachsystem schlechthin als System gesellschaftlicher Regeln, welches die bestimmenden Schemata für sprachliche wie für nichtsprachliche Handlungen, Interaktionen, bereitstellt. Folgerichtig kann man dann auch den Ausdruck »Grammatik« in beiden Bereichen anwenden.

Damit stoßen wir auf den Begriff, der uns eine Tendenz erklären kann, die sich gegenwärtig in der Literatur der Texte abzeichnet: den Übergang von Kleintexten zu Großtexten, von einfachen Anordnungen und Kombinationen weniger Sprachelemente zur vielfältigen Verbindung und Verschränkung zahlreicher Sprachelemente auf verschiedenen Zeichenebenen. Für die experimentelle Richtung der modernen Literatur vom Expressionismus und Dadaismus bis zur Konkreten Poesie ist das analytische Vorgehen charakteristisch, die Heraushebung und Erprobung von Elementen, Minimalstrukturen, von elementaren Verfahrensweisen wie Vereinfachung (Reduktion), wechselnder Verbindung (Kombination), Austausch, Ersatz (Substitution), Umstellung (Permutation), Um- und Abwandlung (Transformation).[9] Hand in Hand damit ging die Bevorzugung der kleinen Form. In der unmittelbaren Gegenwart fällt nun die Neigung zu einer Zusammenführung und Zusammenfassung der früheren Versuche in größeren, komplexeren Formen auf (»Synopse der früheren Versuche«, Heißenbüttel[10]). Autoren der sogenannten Wiener Gruppe, wie Gerhard Rühm, Oswald Wiener, weiter Helmut Heißenbüttel, Franz Mon, Ernst Jandl, Peter Handke, Ludwig Harig u. a. bedienen sich nacheinander, nebeneinander und miteinander in einem Text der verschiedensten Verfahrensweisen.

Hatte Kurt Schwitters mit ›Banalitäten aus dem Chinesischen‹ die kritische Reproduktion bürgerlicher Sprach- und Denkschablonen im Rahmen eines Gedichts gegeben, beansprucht Barbara Frischmuths Wiedergabe des Jargons und der Indoktrination der ›Klosterschule‹ ein schmales Buch, und Helmut Heißenbüttel wendet, nach den Kleintexten seiner Textbücher I bis VI (1960 bis 1967), in seinem ›Projekt Nr. 1. D'Alemberts Ende‹ (1970) fast vierhundert Seiten für die Sprachklischees und das Redekarussell einer beispielhaften Gruppe bundesdeutscher Intellektueller auf. Ernst Jandl, der, wie wir gesehen haben, verschiedene Minimalstrukturen und Verfahrensweisen nacheinander erprobt und abgewandelt hat, kombiniert und verbindet sie neuerdings in experimentellen Hörspielen. Peter Handkes Bühnenstücke, wie ›Kaspar‹ und ›Der Ritt über den Bodensee‹, Jonkes ›Geometrischer Heimatroman‹ (1969), Oswald Wieners ›verbesserung von mitteleuropa, roman‹ (1969) und Ludwig Harigs ›Sprechstunden für die deutsch-französische Verständigung und die Mitglieder des Gemeinsamen Marktes, ein Familienroman‹ (1971) bieten »experimentelle« Großtexte.

Man darf begründet annehmen, daß die Zusammenschau der verschiedenen Verfahrensweisen, daß die Richtung auf komplexe Modelle und Großtexte mit der beobachteten Thematisierung der Sprache als Gesellschaftsform zu tun hat. In ihrem Zeichen wird der Begriff der Grammatik über die Sprache im engeren Sinn hinaus auf das Denken wie auf das außersprachliche Handeln ausgeweitet. So kommt es zu einer engen Verbindung, ja Gleichsetzung von Sprachspiel, Sprachexperiment, kurz, Formalismus, und gesellschaftlichpolitischem Engagement.

Heißenbüttel hat dafür einen ebenso treffenden wie einprägsamen Namen eingeführt: Politische Grammatik. In dem Stück seines Textbuches, dem er diesen Titel gab, führt er, grammatisch gesehen, den Rollentausch zwischen dem Täter (Subjekt) und dem Betroffenen (Objekt) im Rahmen des deutschen Handlungssatzes vor. Es zeigt sich die Subjektfähigkeit des Objekts und umgekehrt die Objektfähigkeit des Subjekts im Schema des Handlungssatzes. Eine Brücke zur Politik schlägt die Bedeutung des verwendeten Verbs und seiner Ableitungen: verfolgen (Handlung), Verfolger (Subjekt, Täter), Verfolgter (Objekt, Betroffener).

Verfolger verfolgen die Verfolgten. Verfolgte aber werden Verfolger. Und weil Verfolgte Verfolger werden werden aus Verfolgten verfolgende Verfolgte und aus Verfolgern verfolgte Verfolger. Aus verfolgten Verfolgern aber werden wiederum Verfolger (verfolgende verfolgte Verfolger). Und aus verfolgenden Verfolgten werden wiederum Verfolgte (verfolgte verfolgende Verfolgte). Machen Verfolger Verfolgte. Machen verfolgende Verfolgte verfolgte Verfolger. Machen verfolgende verfolgte Verfolger verfolgte verfolgende Verfolgte. Und so ad infinitum.

Indem hier der Rollentausch in der Richtung der vom Satzschema gebotenen Möglichkeiten fortgesetzt wird, jedoch antigrammatisch über das gebräuchliche Maß hinaus, enthüllt sich erst so recht die ausweglose Starrheit dieses Schemas. Es kann grundsätzlich immer so weitergehen, »ad infinitum«, ohne daß sich wirklich etwas änderte. An dieser Stelle verbinden sich der grammatische und der politische Aspekt: Wer diese quälende Vorführung eines herrschenden Sprach- und Denkschemas nachvollzieht, wird dazu veranlaßt, über die Fragwürdigkeit von politischen Lösungsversuchen nachzudenken, die sich auf das Verfolgen und das damit gegebene unveränderliche Schema des bloßen Rollentausches einlassen, oder doch seine zwingende Kraft unterschätzen. So kann die Suche nach Wegen angeregt werden, die aus dem starren Teufelskreis der bloßen Scheinveränderung hinausführen.

Schärft Heißenbüttel den Blick für das gleichbleibende Schema in scheinbar radikalen Umwälzungen, so lenkt ihn Michael Scharang mit einer ganz ähnlichen Verfahrensweise umgekehrt auf entscheidende (qualitative) Unterschiede im scheinbar gleichbleibenden Rahmen. Dies geschieht in einem Text mit dem Motto-Titel

Wenn der Intellektuelle,
der zwischen den Klassen steht,
dort stehen bleiben will,
dann bleibt er stehen. [12]

Es geht hier also um Klassenunterschiede, denen sich nach marxistischer Auffassung keiner entziehen kann, auch und gerade der nicht, der das tun möchte. Diese Auffassung bestimmt das grammatische Verfahren des Textes: Da wird das gleiche Satzschema für den Intellektuellen und für den Vertreter der beherrschten, der lohnabhängigen Klasse verwendet und somit der Anschein von Gemeinsamkeit erzeugt. Der einzige grammatische Unterschied besteht darin, daß sich der Intellektuelle als Sprecher in der ersten Person von den in der dritten Person besprochenen Beherrschten abhebt:

Das hat mir zu denken gegeben.
Das hat ihn ins Gefängnis gebracht.
Das hat sie in Verzweiflung getrieben . . .
Das hat mich zum Protest hingerissen.
Das hat ihm den Arm weggerissen.
Das hat ihr die Strümpfe zerrissen . . .
Das hat mich einen Aufruf gekostet.
Das hat ihn den Arbeitsplatz gekostet.
Das hat sie die Nerven gekostet.

Gerade innerhalb des gleichartigen Satzrahmens und weiterer Scheingemeinsamkeiten im Wortbereich wird die Kluft zwischen dem bloß intellektuell Beteiligten und denen, die wirklich, die auch körperlich leiden und handeln müssen, besonders scharf herausgetrieben. Dieses Beispiel politischer Satzlehre möchte den Intellektuellen zu einer echten Solidarisierung mit der beherrschten Klasse veranlassen, indem es ihm seine Scheingemeinsamkeit im literarischen »Engagement« als solche deutlich macht. Nicht zufällig endet der Text mit einem entsprechenden Appell.[13]

Was hier im Rahmen von Kleintexten an einzelnen Satzmustern versucht wird, läßt sich auch oder noch besser in Großtexten anstreben. Neben Jonkes ›Geometrischem Heimatroman‹ und Oswald Wieners ›verbesserung von mitteleuropa‹ bieten Ludwig Harigs ›Sprechstunden für die deutsch-französische Verständigung und die Mitglieder des Gemeinsamen Marktes, ein Familienroman‹ ein bemerkenswertes Beispiel für eine vieldimensionale und großformatige »Politische Grammatik« im weitgefaßten Sinn.

In 78 Lektionen wird da, nach dem Beispiel einer französischen Sprachlehre von Louis Marchand, Sprachwelt als öffentliches Sprachspiel, als Gesellschaftsform vorgeführt, eingeübt und durchsichtig gemacht:

Aus Wörtern bilde ich eine Sprache und lehre den rechten Gebrauch . . . Wörter und Dinge, Vorstellungen und Beispiele reisen durch die Welt, und die Sprachlehre aus Wörtern und Vorstellungen wird zur Weltreise aus Dingen und Beispielen.[14]

Dem Titel entsprechend, dient die französische Sprachlehre der deutsch-französischen Verständigung, indem sie, mit Ausnahme einiger französischer Fertigteile, in die deutsche Sprachlehre der ›Sprechstunden‹ eingeht. Dazu kommen noch andere »Sprachlehren« bzw. Sprachspiele, die auf dem Wege der Montage von Zitaten, Textteilen, Figuren aus verschiedenen Literaturen, Literaturgattungen, Literaturebenen und Autoren eingebracht werden. Sie reichen vom Heftroman (Perry Rhodan) bis zu den Gesellschaftsutopien eines Plato und eines Thomas Morus. Diese Universalität bekommt nun aber, ebenso wie die Zielangabe »Verständigung« und die Gattungsbezeichnung »Familienroman« im Titel, ihren besonderen Sinn durch die gemeinsame Richtung auf ununterscheidbare Gleichförmigkeit. Bereits im Rückblick auf die Vergangenheit gleicht die typisch deutsche Familie der typisch französischen Familie Dupont der Sprachlehre von Marchand wie ein Ei dem anderen. Die Gattungsbezeichnung »Familienroman« verliert so den individualisierenden Sinn, den sie traditionell hat.

Mein Vater, der Becker Bier, mein Opa väterlicherseits, der Neufang Bier, mein Onkel Fritz, der Bruch Bier und mein Onkel Karl, der Walsheim Bier trank, spielten Karten wie Monsieur Dupont, René, André und Jean. ... Auch ihre Könige trugen Reichsapfel und Zepter, Schild und Leier, auch ihre Buben trugen Säbel und Hellebarden, Schwerter und Spieße, auch ihre Damen trugen Rosen und Nelken, Tulpen und Margaretchen. Auch sie reizten und täuschten, stießen und schmierten, bedienten und verramschten einander. Auch ihre Eigentümer waren besessen, ihre Frauen geliebt, ihre Knaben geherzt, ihre Waffen gekreuzt, ihre Karten gespielt. Sie hatten ihr Leben, und sie hatten ihre Arbeit. Sie waren gesund, wie sichs gehört, taten ihre Pflicht, wie sichs gehört und heiligten den Feiertag, wie sichs gehört ... Sie scherten sich nicht um die Wörter, und sie scherten sich nicht um die Welt. Wie sichs gehört, standen sie in Reih und Glied, im Senkel, die Hacken geschlossen, die Augen rechts, die Hände an der Hosennaht, mit angewinkelten Ellenbogen. Alle unter einem Hut. Kein Sauhaufen. Ohne Umstände ... Wie sichs gehört, wußten sie nicht, wie der Hase lief, wo der Hund begraben lag ... [15]

Das landläufige Verhalten der landläufigen Familien wird mit landläufigen Wendungen und Redensarten zusammengestellt. Bezeichnenderweise taucht in diesem Zusammenhang wieder das Leitbild des Gesellschaftsspiels auf, dem wir in der Zusammenschau von Schachspiel und öffentlichem Sprachspiel bei de Saussure, Wittgenstein und anderen begegnet sind. [16] Hier ist es das Kartenspiel, welches das Modell für Sprache, Denken und außersprachliches Handeln abgibt. Wer mitspielt, ohne sich um die Wörter und um die Welt zu scheren, der geht ohne Rest in Verhaltensklischees und in Sprachklischees auf. So lautet die zusammenfassende Charakterisierung der Familie Dupont:

Familie Dupont hält das Weltbild in Ehren, Ruhe und Ordnung für richtig, Unruhe und Unordnung für falsch, an der guten Erziehung fest, ihre Kinder zur Arbeit an, die Mahlzeiten ein, sich beim Gähnen die Hand vor den Mund, nach dem Mittagessen einen Mittagsschlaf, auf Sauberkeit, eine unabhängige und überparteiliche Zeitung, einen Wagen der gehobenen Mittelklasse, sich beim Gehen gerade, Maß, an sich, auf sich, die Wohnzimmer stets in einer neutralen Tapete ... Familie Dupont ist wie jede Familie. Sie ist eine Allerweltsfamilie. Sie ist gehauen wie gestochen. Sie ist jeder anderen Familie wie aus dem Gesicht geschnitten. Aus dem selben Guß. Aus dem gleichen

Holz. Vom gleichen Stamm. Wie aus einem Stück. Familie Dupont ist eine Familie von der Stange. Monsieur Dupont steht unter dem Pantoffel. Madame Dupont hat die Hosen an. René nimmt seinen Hut. André macht sich auf die Socken. Jean hat Manschetten. Roger platzt der Kragen. Suzanne hat eine weiße Weste. Alice ist aus ihren Kleidern gewachsen. Fritz Hickel streckt sich nach seiner Decke. Opa Dupont hängt seinen Mantel in den Wind. Familie Dupont ist Jacke wie Hose. [17]

Die Wörter und die Welt, Sprachkritik und Gesellschaftskritik sind hier untrennbar vereinigt. Alle die Situationen und Bilder, denen wir in diesem Zusammenhang bisher begegnet sind, verbinden sich hier: Gesellschaftsspiel, Grammatik, Unterricht. Dementsprechend sieht Heißenbüttel die besonderen »Schwierigkeiten beim Schreiben der Wahrheit« [18] heute (1964) darin, daß die theoretische und die praktische Besinnung auf die »Grundstrukturen«, die »Möglichkeiten«, die »konventionellen Vorurteile der Sprache« unerläßlich geworden ist, bis hin zu dem Punkt, wo sie als »bloßer Vorrat zitierbarer Formeln« erscheint. Peter Handke, der heute vielleicht bekannteste Vertreter der Literatur der Texte, hat dieser Forderung in den verschiedensten literarischen Gattungen entsprochen. Darauf ist in der Folge einzugehen.

Zuvor sei aber noch darauf hingewiesen, daß die mehr oder weniger vollständige Gleichsetzung von Sprache und Gesellschaft keineswegs unumstritten ist. Der vorher herangezogene Michael Scharang etwa wendete sich mehrmals scharf gegen eine Überschätzung der Sprache, der Sprachreflexion und des Sprachexperiments. [19] Bertolt Brecht ist ihm darin vorausgegangen. [20] Im Sinne der marxistischen Unterscheidung zwischen der gesellschaftlich-ökonomischen Basis und dem von ihr abhängigen Überbau lehnen sie das selbstgenügsame Nachdenken über Sprache und das selbstgenügsame Experimentieren mit ihr als bloße Überbau- und Oberflächenerscheinung ab. Diese verändere in Wirklichkeit nichts, sondern diene eher der Stabilisierung gegebener gesellschaftlicher Verhältnisse. Jeder Versuch, das Produkt (in diesem Fall das literarische Sprachwerk) unabhängig von den Produktionsbedingungen (in diesem Fall der Herstellung, Vermarktung und Konsumtion des Buches nach den Gesetzen des Kapitalismus) zu verändern, sei illusorisch und zum Scheitern verurteilt. Das Sprachexperiment sei nur gerechtfertigt als Vorbereitung zur Aktion, zum konkreten, nicht abstrakten Handeln. Es wird damit nicht ausgeschlossen, aber relativiert im Dienste des gesellschaftlichen Realisierens, Veränderns, im Dienste der politisch-ökonomischen Emanzipation. Man könne nicht »die Sprache als solche ändern«:

der Rückzug... auf die Sprache... ist eine fatale Illusion... Kritik will man sich erschleichen, indem man Sprache und Gesellschaft identifiziert... (Der Sprache) wird verändernde Kraft zugeschrieben, das zu Verändernde ist ein immer kleiner werdender Bereich des Überbaus, bis schließlich die Sprache als das, was es zu verändern gelte, übrig bleibt. In diesem Zirkel werden Elfenbeinturm und Engagement kurz geschlossen. Der Autor wähnt sich im Besitz von beiden.[21]

Diese Kritik zielt nicht zuletzt auf Peter Handke, der einem seiner programmatischen Aufsätze den bewußt provozierenden Titel gab: ›Ich bin ein Bewohner des Elfenbeinturms‹.[22]
Peter Handke sieht seine Aufgabe als Schriftsteller darin, »alle endgültig scheinenden Weltbilder«[23] zu zerbrechen, um neue Möglichkeiten des Wirklichen bewußt zu machen. Das richtet sich nicht zuletzt gegen die Gehäuse der überkommenen Gattungen. So zeigt Handkes Werk ähnliche Textstrukturen und Verfahrensweisen im Hörspiel, im Drama, in der Prosa und im Gedicht. Es ist geradezu beispielhaft für die Überschreitung althergebrachter Gattungsgrenzen in der Literatur der Texte. Unter diesem Gesichtspunkt soll es hier betrachtet werden.
Peter Handke nennt sein Hörspiel ›Hilferufe‹[24] selbst »Sprechstück«. Diesen Begriff scheint er wörtlich zu nehmen, gewissermaßen als neue Charakterisierung außerhalb der bisherigen Gattungspoetik, wie die Einleitung zeigt:
die aufgabe der sprecher ist es, den weg über viele sätze und wörter zu dem gesuchten wort HILFE zu zeigen. sie spielen d a s bedürfnis nach hilfe, losgelöst von einer bestimmten wirklichen lage, akustisch den zuhörern vor. die sätze und wörter werden dabei nicht in ihrer üblichen bedeutung gesprochen, sondern mit der bedeutung des suchens nach hilfe.[25]
Die Handlung dieses »Sprechstückes« ist also nicht dramatische Handlung im üblichen Sinne. Sie spielt nicht in einer bestimmten Zeit, in einem bestimmten Raum, zwischen bestimmten Personen. Sie spielt nur in der Sprache. Ein Sprecher sucht sprachlich Hilfe, ein Antwortender entgegnet dieser sprachlichen Anstrengung. Der Suchende durchläuft verschiedene sprachliche Phasen, der Antwortende bleibt bis zur Schlußwendung beim stereotypen »NEIN«. Bei dem Suchenden ist das Prinzip der Verkürzung erkennbar. Seine anfänglich langen, umständlichen Sätze werden dann knapper und einfacher, schrumpfen zu elliptischen Wendungen und schließlich gar zu Einzelwörtern. Diese Struktur ist nicht ohne dramatischen Effekt. Die formale Reduktionsbewegung auf das Einzelwort hin verbindet sich mit dem andrängenden Ton und mündet so folgerichtig in dem einen Wort »Hilfe«, ohne daß bedeutungsmäßig (sematisch)

138

eindeutig darauf vorbereitet wurde. Den Phasenverlauf sollen einige Beispiele veranschaulichen. Die langen Perioden des Anfangs entsprechen dem Modell der obrigkeitlich-lenkenden Presseinformation. Damit verbinden sich feste Verhaltensweisen wie Beruhigung des Bürgers, Aufforderung zum Wohlfühlen, Dementieren unbequemer und ruhestörender Nachrichten:

unmittelbar nach dem mordanschlag haben die behörden alle zur verfügung stehenden mittel aufgeboten um klarheit über die mordtat zu gewinnen: NEIN. belasten sie sich nicht mit unnötigen sorgen sondern genießen sie die schöne zeit: NEIN. die behauptung daß die fraglichen personen gezwungen wurden das flugzeug zu besteigen ist aus der luft gegriffen: NEIN... [26]

Die Sätze konzentrieren sich nicht auf *eine* Situation, sie stehen isoliert nebeneinander, haben aber gleichen Stellenwert. Doch die Haltung der Bürgerbesänftigung (Ruhe, erste Bürgerpflicht!) ist ihnen allen gemeinsam. Auf dem Wege der fortschreitenden Verknappung folgen dann Verhaltens-, Informations- und Verbotsklischees.

das frühstück ist im preis inbegriffen: NEIN. sie betreten verbotenes gelände: NEIN. der zug wird voraussichtlich mit einigen minuten verspätung eintreffen: NEIN. wir danken ihnen für ihren besuch: NEIN... [27]

Befehlende Infinitive folgen, in denen der Betroffene sprachlich ausgespart wird:

umsteigen: NEIN. platz machen: NEIN. oberhalb der bißwunde abbinden: NEIN. ziehen lassen: NEIN. jetzt kaufen: NEIN... [28]

Imperativ und Infinitiv schwinden dann, sie werden durch Schlagworte und feste Slogans ersetzt:

eigentumswohnungen: NEIN. verdunklungsgefahr: NEIN. sackgasse: NEIN. gegen ungeziefer: NEIN. nie wieder krieg. [29]

Die Hektik des Suchens nimmt zu. Dem Sprachmodell jeder Phase entspricht ein soziales Modell, eine Verhaltens- bzw. Handlungsweise. Die isolierten Schlagwörter etwa spiegeln und kritisieren zusammen das Klischee im Extrakt. Die Verknappung drängt jedoch noch weiter, bis hin zum Einzelwort, zum Ausruf, zum Schrei:

halt!: NEIN. feuer!: NEIN. ich ertrinke!: NEIN. ah!: NEIN. ach!: NEIN. nein!: NEIN. hallo!: NEIN. heilig!: NEIN. ... [30]

Der Dialog wird immer schneller, die Suchgebärde immer drängender. Dramatisch treibt alles auf den Höhepunkt, auf das Wort

»Hilfe« hin. Da erfolgt der Umschlag des Gegensprechers vom stereotypen »NEIN« zum befreienden »JA«:

NEIN. nicht!: NEIN. da!: NEIN. hier!: NEIN. hinauf!: NEIN.
hin!: NEIN. NEIN. NEIN.:
hilfe?: JA!
hilfe?: JA!
hilfe?: JA!
hilJAfeJAhilJAfeJAhilJAfeJAhilJAfeja . . . . .
hilfe[31]

Dieses »Sprechstück« zeigt alles in allem die folgerichtig versprachlichte Abstraktion eines dramatischen Vorgangs. »Hilfe« ist aber kein Einzelfall. Handke abstrahiert in seinem nur ›Hörspiel‹ betitelten Werk eine ähnliche Situation. Er nimmt das Befragungskapitel aus seinem Kriminalroman ›Der Hausierer‹ und gestaltet die »Befragung« schlechthin. Genauer: er nimmt Sätze, bedrohliche, ausweichende, fordernde, verhüllende usw. und schafft so die Befragungssituation, keine konkrete, sondern eine abstrakte. Jürgen Becker meint, dieser Abstraktionsvorgang sei aber jederzeit rückgängig zu machen, von der täglich erfahrbaren Realität her.[32]
Ähnliches wie in diesen Hörspielen begegnete uns bereits in Handkes neuem Fernsehspiel im siebenten Kapitel, es kehrt aber auch in seinem Drama ›Kaspar‹[33] wieder. Der Titel hat Bezug auf Kaspar Hauser, eine historische Person. Die Fabel um sie entstand aus folgenden Fakten: 1828 tauchte bei einem Rittmeister in Nürnberg der 16jährige Kaspar Hauser auf. Einem schwer verständlichen Briefe zufolge, den er vorwies, sollte er zwölf Jahre lang in totaler Abgeschiedenheit erzogen worden sein. Er konnte nur einen Satz sprechen, den er ständig wiederholte. Der Rechtsgelehrte Anselm Feuerbach nahm sich des Falles an und gab den Knaben zu mehreren Personen in Pflege. 1833 erlag Kaspar Hauser dem Dolchstich eines Fremden, der angeblich versprochen hatte, ihm seine Herkunft zu enthüllen.
Bald entstand das Gerücht, der verwahrloste junge Mann sei der Erbprinz von Baden gewesen. Im Gefolge politischer Machtkämpfe habe man ihn jahrelang in einem lichtlosen Raume inhaftiert gehalten.
Peter Handke hatte, nach eigenen Aussagen, die Konzeption des Stückes schon fertig, als er auf Feuerbachs Schilderung des »Falles« stieß. Er nennt es ›Kaspar‹, nicht ›Kaspar Hauser‹, denn er will eben nicht den historischen Fall darstellen, sondern die abstrakte Sprachwerdung eines Menschen. Dazu die Einleitung:

Das Stück ›Kaspar‹ zeigt nicht, wie ES WIRKLICH IST oder WIRKLICH WAR mit Kaspar Hauser. Es zeigt, was MÖGLICH IST mit jemandem. Es zeigt, wie jemand durch Sprechen zum Sprechen gebracht werden kann. Das Stück könnte auch ›Sprechfolterung‹ heißen.[34]

So geht es Handke um Kaspars Sprachlosigkeit, seinen einzigen Satz, die Zertrümmerung dieses Satzes, seine Manipulation durch die herrschende, ihm aufgezwungene Sprache, seine Anpassung an soziale Normen durch die Anpassung an sprachliche Normen.

Handke gestaltet also die Kaspar-Hauser-Fabel nicht als historisches Ereignis, sondern als allgemeinen Fall. Diese Absicht zeigt beispielhaft die Veränderung, die er an Kaspar Hausers historisch überliefertem Satz vornimmt: »A söchener Reiter möcht i wärn wie mei Vater aner gween is.« Er wird bei Handke zu: »Ich möcht ein solcher werden wie einmal ein anderer gewesen ist.«[35] Die beruflichen und verwandtschaftlichen Konkreta »Reiter« und »Vater« werden durch unbestimmte Fürwörter »ein solcher« und »ein anderer« ersetzt.

Ähnlich wie im Sprechstück ›Hilfe‹ und im Hörspiel bauen die Einsager Kaspar sprachlich auf, sie setzen den dramatischen Vorgang sozusagen rein sprachlich in Bewegung. Sie sollen Kaspar seinen einzigen Satz »austreiben«, wie es wörtlich heißt, und ihn durch ihr System ersetzen. Damit beginnt das sprachliche Abenteuer Kaspars. Er wehrt und widersetzt sich anfangs, aber es nützt ihm nichts, er kommt durcheinander, wird verwirrt, sein Satz zerfällt ihm in Wörter, Laute: Er wird sprachlos. Er hat seinen Satz und damit seine Sprache verloren. Da hebt eine neue Phase dieses erregenden Spiels an.

Durch das Vorgesprochene gelangt er neuerlich zu einem Satz, der im ideologischen Sinne bereits ein »ordentlicher« Satz ist. Dieser führt ihn über die Modelle anderer Sätze in ein geschlossenes Sprachsystem ein. Kaspar denkt bald ausschließlich in Satzmodellen, Phrasen, Klischees und vorgeprägten Bildern eben dieses Sprachsystems. Mit den sprachlichen Normen dieses Systems eignet sich Kaspar kritiklos auch dessen soziale Normen an. In diesem Wechselspiel gründet die politische Bedeutung der sogenannten experimentellen Literatur. Das ist die Kehrseite ihrer scheinbaren Esoterik ohne Gesellschaftsbezug.

Die Doktrin wird augenfällig, wenn eine Regieanweisung sagt: »Jetzt werden Kaspar die Satzmodelle beigebracht, mit denen sich ein ordentlicher Mensch durchs Leben schlägt.«[36] Als seine Integration ins Sprach- und Sozialsystem vollzogen ist, kann er sogar zum Anpasser für andere Kaspars werden. Unzufrieden versucht er später über den Zustand seiner Anpassung zu reflektieren, er kann jedoch dem Sprachsystem und dem System sozialer Normen nicht mehr entkommen. Die Fabel ist, wie bei den früheren Handke-Beispielen, rein sprachlich, auch die Verfahrensweisen kehren gleichartig wieder, die Gattungsgrenzen werden immer unschärfer. Nach »Sprechstück«, ›Hörspiel‹ und Drama nun zu einem Prosatext: ›Die Angst des Tormanns beim Elfmeter‹[37] erschien 1970. Hier verbindet sich das Problem des (Geschichten-) Erzählens in der Moderne mit dem Phänomen der gleichartigen Verfahrensweisen. Deshalb mögen die Einsager aus ›Kaspar‹ überleiten:

. . . jeder Gegenstand ist in Ordnung, von dem du nicht erst eine Geschichte erzählen mußt. Für einen ordentlichen Gegenstand brauchst du nicht einmal einen Satz: für einen ordentlichen Gegenstand genügt das Wort für einen Gegenstand. Erst mit einem unordentlichen Gegenstand fangen die Geschichten an . . .[38]

›Die Angst des Tormanns beim Elfmeter‹ ist weder Kriminalroman noch Sporterzählung, obwohl der Fußballtormann Josef Bloch die Kellnerin Gerda erwürgt. Das Thema dieses genau 125 Seiten langen Prosawerks beruht nicht auf der Handlung. Es ist das Problem eines Menschen, dem bewußt wird, daß seine Sprache und die ihn umgebende Realität nicht mehr zusammenpassen, und zwar in einem Augenblick, wo er versagt und damit aus der gewohnten Ordnung herausfällt; Sprachskepsis also. Man denkt an den Lord-Chandos-Brief Hofmannsthals, an Karl Kraus und an Ludwig Wittgenstein. Das letzte Kapitel hat diese Zusammenhänge ausführlich erörtert. Wieder wird das sprachliche Problem zum Thema, Thematisierung der Sprache, nach Walter Weiss.[39]
Äußerlich geschieht folgendes: Der Monteur Josef Bloch verläßt seine Arbeitsstelle, gerät in bestimmte soziale Mechanismen, ermordet eine Kellnerin und treibt sich dann auf dem Lande, meist in einem verkommenen Grenzgasthof, herum. Das bestimmende Problem lautet: Wie reagiert ein Mensch auf die ihm fragwürdig gewordene Wirklichkeit? Bereits der erste Satz des Buches setzt ein Signal für das ganze Werk:

Dem Monteur Josef Bloch, der früher ein bekannter Tormann gewesen war, wurde, als er sich am Vormittag zur Arbeit meldete, mitgeteilt, daß er entlassen sei. Jedenfalls legte Bloch die Tatsache, daß bei seinem Erscheinen in der Tür der Bauhütte, wo sich die Arbeiter gerade aufhielten, nur der Polier von der Jause aufschaute, als eine solche Mitteilung aus und verließ das Baugelände.[40]

Bloch deutet eine Geste als Mitteilung, die sein Leben plötzlich verändert. Diese Deutung zeigt sein gestörtes Verhältnis zur Umwelt und deren Ordnungen. Die Störung schreitet fort und ergreift sein Verhältnis zur Sprache, die er nicht mehr mit seiner Wirklichkeit zusammenbringen kann. Die Phasen dieser seiner desintegrativen Entwicklung bilden, abgesehen von den Handlungsresten, die neue Fabel dieses Werkes. Sie muß der Leser sehen. Erwartet er Handlung mit üblichem Stellenwert, wird er dieses Buch enttäuscht mißverstehen. Die Diskrepanz zwischen besonderer Realitätserfahrung und der vorgegebenen öffentlichen Sprachnormierung ist das Thema dieses Prosawerkes, dem dramatischen Thema Kaspars zugleich ähnlich und entgegengesetzt.

Je länger er sprach, desto weniger natürlich kam Bloch vor, was er redete. Allmählich schien ihm gar jedes Wort einer Erklärung zu bedürfen. Er mußte sich beherrschen, um nicht mitten im Satz ins Stocken zu geraten. Ein paarmal, wenn er einen Satz, den er gerade sagte, vorausdachte, versprach er sich; wenn das, was die Friseurmädchen sagten, genauso ausging, wie er es beim Zuhören mitgedacht hatte, konnte er zunächst nicht antworten. Solange sie noch vertraut miteinander gesprochen hatten, hatte er auch die Umgebung ringsherum immer mehr vergessen; nicht einmal den Hund und das Kind im Nebenraum hatte er mehr gesehen; aber als er dann stockte und nicht weiter wußte und schließlich nach Sätzen suchte, die er noch sagen könnte, wurde die Umgebung wieder auffällig und er sah überall Einzelheiten . . .[41]

Das Erlebnis Blochs beschreibt Lugowski als Kern des Realismus: das Heraustreten des einzelnen, des eigentlich Wirklichen aus dem Klischeezusammenhang. Bloch erkennt, daß hinter sprachlichen Übereinstimmungen wie auch hinter gewöhnlichen Handlungsabläufen ein Regelzwang herrscht, aus dem er herausfällt. Daß er diese Mechanismen durchschaut, bildet zunehmend eine Beunruhigung für ihn. Diese Irritation überdeckt manchmal seine Angst, als Mörder entdeckt zu werden, völlig.

Wenn er aufpaßte und sich verstellte, gab noch immer ein Wort schön das andere... Wenn er sich in acht nahm, konnte es, eins nach dem andern, weitergehen: er setzte sich an den Tisch, an den er sich immer setzte; er schlug die Zeitung auf, die er jeden Tag aufschlug; er las die Notiz in der Zeitung, die besagte, daß man im Mordfall Gerda T. eine heiße Spur verfolge, die in den südlichen Landesteil führte; die Kritzeleien auf dem Rand der in der Wohnung der Toten gefundenen Zeitung hätten die Untersuchung weitergebracht. Ein Satz ergab den nächsten Satz. Und dann, und dann . . . Man konnte einige Zeit im voraus beruhigt sein.[42]

Im Gleichlauf von Dingwelt und Sprachwelt können Gegenstände so zu Wortspielen werden, Dinge wiederum wirken wie vorformulierte Aufforderungen, wie Plakate mit Verhaltensregeln. Im Heraustreten aus solchen Zusammenhängen werden diese erst sichtbar. Auch die Gedichte in Handkes Band ›Die Innenwelt der Außenwelt der Innenwelt<43 handeln durchweg vom Problem der Sprache. Das zeigen allein schon Titel wie ›Das Wort Zeit‹, ›Der Rand der Wörter‹, ›Steigerungen‹, ›Die Einzahl und die Mehrzahl‹, ›Die Wortfamilie‹, ›Abbrechen mitten im Satz‹. Wir greifen eines davon heraus, es heißt ›Einige Alternativen in der indirekten Rede‹[44]. »Taten seien die Alternativen zu Worten«, heißt es da zu Beginn. Die angeblich nichtsprachlichen Alternativen stellen sich dann aber doch als sprach-geprägte und damit als Scheinalternativen heraus. Es gibt keinen Ausweg, »Parier oder Krepier«, heißt der Schluß.

Wir fassen zusammen: Die Übereinstimmung in Thema und Verfahrensweisen bei diesen gattungsverschiedenen Handke-Texten zeigt, daß die Abgrenzungen der herkömmlichen Gattungspoetik in der Literatur der Texte ihre Bedeutung verlieren. Die ihr angepaßte Dichtungstheorie (Poetik) konzentriert sich nicht auf die vorgegebenen Gattungskategorien, sondern auf die Differenzierung von Verfahrensweisen. Hier liegt ein brauchbarer Ansatzpunkt für das Verständnis der Gegenwartsliteratur. Es hat sich bestätigt, was im achten Kapitel vor der Beispielreihe behauptet wurde:[45]
Die antigrammatische Literatur der Texte baut die traditionellen Vorprägungen zugunsten des Rückgangs auf Elemente und die Kombination von Elementen ab oder relativiert sie zumindest. Dabei kommen auf der anderen Seite noch nicht vorbelastete neue literarische Gattungen heraus, und auch die herkömmlichen Gattungen werden auf der Skala der möglichen Anordnungen und Kombinationen neu bestimmt. Eine Poesie der Möglichkeiten also, welche die Grenzen des herkömmlich Gegebenen überschreitet und es zugleich einbegreift und problematisiert, als eine Möglichkeit unter anderen.

Anmerkungen

9. Die Literatur der Texte und die Problematisierung der herkömmlichen Gattungen II

1 Der künstliche Baum. Neuwied/Berlin 1970. (= Sammlung Luchterhand 9), S. 19.
2 Die Klosterschule. Frankfurt/M. 1968, S. 50.
3 L. Wittgenstein: Philosophische Untersuchungen, S. 105, 107.
4 Der Spiegel, 21. April 1969, S. 186.
5 Geometrischer Heimatroman. Frankfurt/M. 1969, S. 50 ff.
6 Ebd., S. 52 f.
7 Kaspar, S. 45 f. Vgl. S. 15/16 dieses Buches.
8 G. Patzig: Die Sprache, philosophisch befragt, S. 17.
9 Verfahrensweisen der modernen Linguistik.
10 H. Heißenbüttel: Über Literatur, S. 81.
11 Ders.: Das Textbuch. Neuwied/Berlin 1970. (= Sammlung Luchterhand 3), S. 56.
12 Schluß mit dem Erzählen und andere Erzählungen. Neuwied/Berlin 1970, S. 65 f.
13 »denk nicht da unten herum«.
14 Sprechstunden, S. 10, 226.
15 Ebd., S. 81.
16 Vgl. S. 116/117 dieses Buches.
17 Sprechstunden, S. 134, 200.
18 Über Literatur, S. 230–232.
19 Besonders: ›Streik‹ – Zu einigen Widersprüchen im heutigen Theater; Übers neue Hörspiel. In: Zur Emanzipation der Kunst. Neuwied/Berlin 1971, S. 84–109.
20 Über den formalistischen Charakter der Realismustheorie: »(zu den Expressionisten) Es wurde bald darauf klar, daß sie sich nur von der Grammatik befreit hatten, nicht vom Kapitalismus«. Doch gleich darauf einschränkend: »Aber Befreiungen sind immer ernst zu nehmen, denke ich. Heute noch sehen viele das Niedersäbeln des Expressionismus in Bausch und Bogen mit Unwillen, weil sie fürchten, daß da Befreiungsakte an und für sich niedergedrückt werden sollen, ein Sichbefreien von hemmenden Vorschriften, alten Regeln, die zu Fesseln geworden sind . . .« In: Brecht, Bertolt: Gesammelte Werke. Bd. 19. Frankfurt/M. 1967, S. 304.
21 Zur Emanzipation der Kunst, S. 93.
22 Handke, Peter: Prosa, Gedichte, Theaterstücke, Hörspiele, Aufsätze. Frankfurt/M. 1969, S. 263–272.
23 Ebd., S. 264.
24 Handke, Peter: Hilferufe. In: Lesebuch. Deutsche Literatur der sechziger Jahre. Hrsg. von Klaus Wagenbach. Berlin 1969, S. 101–105.
25 Ebd., S. 101.
26 Ebd., S. 102.
27 Ebd., S. 103.
28 Ebd., S. 104.

29 Ebd.
30 Ebd., S. 104 f.
31 Ebd., S. 105.
32 Vgl. Jürgen Becker: ›Hörspiel‹ von Peter Handke. In: Neues Hörspiel. Essays, Analysen, Gespräche. Hrsg. von Klaus Schöning. Frankfurt/M. 1970. (= edition suhrkamp 476), S. 120.
33 Handke, Peter: Kaspar. Frankfurt/M. 1969. (= edition suhrkamp 322).
34 Ebd., S. 7.
35 Ebd., S. 13.
36 Ebd., S. 43.
37 Handke, Peter: Die Angst des Tormanns beim Elfmeter. Frankfurt/M. 1970. Auch als suhrkamp taschenbuch 27.
38 Handke, Peter: Kaspar, S. 31.
39 Weiss, Walter: Zur Thematisierung der Sprache in der Literatur der Gegenwart. In: Festschrift für Hans Eggers . . . Tübingen 1972.
40 Erstausgabe, S. 7.
41 Erstausgabe, S. 65.
42 Erstausgabe, S. 78 f.
43 Handke, Peter: Die Innenwelt der Außenwelt der Innenwelt. Frankfurt/M. 1969. (= edition suhrkamp 307).
44 Ebd., S. 96.
45 Siehe o. S. 119/120.

10. Literatur und gesellschaftlich-politisches Engagement I: Positionen

Sichtet man Stellungnahmen von Autoren nach 1945 zum Verhältnis von Literatur und Gesellschaft, so wird man mit Walter Jens [1] an das Märchen von Hase und Igel erinnert. Hatte z. B. die Kunst des Erzählens einmal die anerkannte Aufgabe, »Neues« in vielfältiger Form zu vermitteln – die Herkunft des Begriffs »Novelle« deutet darauf hin – so tauchte mit dem Zeitschriftenwesen und später mit den Methoden der Publizistik der Igel auf, der der Literatur zu verstehen gab, daß nun er auf diesem Feld »schon da sei«. Als die Literatur auf ein Gebiet auswich, wohin ihr diese Formen der Information nicht folgen konnten, etwa auf die analytische Darstellung der menschlichen Seele im psychologischen Roman, so fand sie auch dort bald eine Wissenschaft vor, die ihre Vorarbeiten zwar anerkennend benützte, jedoch bald systematisierend überholte. Analog zu diesen Beispielen lautet eine Frage an die Literatur heute, ob sie neue Erkenntnisse über gesellschaftliches Verhalten vermitteln und politische Aktivität bewirken kann oder nicht. Nicht darum geht es dabei, ob Schreiben ohne Öffentlichkeit vor sich gehen kann: Die Alternative lautet nicht Innenschau kontra Aufnahme und Verarbeitung des von außen, von der Gesellschaft Kommenden; diese Fragen sind hierbei sekundär, denn Sprache hat Doppelcharakter, sie ist privat und öffentlich zugleich und deshalb auch das sprachliche Werk, der Text. Es geht vielmehr darum, ob Literatur das Rennen überhaupt mitmachen sollte, ob Literatur vielleicht wiederum in der Rolle des Hasen läuft, ob ihr also auch die politischen Möglichkeiten von anderen Medien der sozialen Kommunikation »besser«, »erfolgreicher« vorgemacht werden, ob sich der ästhetische Charakter des Sprachkunstwerks vielleicht gar als hemmend in diesem Bemühen erweist, oder ob vielleicht die Alternative Engagement oder Nicht-Engagement in dieser Form problematisiert werden sollte.

In dieser Frage sieht sich heute die Literatur mit verschiedenen Thesen konfrontiert: Da ist z. B. eine Soll-nicht-These: Literatur *soll nicht* gesellschaftlich wirken. Verschiedene Begründungen werden dafür angeführt; gemeinsam ist ihnen die Idee der Literatur als eines autonomen Bereichs innerhalb der Möglichkeiten sprachlicher Mitteilung. Zum Kriterium für die Soll-nicht-These wird dabei die Tatsache, daß sich die Mittel sprachästhetischer Darstellung von denen der Alltagssprache unterscheiden, daß Literatursprache auf Distanz geht zur Informationssprache, die das alltägliche gesellschaftliche Handeln ermöglicht. Aus dem Anderssein des literarischen Texts wird auf ein anderes Sein geschlossen. Diese andere Seinsweise sei nur erreichbar durch den vielzitierten Sprung, mit dem sich der Aufnehmende den besonderen Strukturen, Gesetzen und Verweisungsbezügen innerhalb des Textes anheimgeben soll. Nicht selten entspricht dieser Sprung auch einer Kluft zwischen Künstler und Gesellschaft, die für unüberbrückbar gehalten wird, nicht selten klammert sich dabei der Autor aus der Gesellschaft aus und hält dies für eine Tugend.

Diese Haltung hat historische Vorstufen. In der Literatur des Symbolismus, z. B. bei Stefan George, wird das Anderssein der Kunst zu einer Kunst um der Kunst willen überhöht; gleichzeitig wird vom Künstler gefordert, sich nicht zu engagieren, vielmehr eine gänzlich andere, von der gesellschaftlichen Ebene völlig verschiedene Lebensform zu vertreten. Leicht lassen sich aus solchen Forderungen sozialelitäre Gedanken ebenso heraushören wie ein Unsicherwerden am Sakralcharakter der Kunst, den es somit zu bewahren gilt.

Die Literatur der sogenannten »inneren Emigration« der NS-Zeit war durch die äußeren Bedingungen ihrer Entstehung in einem totalitären Staat zur Soll-nicht-Haltung geradezu gezwungen. Sie benützte die Idee der autonomen Kunst, um dem Menschen jenen Freiraum zu bieten, in dem er seine wesentliche Existenz pflegen kann, in den er ausweichen kann vor dem – nach Heidegger so oft zitierten – »Gerede«. Nicht zufällig wird hier ein philosophisch gemeinter Sachverhalt mit einem Wort aus dem Bereich des Sprechens bezeichnet. Abhebung vom alltäglichen Sprechen bedeutet dabei auch Distanz vom gesellschaftlichen Handeln. Die Idee der reinen Dichtung, der »poésie pure«, der Idee von Literatur als Wert, der jedem historischen oder gesellschaftlichen Zugriff entzogen ist, verfällt jedoch einer Dialektik, die ihrer Absicht genau entgegensteht: Gerade wo sich Literatur am entschiedensten ahistorisch gibt, zeigt sie ihre historische Gebundenheit. Der Wunsch nach dem ästhetischen Freiraum ist ein Wunsch nach einem Fluchtraum vor der Gesellschaft und somit selbst offen für gesellschaftliche Inanspruchnahme. An der Literatur Hans Carossas, Wilhelm Lehmanns u. a. ließe sich das zeigen, ebenso am Heimatroman und den mit ihm verwandten Formen.

Literatur und Literaturtheorie nach 1945 formulieren den Soll-nicht-Standpunkt selten ausdrücklich, was allerdings nicht heißt, daß er keine Rolle spielt. Die sogenannte werkimmanente Interpretation nach dem Kriege – Emil Staiger, der Begründer der Methode, war ihr nie so radikal verfallen wie manche seiner Schüler – zeigt die

Tendenz, Literatur und ihre Analyse in einen gesellschaftspolitisch freien Raum zu stellen. Der österreichische Kritiker Herbert Eisenreich wiederum hat eine Haltung vertreten, die das politische Moment der Literatur zwar nicht ausschließt, es aber auf eine Art faßt, daß die Ergebnisse als eine Variation des Soll-nicht-Standpunktes gefaßt werden können.[2] Eisenreich entwickelt an der österreichischen Nachkriegsliteratur bis 1959 ein Konzept, das der Literatur generell eine Rolle *über* dem Aktuellen und Gesellschaftspolitischen zuweist. Literatur als Form gesellschaftlichen Verhaltens erhält bei Eisenreich die Aufgabe, sich gegen »Selbstbestätigung und Selbstrechtfertigung« durch politische Aktivität und für das »Bewahren, die Bescheidung, die Skepsis, und insbesondere das Mißtrauen als schöpferisches Prinzip« zu entscheiden.[3] »Mißtrauen« ist gemeint als Mißtrauen gegenüber spekulativen Vorgaben, die es durch literarisches und anderes Engagement einzuholen gilt, als Mißtrauen gegenüber Veränderung, als Aufforderung, *nicht* zu verändern. Kritik an Eisenreichs These muß doppelt ansetzen: Einerseits wurde sie in Unkenntnis oder bewußter Verdrängung (damals) neuester Tendenzen in der österreichischen Literatur aufgestellt – 1959 war die ›Wiener Gruppe‹ schon mehrere Jahre in Aktion gewesen. Anderseits verabsolutiert Eisenreichs These ein Motiv des damals führenden österreichischen Schriftstellers Heimito von Doderer. Es ist das Motiv von der Menschwerdung von sogenannten »Apperzeptionsverweigerern«. Unter »Apperzeptionsverweigerung« wird eine menschliche Haltung verstanden, die die bewußt verarbeitende Wahrnehmung gegenwärtiger Wirklichkeit ausklammert zugunsten eines konstruierten Zukunftsmodells. Apperzeptionsverweigerung ist von Übel, einem Apperzeptionsverweigerer wird nur geholfen, wenn er sich dem Seienden öffnet, z. B. wenn er zur Weltsicht Goethes gelangt, der die Meeresfauna am Lido von Venedig mit dem Ausruf »Wie wahr, wie seiend!« in sich aufnimmt (perzipiert). Ist er aber dort angelangt, wird er auch der Versuchung entsagen, die Wirklichkeit verändern zu wollen, denn »die Grundhaltung des apperzeptiven Menschen ist konservativ«, wie Doderer im Tagebuch ›Tangenten‹ sagt.[4] Die Versöhnung von Innen und Außen kann nur durch Arbeit am persönlichen Innen erreicht werden. »Wenn der Mensch . . . seine Hoffnung auf eine Veränderung der äußeren Umstände setzt, sei's der persönlichen Glücksumstände oder der allgemeinen Verhältnissse: dann ist er in den Weg der Schwäche eingebogen . . .«.[5] Literatur habe, so Eisenreich/Doderer, dem Ziel der Versöhnung von Innen und Außen zu dienen, nicht der Veränderung des Außen. Das eine könne sie leisten, das andere solle sie nicht leisten.

In allem der Soll-nicht-These entgegengesetzt ist eine weitere, die man als Soll-These bezeichnen könnte: Literatur *soll* die gesellschaftlichen Bezüge suchen, und zwar nicht nur in der Form etwa, daß sie die Gesellschaft »spiegelt«, daß in ihr der gegenwärtige Zustand der gesellschaftlichen Realität sichtbar wird; vielmehr soll das Engagement sich ganz bestimmten Zielen verschreiben. Dasselbe gilt dabei für die Literaturkritik, so daß sich die Soll-These wie folgt formulieren läßt: Literatur soll so produziert und interpretiert werden, daß sie sich als Mittel im Kampf um bestimmte gesellschaftliche Zielvorstellungen verwenden läßt. Diesen Anspruch an die Literatur gibt es in bestimmten Stufungen von Dringlichkeit. Aus der Vergangenheit kennt man die Dogmatik, mit der die Literatur Zielen des Nationalsozialismus zu dienen hatte. Die Richtlinien der Reichsschrifttumskammer, z. B. zur Neuordnung der Dichterakademie im Jahre 1933, sind Beispiele für staatlich verordnetes Engagement. Die Mitglieder der Abteilung für Dichtung der Preußischen Akademie der Künste hatten ihre Haltung zum nationalsozialistischen Staat durch die Beantwortung der folgenden Frage mit Ja oder Nein zu dokumentieren:

»Sind Sie bereit, unter Anerkennung der veränderten geschichtlichen Lage weiter Ihre Person der Preußischen Akademie der Künste zur Verfügung zu stellen? Eine Bejahung dieser Frage schließt die öffentliche politische Betätigung gegen die Regierung aus und verpflichtet Sie zu einer loyalen Mitarbeit an den satzungsgemäß der Akademie zufallenden nationalen kulturellen Aufgaben im Sinne der veränderten geschichtlichen Lage.«[6]

Mit anderen Inhalten wurden Richtlinien für die Produktion von Literatur der DDR auf den beiden Bitterfelder Konferenzen (1959 und 1964) erarbeitet. Diese Richtlinien sehen eine enge Bindung der Literatur an den sozialistischen Aufbau vor. Der Schriftsteller soll dabei von einem Außenseiter und Gegenspieler der Gesellschaft zu ihrem Mitgestalter werden. Grundlegend ist dabei die Ansicht, daß die Literatur eine historisch variable Aufgabe habe, die in der Gegenwart darin bestehe, gesellschaftlich geforderte Themen zu behandeln, und zwar in einer Form, die breite Appellfähigkeit gewährleistet. »Wir sind nicht Menschen, sondern Klassenmenschen«, formulierte Johannes Becher schon 1930[7] und nahm damit vorweg, was wenige Jahre später, 1934, zum Leitgedanken der Literaturtheorie des sogenannten »sozialistischen Realismus« wurde: Literatur habe den Menschen als Repräsentanten revolutionärer Entwicklungen auf der Grundlage des Parteigedankens zu zeigen. Daraus folgt, daß Literatur, die in ihren Aussagen die gesellschaftliche Repräsentanz verhüllt oder nicht ausdrücklich formuliert, also etwa experimentelle Literatur, die sprachinnovative Verfahren verwendet, als Formalismus abgelehnt wird. Eine Kritik, die sich solcher Literatur nicht vom Klassenstandpunkt aus, also ablehnend, annimmt, trifft dann der Vorwurf des »Mystizismus«.[8] Ein Blick auf die Romane, die nach 1945 in der DDR erschienen sind, zeigt, daß eine Ablehnung sprachlicher und struktureller Experimente ihre Folgen hat: Es gibt dort keine politischen Formen des Erzählens an sich, trotz des politischen Anspruchs, der an die Literatur erhoben wird. Erwin Strittmatters Roman ›Ole Bienkopp‹ (1963) und Hermann Kants ›Die Aula‹ (1966), um zwei der bekanntesten Romane aus der DDR zu nennen, sind in den Erzählformen des bürgerlichen Romans geschrieben; sie beweisen, wie tragfähig die alte Romanstruktur Held : kontra Umwelt (mit der Problematisierung der Wertebenen beider) ist und daß literarisches Engagement hier thematisch-inhaltlich verstanden wird, nicht aber als Entwicklung emanzipativer Literaturformen.

Die Forderung, Literatur solle sich gesellschaftlich engagieren, tritt natürlich auch dort auf, wo sie nicht von staatswegen dogmatisch gestützt werden kann. Sie ist dann im Querschnitt und auch in der historischen Betrachtung vielfältiger und, so darf man mit Einschränkungen sagen, problembewußter, besonders was das Verhältnis von ästhetischem Eigengehalt und aktuell-gesellschaftlicher Bindung betrifft. Es gibt eine Geschichte des Engagements seit 1945, und die meisten der heute nebeneinander bestehenden Positionen haben einen historisch zu fixierenden Ursprung. Max Frisch schrieb in sein Tagebuch der ersten Nachkriegsjahre: »Wer sich nicht mit Politik befaßt, hat die politische Teilnahme, die er sich sparen möchte, bereits vollzogen: er dient der herrschenden Partei«.[9] Eine solche Ansicht erinnert beinahe an die heute so oft gehörte Forderung nach Politisierung aller Bereiche des Lebens und bietet noch durchaus die Möglichkeit, die Literatur bewußt in die politische Teilnahme einzubeziehen. Dagegen spricht Frisch im Jahre 1959, in der Rede zur Verleihung des Georg-Büchner-Preises, vom Schriftsteller als einem Emigranten der Gesellschaft und von der Literatur als einem Medium der Ohnmacht. Zwischen diesen beiden Äußerungen liegt ein resignativer Weg. Die beiden koexistierenden Gesellschaftssysteme vor Augen, bleibe, meint Frisch, dem Schriftsteller, der sich nicht den Dogmen der beiden Systeme verschreiben will, nur »bedingungslose Aufrichtigkeit gegenüber dem Lebendigen«, selbst wenn dies als l'art pour l'art, als Kunst um der Kunst willen, aufgefaßt werden könnte.[10] Was an einer solchen Haltung bloß Selbstberuhigung durch Flucht ist, kann schwer entschieden werden; ein Glaube an die Entwicklung literarischer Formen, die durch sich eine politische Wirkung ausüben, ist kaum herauszuhören. Auch das Engagement anderer Schriftsteller wie Anderschs, Nossacks und weiterer Mitglieder der Gruppe 47 kommt nicht sehr viel weiter. »Die schwache Position der Literatur« beschreibt z. B. Hans Erich Nossack in einem Aufsatz 1965 mit den Worten: »Literatur ist deshalb revolutionär, weil sie immer für das Lebendige gegen das Institutionelle eintritt...«[11] Praktische Beispiele dafür werden kaum gegeben. Weniger verbal erscheint Heinrich Bölls sozialethisches Engagement. Er bekennt sich zu einer offenen und gegen eine Literatur der Eingeweihten, die dadurch, daß sie Literatur der ästhetischen wie der sozialen Geschlossenheit ist, inhuman werden kann.[12] Dieses Bekenntnis Bölls ist durch seine Satiren glaubhaft abgedeckt. Satirische Darstellung allein ist jedoch nicht schon Anstoß genug für Veränderung. Vielmehr kann Satire widerspruchslos von jenen geschluckt werden, gegen die sie sich richtet. Ähnlich wie bei Günter Grass wird der Mangel an politisch wirksamer Form durch ein politisches Engagement außerhalb der Literatur wettzumachen versucht.[13] Böll, Grass, Siegfried Lenz und andere geben durch ihre Doppelaktivitäten zu erkennen, daß die Literatur überfordert ist, wenn man von ihr verlangt, daß sie selbständig eine gesellschaftspolitische Wirkung auszuüben habe.

Literatur soll und Literatur soll nicht gesellschaftlich sich engagieren: Das sind extreme Haltungen, aber noch nicht die extremsten. Seit einiger Zeit wird vielmehr der Tod der Literatur verkündet, zurückgenommen, wieder verkündet. Ausgangspunkt solcher Argumentation ist eine Forderung nach totalem Engagement, nach einer Appellstruktur des Textes, dem gesellschaftsveränderndes Bewußtsein auf seiten der Aufnehmenden mehr oder weniger unmittelbar folgen soll. Ein merkwürdiges, aber dennoch logisches Dilemma ist hierbei zu beachten: Man geht davon aus, daß literarisch geformte Texte eine zwar nicht direktere, aber umfassendere Wirkung ausüben können als einschichtige Propaganda. Man erkennt der Literatur die Möglichkeit zu, den Leser auf ganz andere Weise anzusprechen. Anderseits bezeichnet man gerade diese andere Appellfähigkeit, die ästhetische, als ein Merkmal, das dem Text seine politische Unmittelbarkeit nimmt. Ästhetisierung der gesellschaftlichen Komponenten des Textes wird gleichgesetzt mit dessen Entpolitisierung. Es ist verblüffend, diese Ansicht mit der Dichtungstheorie Sigmund Freuds zu vergleichen: Bei Freud wird die Literatur zum Mittel erklärt, das dem Leser konfliktschaffende Wünsche, die er im Alltagsleben unterdrücken muß, in »schöner« und vom sozialen Normensystem akzeptierter Form erfüllt. Literatur wird sowohl bei Sigmund Freud als auch den Totsagern von linksradikaler Seite her als Mittel der Verschleierung gesehen. Sie erscheint somit als harmonisierender und konfliktentschärfender Faktor innerhalb bestehender Verhältnisse, bei Freud auf der Ebene individualpsychologischen Triebverzichts, bei den Totsagern auf sozialer Ebene. Und so entpuppt sich die These, Literatur *könne nicht* gesellschaftsverändernd, sondern nur konfliktverschleiernd wirken, als letzte, wenngleich unrealistische Konsequenz eines überspitzten Soll-Anspruchs.

Hans Magnus Enzensberger z. B. hat im Jahre 1968 das literarische Schaffen für gesellschaftlich harmlos erklärt.[14] Er wirft der Literatur vor, daß sie lediglich Ersatz für politisches Handeln sei, daß ihr Engagement nutzlos sei, möglicherweise – im Sinne der Verschleierungstheorie – sogar schädlich für Fortschritte im Gesellschaftlichen. Enzensberger macht den Markt der spätkapitalistischen Güterproduktion dafür verantwortlich, der wie ein Gummibauch alles zu schlucken in der Lage sei.

Auch die extremsten ästhetischen Kontraventionen stoßen auf keinen ernsthaften Widerstand mehr. Zwar lehnt ein Teil des Abonnentenpublikums sie ab. Auf industriellen Umwegen, über Werbung, Design und Styling gehen sie jedoch früher oder später, meist aber früher, fugenlos in die Konsumsphäre ein. Damit hat eine Äquivokation ein Ende, die fünfzig Jahre lang die progressive Literaturtheorie beherrscht hat: die Parallelisierung oder gar Gleichsetzung von formaler und gesellschaftlicher Innovation.[15]

Enzensberger hat daraus Konsequenzen gezogen. Seit dem Band ›Blindenschrift‹ (1964) schreibt er fast keine Gedichte mehr. (In letzter Zeit hat er allerdings seine Anti-Literatur-Haltung wiederholt relativiert.) Vorzugsweise setzt er an die Stelle des literarischen das direkte politische Engagement, in das er allerdings auch das Agitprop-Theater und das Dokumentarstück einbezogen wissen möchte, z. B. sein Stück »Das Verhör von Habana« (1970). (Nicht einbezogen wird hingegen die Agitprop-Lyrik.) Als Argument für diesen Rückzug wird, wie dem Zitat zu entnehmen war, unter anderem auch die Macht der kapitalistischen Produktions- und Verteilungsverhältnisse angeführt. Für Enzensberger ist der Verteilerapparat jenes Mittel, mit dem jede literarische Äußerung zur Anonymität, zu einer Ware unter vielen anderen, entwertet wird; der Markt macht, daß ein Autor von seinen Lesern abgeschnitten wird, daß er keinerlei Rückantwort erfährt, mit Ausnahme einer standardisierten Kritik, die jedoch wiederum den Gesetzen des Marktes unterworfen ist und sozusagen als Warentest fungiert. Durch die Entwertung des Textes zur Ware also ist es dem Literaturmarkt möglich, auch die aggressivste Tendenzliteratur zu schlucken, ohne daß das System Schaden nimmt, d. h. also, ohne daß es verändert wird. Für den österreichischen Autor Michael Scharang verfällt jede literarische Äußerung einer verschleiernden Dialektik, solange man nicht die Mittel der Darbietung, z. B. die Herstellungswege der Buchliteratur oder die Aufführungskonventionen im Theaterbetrieb verändert. »Man kann eben nicht Inhalte in beliebige Formen stopfen und mit beliebigen Mitteln präsentieren. Man kann Emanzipatorisches nur mitteilen, wenn man dabei auch Form und Mittel radikal emanzipiert.«[16] Bis es so weit ist, so müßte man hier weiterfolgern, könne bzw. dürfe es keine Literatur mehr geben. Sie müsse vielmehr gestoppt werden.

Daß solche Thesen über Möglichkeit und Unmöglichkeit des gesellschaftlichen Engagements der Literatur Extreme sind, beweist ein breites Spektrum vermittelnder Ansichten zum Thema. Sogar noch Peter Weiss' unbedingtes Engagement für eine Neuformung der Gesellschaft stellt nicht die Möglichkeit ästhetischer Formen in Frage, sondern nur das Formexperiment, das sich nicht auf soziales Engagement bezieht.[17] Hans Christoph Buch kritisiert die Metapher vom Totsagen der Literatur als kunstfremden Ökonomismus.[18] Gemeint und kritisiert ist damit die Vorstellung, daß man auf der einen Seite einsparen muß, wenn man auf der anderen Seite nutzbringender investieren will. Dieser Ökonomismus sehe an der Tatsache vorbei, daß Menschen ihre ästhetischen Bedürfnisse ganz und gar nicht für den Tag nach der Gesellschaftsveränderung aufsparen wollen. Dieter Wellershoff argumentiert gegen den Vermarktungspessimismus Enzensbergers, daß der Markt durchaus zu entschränken sei und daß Literatur bereits für weite Bereiche politischen und moralischen Lebens enttabuisierend gewirkt habe.[19] Wellershoff sieht die Literatur als »Simulationstechnik«, als Probiermöglichkeit, die es dem Leser erlaube, aus der »etablierten Lebenspraxis« probeweise auszubrechen und »fremde Verhaltensweisen und Denkweisen in seinen Erfahrungsspielraum mit einzubeziehen«.[20] Das gelte auch für die Simulation neuer sozialer Verhaltensformen und zeige somit die Möglichkeiten eines undogmatischen literarischen Engagements. Gegen die Ansichten Enzensbergers hält Wellershoff an der Fähigkeit der Literatur fest, Einsichten über neue Möglichkeiten von Verhalten zu vermitteln. Der Vorläufigkeitscharakter von Erfahrungen, die man fiktiv, also lesend, sammelt, schließt nachfolgende Praxis nicht aus. Die Rolle der Literatur im gegenwärtigen Zustand der Gesellschaft beschreibt Wellershoff ähnlich wie Theodor W. Adorno:

(Die Literatur) verweigert ... ihre Anpassung an die geltenden Normen, zeigt, was der Buntdruck der Reklame verleugnet, erinnert an die ungenutzte und verdorbene Kapazitäten des Menschen, aber vor allem ist die Abweichung ein Vehikel der Innovation. Ein plötzlicher Sprung in eine neue Qualität findet hier statt. Bilder äußerster Unfreiheit werden für Autor und Leser zu Erweiterungen ihrer Erfahrungen, zu Möglichkeiten, alles scheinbar Bekannte, auch sich selbst, neu zu sehen.[21]

Deutlich also hier die Gegenposition zur These Enzensbergers von der gesellschaftlichen Nutzlosigkeit der Literatur. Formale Innovationen sind zwar auch für Wellershoff noch nicht identisch mit gesellschaftlicher Neuerung, wohl aber hemmen sie jenen Vermarktungs- und Verdinglichungsprozeß, der den Praxischarakter von Literatur entschärfen möchte. Wellershoffs Position ist im Grunde identisch mit Bertolt Brechts vermittelnder Sicht von Ästhetik und sozialer Wirkung von Kunst, wie sie im ›Kleinen Organon für das Theater‹ festgehalten ist. »Denn die leichteste Weise der Existenz«, heißt es dort, »ist in der Kunst«.[22] Ausschlaggebend ist dabei, daß somit Kunst nicht als Fluchtraum vor den Widrigkeiten der Existenz verstanden wird, sondern daß die Kunst Formen entwickeln kann, die dem Menschen die Bedingungen, unter denen er zu leben hat, als veränderbare vorführen. Damit wird folgende Aufgabe der Kunst angepeilt:

Die Abbildungen müssen nämlich zurücktreten vor dem Abgebildeten, dem Zusammenleben der Menschen, und das Vergnügen an ihrer Vollkommenheit soll in das höhere Vergnügen gesteigert werden, daß die zutage getretenen Regeln in diesem Zusammenleben als vorläufige und unvollkommene behandelt sind.[23]

Der österreichische Schriftsteller Ernst Fischer, Marxist undogmatischer Prägung, weitet diesen Gedanken wie folgt aus: Entdeckt der Aufnehmende die Gemachtheit des Kunstwerks, so entdeckt er, daß auch gesellschaftliche Verhältnisse, die in ihrer Widersprüchlichkeit weit weniger unantastbar erscheinen als das vollendete Kunstwerk, erst recht gemacht sind. Das heißt dann aber: Sie sind nicht unveränderbar. Selbst die vollendet wirkende Kunst ist nicht etwas, was nur durch einen Sprung in die Vollkommenheit zu erreichen sei, sondern sie hat Machbarkeitscharakter, ist eine Form von gesellschaftlicher Arbeit. Und als solche ist sie eng mit den gesellschaftlichen Bedingungen der menschlichen Existenz verknüpft. Keineswegs »müsse« die Kunst ihre ästhetischen Ansprüche aufgeben, um sozial wirksam zu werden. Fischers Resümée: »Die Kunst muß nichts und darf alles«.[24]

Anmerkungen

10. Literatur und gesellschaftlich-politisches Engagement I: Positionen

1 W. Jens: Literatur und Politik, S. 23.
2 H. Eisenreich: Literatur und Politik. In: Reaktionen, S. 105–114.
3 Ders.: Das schöpferische Mißtrauen, ebd., S. 100.
4 Doderer, Heimito von: Tangenten. München 1964, S. 597.
5 Ebd., S. 250.
6 Literatur und Dichtung im Dritten Reich. Eine Dokumentation von Joseph Wulf. Reinbek 1966. (= rororo 809/810/811). S. 23.
7 Becher, Johannes R.: Rundfunk-Gespräch zwischen Johannes R. Becher und Gottfried Benn. In: Theorie der modernen Lyrik. Dokumente zur Poetik I. Reinbek 1965. (= rowohlts deutsche enzyklopädie 231–233), S. 281.
8 K. Jarmatz: Literaturpolitische Probleme, S. 457.
9 Frisch, Max: Tagebuch 1946–1949. München/Zürich 1965. (= Knaur Taschenbuch 100), S. 242.
10 Ders.: Öffentlichkeit als Partner, S. 46.
11 Nossak, Hans Erich: Die schwache Position der Literatur. Frankfurt/M. 1966. (= edition suhrkamp 156), S. 23.
12 H. Böll: Frankfurter Vorlesungen, S. 19, 22.
13 G. Grass: Über das Selbstverständliche.
14 H. M. Enzensberger: Gemeinplätze.
15 Ebd., S. 194.
16 M. Scharang: Zur Emanzipation der Kunst, S. 95.
17 Weiss, Peter: Zehn Arbeitspunkte eines Autors in der geteilten Welt. In: Rapporte 2, S. 17.
18 Buch, Hans Christoph: Funktion der Literatur. In: Kursbuch 20, S. 44 f.
19 Wellershoff, Dieter: Fiktion und Praxis. In: Literatur und Veränderung, S. 9–25.
20 Ebd., S. 19.
21 Ebd., S. 24.
22 B. Brecht: Kleines Organon, S. 700.
23 Ebd.
24 Fischer, Ernst: Die Kunst darf alles. In: Christ und Welt/Deutsche Zeitung. 22. Jg., Nr. 31 (1. August 1969), S. 9.

11. Literatur und gesellschaftlich-politisches Engagement II: Verfahrensweisen

Dieses Kapitel ist als Fortsetzung von Kapitel 10 zu verstehen. Es versucht, die dort skizzierten theoretischen Positionen zum Problem von Literatur und Engagement an Texten zu überprüfen. Als erste Position wurde im letzten Kapitel eine Soll-nicht-These genannt; Literatur soll sich nicht gesellschaftlich engagieren, sie habe vielmehr einen von der Gesellschaft ausgeklammerten Freiraum zu füllen und in ihm ihren Autonomie-Charakter zu beweisen. Dann war die Rede von einer Soll-These, die der Literatur die Aufgabe zuschreibt, nach bestimmten Richtlinien vorgegebene Ziele anzusteuern, wobei außerhalb des literarischen Lebens stehende Instanzen Kontrolle ausüben. Ferner wurde eine Position umrissen, derzufolge Engagement der Literatur nutzlos oder sogar verschleiernd wirke. Hierbei konnte gezeigt werden, wie ein zu hoch geschraubter Anspruch an die Literatur, gesellschaftlich verändernd zu wirken, in der These gipfelt, Literatur könne kein wirksames Engagement leisten und würde daher besser unterlassen. Schließlich wurde eine Position dargelegt, die der Literatur die Möglichkeit läßt, Simulationsmodelle zu entwerfen, in denen der Leser die Veränderbarkeit von Zuständen spielerisch erfahren kann. Diese Position verbindet sich mit den Namen Bertolt Brecht, Dieter Wellershoff, Ernst Fischer u. a.

Wie wenig dem Verhältnis von Literatur und Engagement mit Dogmatismus beizukommen ist, soll im folgenden an verschiedenen Texten gezeigt werden. (Der Kürze halber sind es Gedichttexte; zudem fällt politisches Engagement oder Nichtengagement in Gedichten deutlicher auf als im Erzählen, was damit zusammenhängen mag, daß Erzählen als solches schon Gesellschaftliches ausgeprägter in den ästhetischen Bereich hereinnimmt als das Gedicht, zumindest in dessen landläufiger Vorstellung.)

Aus dem Jahr 1957 stammt das Gedicht ›Die gestundete Zeit‹ von Ingeborg Bachmann:[1]

Es kommen härtere Tage.
Die auf Widerrruf gestundete Zeit
wird sichtbar am Horizont.
Bald mußt du den Schuh schnüren
und die Hunde zurückjagen in die Marschhöfe.

Denn die Eingeweide der Fische
sind kalt geworden im Wind.
Ärmlich brennt das Licht der Lupinen.
Dein Blick spurt im Nebel:
die auf Widerruf gestundete Zeit
wird sichtbar am Horizont.

Drüben versinkt dir die Geliebte im Sand,
er steigt um ihr wehendes Haar,
er fällt ihr ins Wort,
er befiehlt ihr zu schweigen,
er findet sie sterblich
und willig dem Abschied nach jeder Umarmung.
Sieh dich nicht um.
Schnür deinen Schuh.
Jag die Hunde zurück.
Wirf die Fische ins Meer.
Lösch die Lupinen!

Es kommen härtere Tage.

Kein Zweifel, dies ist ein Gedicht, das dem Standpunkt, Literatur solle sich gesellschaftlich nicht engagieren, entgegenkommt. Eine werkimmanente, einseitig auf ästhetische Autonomie bedachte Analyse fände viele Ansatzpunkte. Ein Sprecher spricht zu einem Hörer oder zu sich über die kommende Bedrohung. Schlüsselt man diese Bedrohung durch »härtere Tage« auf, die das Gedicht durch die erste und die letzte Zeile einrahmen, so wird man auf Naturbilder verwiesen. Kalter Wind zerstört das Lebendige, Nebel verdunkelt den Blick, Sand beraubt das Ich des einzigen menschlichen Kontakts und »befiehlt« Schweigen. Nicht »natürlich«, wie es die Naturbilder nahelegen, geht hier das Unwohnlichwerden eines Lebensraumes vor sich, sondern mit terroristischer Gebärde. Aber ist es der Lebensraum schlechthin, der hier unbewohnbar wird? Das Gedicht erwähnt vorwiegend die Natur, wenn auch der menschliche Raum ebenfalls hereingenommen ist (die Marschhöfe, die entschwindende Geliebte). Würde man nach den Gründen fragen, wieso Natur hier den Menschen ausstößt, würde die Antwort tautologisch lauten: weil sie ihn ausstößt. Das sprechende Ich verliert seine Geliebte im Sand, weil Sand sie verschüttet. Diese Vorgänge sind unwiderruflich: Zeit war lediglich auf Widerruf gestundet, Gegenmaßnahmen sind nicht möglich.

Einer Kritik, die der Literatur die Aufgabe stellt, die Veränderbarkeit des Bestehenden nachzuweisen, wäre in diesem Fall zunächst nicht viel entgegenzuhalten. Mit der Wahl von Naturbildern steht Bestehendes zu schwer und unverrückbar vor dem einzelnen. Nicht von Personen und gesellschaftlichem Verhalten spricht das Gedicht,

sondern von Menschen schlechthin, nicht von konkreten gesellschaftlichen Bedingungen, sondern von einem allgemeinen Weltzu-
stand als Naturzustand, nicht von klassenspezifischer, sondern von
existentieller Bedrohung. Eine solche Sprechweise sei das Merkmal
verschleiernder bis veränderungshemmender Literatur und würde
besser unterlassen, meint der Österreicher Michael Scharang in seinem Essay ›Streik‹[2]. Hat er recht, liegt also überhaupt kein Engage-
mentwert vor? Um darauf zu antworten, ist es nötig, die Art und
Weise zu betrachten, mit der der lyrische Sprecher auf die Bedrohung reagiert, nämlich mit Aufforderungen, den Bereich dieser Bedrohung zu verlassen, die Entfremdung bewußt zu machen. Es wird
eine Gegenposition zu entwerfen versucht. Sie besteht darin, daß
man den Auszug beschleunigt (»Lösch die Lupinen«) und sich nicht
mehr umsieht. Der Begriff der Entfremdung bezieht sich jedoch nie
auf Natur allein, sondern auf soziale Räume. Das Engagement des
Gedichts wird zugegebenermaßen durch die Natursymbolik eher
verhüllt, aber keineswegs völlig zugedeckt. Hans Christoph Buch,
keineswegs ein reaktionärer Kritiker, hat gegen die Totbeter der
Kunst, und mit dem Blick auf Kafka und Beckett, geltend gemacht,
daß »die Darstellung der Entfremdung, ihre Bewußtmachung durch
Kunst, . . . der erste Schritt zu ihrer Aufhebung (sei)«.[3] In der Geschichte des literarischen Engagements hat das Gedicht seinen Platz
nahe jener Position, wie sie Max Frisch in seiner Büchner-Rede einnimmt, die im letzten Kapitel zitiert wurde. Demnach spiegelt Bachmanns Auszug aus der Natur jenes »Emigrantische«, womit der
Schriftsteller sich den Blick von außen her auf die Gesellschaft klar
halten will. Von der Aufforderung her, direkt engagiert zu wirken,
sicherlich ein eingeengtes Engagement, aber ist nicht auch die Aufforderung selbst eingeengt?
1957, im selben Jahr wie Ingeborg Bachmanns Gedicht, erschien
auch Hans Magnus Enzensbergers Band ›Verteidigung der Wölfe‹
mit dem Gedicht ›ins lesebuch für die oberstufe‹:[4]

lies keine oden, mein sohn, lies die fahrpläne:
sie sind genauer. roll die seekarten auf,
eh es zu spät ist. sei wachsam, sing nicht.
der tag kommt, wo sie wieder listen ans tor
schlagen und malen den neinsagern auf die brust
zinken. lern unerkannt gehn, lern mehr als ich:
das viertel wechseln, den paß, das gesicht.
versteh dich auf den kleinen verrat,
die tägliche schmutzige rettung. nützlich
sind die enzykliken zum feueranzünden,
die manifeste: butter einzuwickeln und salz
für die wehrlosen. wut und geduld sind nötig,

in die lungen der macht zu blasen
den feinen tödlichen staub, gemahlen
von denen, die viel gelernt haben,
die genau sind, von dir.

Die Ähnlichkeiten zum vorigen Gedicht der Bachmann sind auffallend. Auch hier gilt es, sich gegen härtere Tage zu rüsten. Auch hier liegt die Situation der Bedrohung vor, werden Ratschläge erteilt, wie dieser Bedrohung zu begegnen sei. Aber noch auffallender als die Gemeinsamkeiten sind die Unterschiede. Nicht einen Naturzustand nennt das Gedicht als Gefahr, sondern gesellschaftliche Verhältnisse, nicht anonyme Gewalten, sondern Machthaber und mögliche Verfolger, nicht existentiell Bedrohte, sondern sozial und politisch Wehrlose als mögliche Verfolgte. Der Auszug, das Sich-Hinausstellen, die »Emigration« im Sinne Max Frischs werden erwogen, aber mit dem Hinweis auf Fahrpläne und Seekarten genauer, sozusagen geographischer, als im Gedicht der Bachmann, wo nur vom Schnüren der Schuhe die Rede ist. Darüber hinaus wird jedoch auch die Möglichkeit des Widerstandes erwogen. In das, was man hinter sich läßt, wird das bloß verbale Engagement ausdrücklich einbezogen (enzykliken, manifeste). Wird auch die Dichtung zurückgelassen? »lies keine oden, mein sohn« heißt es zu Beginn. Ist das auf die Gattung Ode bezogen oder auf die Dichtung überhaupt? »sei wachsam, sing nicht«, heißt es weiter. Warnt das vor dem einlullenden Charakter von Dichtung im Sinne der Verschleierungsthese? Wenn Dichtung zu ungenau, das will heißen: zu vielschichtig ist, um gesellschaftliche Verhältnisse benennen zu können, kann man dann Dichtung dadurch als untauglich zur Gesellschaftsveränderung erklären, indem man ein Gedicht gegen sie schreibt?

Dieses Paradoxon läßt sich noch weiter ausführen. Die Wortstellung in den Sätzen des Gedichts zeigt verblüffende Ähnlichkeit mit der sogenannten »harten Fügung«, einem der hervorstechendsten Merkmale der Gattung Ode in der deutschen Literaturgeschichte. Sowohl die »zinken«, die man den Neinsagern auf die Brust malen wird, wie auch »den feinen tödlichen staub«, den es »in die lungen der macht zu blasen« gilt, hat Enzensberger aus der normalen Wortstellung des deutschen Satzes herausgenommen. Der Regelverstoß erhält Stilwirkung, schafft innerhalb des befehlenden Aufforderungscharakters ein rhetorisches Gefüge, das im Wechsel von allgemeiner Nennung und konkreter Anweisung Wirkung tut. Der Angriff auf die Ode bzw. auf die Dichtung verfällt der Unglaubwürdigkeit, denn gerade die verwendeten Mittel unterstützen das poetisch überzeugende Argumentationsmodell. Enzensberger hat von Bertolt Brechts politischen Literaturformen gelernt. Brecht-Gedichte

wie ›Der Insasse‹ und ›Der Radwechsel‹, Prosa-Parabeln wie ›Maßnahmen gegen die Gewalt‹ u. a. sind die Vorbilder. An Bertolt
Brecht erinnert auch ein anderes Merkmal des Gedichts, nämlich die
Nicht-Eindeutigkeit, die Vielschichtigkeit. Zwar werden Machthaber als Verfolger und Wehrlose als Verfolgte genannt, aber eben nur
in dieser allgemeinen Benennung. Verfolger erscheinen nur in der
Form des Pronomens »sie«. Anderseits sind die »zinken«, die durch
den syntaktischen Regelverstoß ganz auffallend hervorgehoben und
durch Enjambement zudem an den Zeilenanfang gerückt sind, nicht
als Judensterne aufgeschlüsselt, sondern bleiben allgemeines Merkmal der Verfolgten. Nicht von nationalsozialistischer Judenverfol-
gung allein, sondern von allgemeiner Verfolgung spricht das Gedicht. Seine Anwendbarkeit ist überall dort gegeben, wo gesellschaftliche Zustände von Gegensätzen zwischen Machthabern und
Wehrlosen gekennzeichnet sind. Die Forderung nach Genauigkeit
in der zweiten und letzten Zeile des Gedichts ist zur Vielschichtigkeit geraten.

Vielleicht ist eine Art von Verzweiflung darüber, daß gleichsam unter der Hand einem Text seine einstrahlige engagierte Intention vielschichtig geraten kann, der Grund dafür, daß Enzensberger seine lyrische Produktion weitgehend eingeschränkt hat. Vielleicht ist es
auch die erschreckende Erkenntnis, daß heutzutage in der Dichtung
Angriffe wie Lobeshymnen auf Herrschende, auch wenn sie nicht
mehr absolut einzelne, sondern Vertreter von Gruppen sind, einem
merkwürdigen Mechanismus verfallen. In einem Essay über ›Poesie
und Politik‹[5] stellt Enzensberger fest, die Sprache des Gedichts ver-
sage sich ganz einfach dem Herrschernamen. Die lyrische Abweichung vom manipulierten Gerede, die sich das Gedicht als Ziel
steckt, macht es unmöglich, Namen von Herrschern, deren Nennung ja ausschließlich innerhalb dieses Geredes erfolgt, ins Gedicht
aufzunehmen. Auch im kritischen Angriff würde sich ein Gedicht,
das einen Herrschernamen nennt, in die Tradition der Huldigungs-
lieder stellen, wie sie auf antike oder barocke Monarchen geschrieben worden sind. Die Form würde damit auf ganz andere Zustände
weisen, als sie heute gegeben sind und verändert werden sollen. Geht
also, so kann man fortsetzen, die Forderung an das Gedicht nach politischem Engagement so weit, daß zur Benennung von gesellschaftlichen und politischen Verhältnissen die »Genauigkeit« der Presse
gefordert wird, also auch die Nennung des Herrschernamens, so
steht Literatur wieder einmal in der Rolle des Hasen: Er findet den
Igel schon vor. Das läßt sich am folgenden Text von Erich Fried aus
dem Jahre 1968 zeigen, der den Titel ›Passende Redewendung‹
trägt:[6]

Kurz vor Weihnachten
erklärte
Lyndon B. Johnson
öffentlich
seine Vietnampolitik
Amerika wolle nicht vorschnell
Friedensverhandlungen starten
– sprach er ins Mikrofon –
denn:
»Gebranntes Kind fürchtet das Feuer«

Die Namensnennung Johnsons macht das Gedicht zum Konkurrenten eines politischen Kommentars. Hier versucht ein Gedichttext etwas, was ein anderes Medium besser kann. Es ist keine politische Form, die hier entwickelt wird. Der Text zielt auf einen inhaltlichen Frontalangriff; nicht ein Modell politischen Mitdenkens wird geboten, sondern eine Anekdote (ob sie nun der Wirklichkeit entspricht oder nicht). Der Aufbau hat etwas von der Form des Aphorismus, des Aperçus, des geistreichen Ausspruchs an sich, bestenfalls ist er epigrammatisch. Ähnlich wie im Epigramm der Tradition wird Erwartung durch Vorbereitung hergestellt (der Zeilenbruch dient der Spannung), der dann ein Aufschluß in der Form einer Pointe folgt. In dieser Form hat Georg Christoph Lichtenberg vor zweihundert Jahren erhellende Einsichten in die menschliche Psyche formuliert (und auch über Schwächen wie Putzsucht und Eitelkeit gesprochen), hat Grillparzer die Zusammenhänge von Humanität, Nationalität, Bestialität hergestellt, hat Hebbel gegen Adalbert Stifter gewettert. Aber schon Karl Kraus verwob das epigrammatisch-pointierende Sprechen in die dramatische Szene und unterstützte es dadurch, um den Ersten Weltkrieg noch umgreifen zu können (die meisten Szenen in den ›Letzten Tagen der Menschheit‹ folgen einem solchen Aufbau). Für eine Gegenüberstellung von Weihnachten, Napalm und Vietnamkriegspolitik reicht jedoch diese Form einfach nicht mehr aus, sie greift zu kurz. Das Genießen der geistreichen Wendung schmuggelt sich ein. Gelingt es aber nicht, die Form mit einem politischen Denkmodell zu decken, so verfällt das noch so aggressive Gedicht politischen Inhalts dem fatalen Eindruck, daß hier bloß einer seine Meinung abliefere, eine unter vielen im Angebot, *eine* Form des Sich-Erleichterns.

Es gibt Literaturformen, die erklärtermaßen versuchen, mit den eskalierenden Forderungen an die Literatur, sie solle politisch wirken, mitzuhalten. Es sind dies der Protestsong, das politische Chanson, die Agitprop-Lyrik. Die Ziele solcher Texte sind Entlarvung, Negation, Veränderung erstarrter Bewußtseinsinhalte, Aufbrechen bestimmter Gefühlswerte und passiver sozialer Haltungen, um auf solche Weise den Hörer oder Leser für gesellschaftliche Veränderungen empfänglich zu machen. Die bevorzugten Mittel dazu sind die Parodie, die Schilderung konkreter Aktionen, das Zitat, die Montage, die Demontage, die Satire.[7] Von diesen Mitteln machen die betreffenden Autoren in sehr verschiedener Weise Gebrauch. In einer Anthologie von Protest- und Agitproptexten[8] findet sich z. B. der Versuch, das Kirchenlied ›Lobet den Herrn‹ parodistisch umzufunktionieren. Zu den Zeilen »Lobt nicht die Herren/Was in euch ist wollen sie haben« bemerkte ein Rezensent, wer das lese, sei »für immer von gläubiger Unschuld befreit«.[9] Das ist eine Behauptung, die die Möglichkeit der Parodie arg überschätzt. Es dürfte für eine gesellschaftskritisch engagierte Literatur zu wenig sein, die Inhalte auszutauschen und die herrische Satzform, den Befehl, beizubehalten.

Auch Franz Josef Degenhardts bekanntes ›Abendlied‹[10] kommt darüber nur ansatzweise hinaus. Erwartungsraster für diesen Text ist das Lied ›Kein schöner Land‹. Durch parodistischen Austausch der Inhalte wird den Gemütswerten dieses Liedes die Realität der deutschen politischen Teilung entgegengehalten.

Kein schöner Land, wohl unter Linden,
wo zur Abendzeit,
man sich vor seine offne Türe setzt
und sich nur freut,
daß drüben jetzt derselbe Mond aufgeht,
und daß ein frischer Wind herüberweht,
da bin ich zu Hause;
da bin ich zu Hause,
wo man das Lied versteht.

Wo man den großen Wagen, der
am Himmel zieht, noch sieht,
und nicht nur den, der protzig vor dem
eignen Hause steht,
wo man sein Land ganz still am Abend schätzt,
nicht morgens schon vom Abendlande schwätzt,
da bin ich zu Hause;
da bin ich zu Hause,
wo man sich beim Trinken setzt.

Wo eine Sichel nur im Kornfeld
rauscht zur Abendstund',
die Nachbarn ohne Hammer mit-
einander reden, und
wo nur die Nachtigall am Bach leis klagt,
das Jagdhorn schallt, nur wenn man Tiere jagt,
da bin ich zu Hause;
da bin ich zu Hause,
da, wo man zu lachen wagt.

163

Die vierte und letzte Strophe macht den Austausch der Inhalte besonders deutlich, gleichzeitig wird aus dem Ich ein Wir, der Sprecher bzw. Sänger versucht, mit den Lesern oder Hörern Gemeinsamkeit herzustellen, sie mit sich zu ziehen:

Nun, sogenannte Brüder, Schwestern,
eine gute Nacht.
Ich wünsche Euch und mir, daß über uns
kein Büttel wacht.
Und wenn der Mond – er ist nur halb zu sehn –
nicht rot noch braun, nicht schwarz noch blau ist,
sondern rund und schön,
dann sind wir zu Hause;
dann sind wir zu Hause, dann. –
Doch wann wird das geschehn?

Der Rhythmus der Vorlage von ›Kein schöner Land‹ ist verändert, der Grundton jedoch beibehalten. An die Stelle des »Herrn im Himmel« ist die Polizei getreten, wird aber nicht so benannt, sondern mit einem veralteten Wort (»Büttel«). Der Mond aus dem Abendlied von Matthias Claudius scheint als montiertes Zitat halb ins Gedicht – die andere Hälfte scheint auf den anderen Teil Deutschlands –, ist aber in politische Parteifarben verfremdet. Dieser möglicherweise aufrüttelnde Ansatz wird, wie schon in den Refrains der übrigen Strophen, in den Zukunftswunsch nach einem Zuhause eingebettet, von ihm aber überlagert, ohne daß die Denkschritte folgen, die diesem Wunsch die Richtung zu seiner Verwirklichung weisen. Als Gesamteindruck ergibt sich trotz der teilweisen Schärfe, daß hier jemand traditionelle Innerlichkeit angreift, an ihre Stelle jedoch wiederum nur eine andere Form von Innerlichkeit setzt. Das Gedicht ist »rund und schön«, aber nicht emanzipatorisch, es benützt Emotion, zeigt aber kein Modell einer Veränderung jenes Denkens, das es verändern möchte. Die Strophen werden also »Teil der Situation, die sie bekämpfen«.[11]

Wenn nun die direkte Nennung des Gesellschaftlichen dem Gedicht nicht hilft, wenn der emotionale Gegenangriff eher verhärtend wirkt als aktivierend, was bleibt, wenn überhaupt, als Möglichkeit engagiert-literarischen Sprechens übrig?

Es hat den Anschein, als wären jene Texte von weiterreichender Wirkung, die von einem konkreten, aber unverfänglichen Ansatz ausgehen und daran ein folgerndes Modell entwickeln, das es dem Leser ermöglicht, mit- und in der Folge weiterzudenken. Ist dieser Ansatz der Name eines Präsidenten, ein Kirchenlied oder ein bekanntes Volkslied, so stößt die Absicht der Entlarvung oder der Parodie zu leicht gleich am Anfang schon auf verfestigte Haltungen, denn über Lyndon B. Johnson, über das Lied ›Lobet den Herren‹, oder über ›Kein schöner Land‹ hat der Leser meist eine »eigene« Meinung (die selbstverständlich eine vermittelte bzw. manipulierte sein kann und es in den meisten Fällen wohl auch ist). Die Parodie auf ›Lobet den Herrn‹ wird dann vielfach nur mehr von jenen mitvollzogen, die ihn ohnehin nicht mehr loben, und nicht von jenen, die der Text erreichen muß, wenn er in der Breite wirksam sein will. Bertolt Brecht hat seine politischen Texte an Alltagssituationen entwickelt, am Warten auf eine Autoreparatur (›Der Radwechsel‹) oder am Chauffierenlernen (›Der Insasse‹). Etwas Ähnliches versucht der folgende Text mit dem Titel ›Nicht hinauslehnen‹! Hier die dritte Strophe:

Ne pas se pencher au dehors,
besser nicht hinauslehnen,
e pericoloso sporgersi.

Wer hörte da bei Nacht die Salven hallen?
Die Zeitung schrieb, es war nur ein Verkehrsunfall.
Wozu die Fäuste in der Tasche ballen –
geschossen wurde nicht das erstemal.
Wer sagte da mit falscher Unschuldsmiene:
»Ich kenne diese Menschen nicht!«
Wer schlug die Läden vor, zog die Gardine,
legte die Hand vor sein Gesicht?

Ne pas se pencher au dehors,
besser nicht hinauslehnen,
e pericoloso sporgersi.

Das tragende Mittel ist hier die Montage. Aus dem Neuen Testament wird das Verräterwort des Petrus hereingenommen. (»Ich kenne diesen Menschen nicht«) und zum Plural verändert. Der banale Text der Aufschriften an Zugfenstern und das Schweigen zu Terrorsituationen in jüngster Vergangenheit werden nebeneinandergestellt. Die Warnung, sich nicht hinauszulehnen, steht an sich, d. h. in der Eisenbahn-Alltagssituation, nur deshalb im Imperativ, weil eine sozusagen »gewöhnliche« Lebensgefahr verhindert werden soll. Dort, so gibt der Text zu verstehen, mag die Warnung am Platz sein. In der Spiegelung mit den darauf folgenden Zeilen wird dann allerdings diese Vorsichtsmaßnahme als eine Haltung von Menschen gekennzeichnet, die jede Art von Befehlen oder Verboten, von außen oder oben, verinnerlicht haben. Der Text zeigt weiter, wie Menschen Befehle von außen auf gesellschaftliches Verhalten ausdehnen und gerade dadurch die Lebensgefahr anderer herbeiführen. Um den »verstockten Menschen«, wie Ödön von Horváth ihn genannt hat, geht es hier, um seine Haltung des Geschehen-Lassens, was draußen geschieht, um Aufklärung darüber, daß solches Verhalten erst recht von außen her bedingt ist. Diesem Effekt dient die Gegenüberstellung von Befehlssätzen und Fragesätzen. Nachdem klargeworden ist, was für Auswirkungen das Befolgen von Befehlen und Verboten haben kann, sind dann weiteren Fragen keine Grenzen gesetzt.

Ähnlich verfährt das nächste und letzte Gedicht. Es ist eine Übersetzung und hat folgenden Vorspruch, der auf eine Verkehrstafel gemünzt ist:

»Rechts stehen – links gehen«
»Halten Sie sich links«.

Das Gedicht selbst lautet:

Nie wird mir eng in meiner Metro.
Seit ich Kind war, ist sie wie ein Chanson.
Viele Jahre höre ich den Refrain:
rechts stehen, links gehen.

Das gilt für immer, gilt für ewig:
Die rechts stehen, die stehen.
Und die gehen sollen, die müssen sich eben
auf der linken Seite bewegen.

Auch hier wird also aus einer alltäglichen Verhaltensvorschrift aus Untergrundbahnstationen eine Folgerung gezogen. Es fällt jedoch auf, daß diese Folgerung weniger genau ist als die im vorigen Gedicht gezogene. Die Verallgemeinerung läßt jedoch keine Zweifel darüber offen, daß das Rechts-Links-Verhalten sich auf mehr bezieht als auf Fußgängerverhalten in einem Bahnhof. Nicht darin, daß in der Metro immer solche Wegweiser zu sehen sein werden, besteht die Denkfolgerung, sondern daß es die gesellschaftliche Dialektik von Stehen und Gehen »immer« geben wird. Zudem spricht das Gedicht inhaltlich von einer zwanglosen Verflechtung des Rechts-Links-Wegweisers mit einer ästhetischen Form, dem Chanson, doch aus keiner Zeile geht hervor, daß eine ästhetische Gestaltung, etwa ein Chanson, eine solche gesellschaftliche Dialektik notwendig verschleiert. Im Gegenteil: Der allgemein gehaltene Schluß bietet ein ebenso allgemein gehaltenes Modell. Das Gedicht verleugnet seine Parteilichkeit keineswegs, aber es ist nicht Propagandalyrik; nicht ein bereits bestehender Zustand wird propagiert, sondern die Dialektik des Fortschreitens. Der Text ist gegen Erstarrungen revisionistischer Art dort, wo man angeblich links geht, ebenso gemünzt wie gegen reaktionäre Haltungen in anderen Systemen. Tatsächlich ist nicht die Pariser Metro gemeint, wie man vielleicht annehmen könnte, sondern die Moskauer. Das Gedicht stammt von dem Sowjetrussen Bulat Okudshawa[12], und die Ähnlichkeit mit dem vorigen, das von dem Deutschen Walter Mossmann [13] stammt, zeigt die mehrschichtige Anwendbarkeit des verwendeten Modells. Der Wechsel von konkreter Anweisung und mehrschichtiger Anwendbarkeit erinnert an Enzensbergers ›ins lesebuch für die oberstufe‹ am Beginn des Kapitels.

An diesem Punkt ist auf den Begriff der Literatur als »Simulationsmodell« zurückzuverweisen, wie er hier als Standpunkt Dieter Wellershoffs, Ernst Fischers und Bertolt Brechts skizziert worden ist. Eine solche Simulations- oder Probiermöglichkeit bieten auch die beiden letztgenannten Texte. Sie provozieren den Leser zur Frage: Was ist, wenn . . .? Was ist, wenn ich mich nur rechts halte, was ist, wenn ich mich nicht hinauslehne? Das Simulationsmodell lädt den Leser ein, sich auf Möglichkeiten gesellschaftlichen Verhaltens hin zu erproben. Politische Texte verweigern sich dem bloßen Austausch von Inhalten, mögen sie auch gut gemeint sein. Texte sind erst dann emanzipatorisch oder politisch überzeugend, wenn die Absicht durch die Art des Machens abgesichert wird. Und das dürfte so viel sein, wie Literatur heute überhaupt an gesellschaftlichem Engagement leisten kann.

Anmerkungen

11. Literatur und gesellschaftlich-politisches Engagement II:
    Verfahrensweisen.

1 Bachmann, Ingeborg: Die gestundete Zeit. In: Die gestundete Zeit. München 1957, S. 16.
2 Vgl. Anm. 16 des 10. Kapitels.
3 Buch, Hans Christoph: Funktion der Literatur. In: Kursbuch 20, S. 49.
4 Enzensberger, Hans Magnus: ins lesebuch für die oberstufe. Aus: Gedichte. Die Entstehung eines Gedichts. Frankfurt/M. 1962. (= edition suhrkamp 20), S. 28.
5 Vgl. Kapitelbibliographie.
6 Fried, Erich: Passende Redewendung. Aus: Zeitfragen. Gedichte. München 1968. (= Reihe Hanser 5), S. 92.
7 Bormann, Alexander von: Agitprop und bürgerliche Lyrik. In: Replik 4/5 (Januar 1970), S. 64–83 (= eine Rezension von: agitprop. Lyrik, Thesen, Berichte. Hamburg 1969).
8 Zitat identisch mit Anm. 7.
9 Zitat Anm. 7, S. 74.
10 Degenhardt, Franz Josef: Abendlied. Aus: Frederik Hetmann (Hrsg.): Protest-Lieder aus aller Welt. Frankfurt/Hamburg 1967. (= Fischer Bücherei 830), S. 133 f.
11 Th. W. Adorno: zitiert in: Nachkrieg und Unfrieden. Gedichte als Index 1945–1970. Hrsg. von Hilde Domin. Neuwied/Berlin 1970. (= Sammlung Luchterhand 7), S. 148.
12 Okudshawa, Bulat: Lied von der Moskauer Metro. Aus: Gedichte und Chansons. Deutsch von Alexander Kaempfe und Gerhard Schindele. München 1969, S. 43.
13 Mossmann, Walter: Nicht hinauslehnen! Aus: Frederik Hetmann (Hrsg.): Protest-Lieder aus aller Welt. Frankfurt/Hamburg 1967. (= Fischer Bücherei 830), S. 136 f.

12. Die heutigen Literaturtheorien und ihr Zugang zur Gegenwartsliteratur

Hugo Friedrich behauptet in seinem bekannten Buch über ›Die Struktur der modernen Lyrik‹ (zuerst 1956): »Die Nichtassimilierbarkeit ist ein chronisches Merkmal auch der Modernsten geblieben.« Die zeitgenössische Dichtung im ganzen ist »abnorm«, wenn man, »ohne Rücksicht auf geschichtliche Verhältnisse«, »als normal diejenige Seelen- und Bewußtseinslage ansetzt, die etwa einen Text von Goethe oder auch von Hofmannsthal zu verstehen vermag«.[1] Vom mehr oder weniger gleichen Standpunkt aus wendete sich Emil Staiger am 17. 12. 1966 in seiner Rede über ›Literatur und Öffentlichkeit‹ kämpferisch gegen die »heute über die ganze westliche Welt verbreitete Legion von Dichtern, deren Lebensberuf es ist, im Scheußlichen und Gemeinen zu wühlen«. Wenn sich diese mit ihrer angeblichen Pflicht zur unbarmherzigen bösen Wahrheit rechtfertigen, so hält Staiger ihnen vor: »Gibt es denn heute etwa keine Würde und keinen Anstand mehr, nicht den Hochsinn eines selbstlos tätigen Mannes, einer Mutter, die Tag für Tag im stillen wirkt, das Wagnis einer großen Liebe oder die stumme Treue von Freunden? Es gibt dies alles nach wie vor. Aber es ist heute nicht stilgerecht.« Angesichts der sittlichen wie der ästhetischen Abnormitäten der Gegenwartsliteratur fordert Staiger dazu auf, sich im Widerstand gegen sie am Normalen, am Normgerechten zu orientieren: »Wenn uns die Dichter unserer Zeit verlassen, rufen wir den Beistand der Dichter vergangener Zeiten herbei und lassen uns von ihnen sagen, was der Mensch ist und was er auch heute noch vermag, sofern er nur stark und innig will . . . Ziehen wir den Grundriß wieder nach, auf dem das Gebäude jeder großen Kultur errichtet worden ist!«[2] Der sogenannte Züricher Literaturstreit, den diese Rede Staigers entfesselte, entsprach dem Streit, den etwa zwei Jahrzehnte früher (1948) der Kunsthistoriker Hans Sedlmayr hervorgerufen hatte, als er die moderne Kunst als ›Verlust der Mitte‹ beschrieb und bewertete.[3] Bei allen Unterschieden haben Sedlmayr, Staiger und Friedrich doch etwas Entscheidendes gemeinsam: Sie verstehen das Befremdliche in der Kunst und Literatur der Gegenwart als Abweichung von einer Norm des Verständlichen, des Schönen, des Guten, des Menschlichen, die sie geschichtlich an anderer Stelle realisiert sehen und der sie darüber hinaus übergeschichtliche, zeit- und situationsunabhängige Geltung zuschreiben. Eben dies berechtigt sie ja in ihren Augen dazu, zeitgenössische Autoren und Werke z. B. von Goethe, Gottfried Keller und Hofmannsthal her zu beschreiben, zu bewerten und von der »chronischen«, d. h. grundsätzlichen, »Nichtassimilierbarkeit« »der Modernsten« zu sprechen.

Demgegenüber ist dieser Versuch davon ausgegangen, daß die Schwierigkeiten im Umgang mit der befremdlichen Gegenwartsliteratur nicht einfach darin bestehen, daß sie absolut und schlechthin unverständlich oder ästhetisch, sittlich, menschlich abnorm wäre. Sie bestehen vielmehr zu einem großen Teil darin, daß diese Literatur unvertraut ist, daß sie auf verfestigte Vorerwartungen, vorgegebene Deutungs- und Bewertungsschemata stößt, die, grob gesprochen, von der vertrauten, assimilierten, anerzogenen Literatur im klassisch-realistischen Sinn und von Literaturauffassungen getragen werden, die an ihr orientiert sind. Voraussetzungen dieser Art abzubauen, soweit sie dazu geeignet sind, das Verständnis für Gegenwartsliteratur im vorhinein zu blockieren, war eine erklärte Absicht der vorangegangenen elf Kapitel.

Dabei ging es uns nicht darum, als Apologeten und Werbetrommler aufzutreten. »Moderne Dichtung (und Kunst) ist nicht vorsätzlich zu bestaunen und nicht vorsätzlich zu verwerfen. Als ein beharrliches Phänomen der Gegenwart hat sie das Recht, von der Erkenntnis gewürdigt zu werden.«[4] Diesen Worten Hugo Friedrichs kann man zustimmen, wenn man hinzufügt, daß es nicht ums Erkennen allein geht. Nehmen wir sie aber wirklich ernst, so weisen sie uns über eine naive wie über eine dogmatische Verabsolutierung »normaler« und »abnormer« Literatur hinaus. Wir werden vielmehr dazu veranlaßt, in unserer Begegnung mit verschiedenen Ausformungen der Literatur die Voraussetzungen zu berücksichtigen, die in sie eingegangen sind und ohne die niemand Literatur schafft, erlebt und beurteilt. Wer da glaubt, er begegne Literatur ganz spontan, ganz unmittelbar, der unterscheidet sich von dem, der die Macht der Voraussetzungen erkennt und anerkennt, nur durch die unbewußte und unbekümmerte Anwendung seiner Vorurteile. Nicht eine illusionäre Voraussetzungslosigkeit, welche das Vorausgesetzte nur verbirgt und verdrängt, kann also die Alternative zum dogmatischen Behaupten angestammter bzw. anerzogener literarischer Positionen sein, sondern nur die Aufklärung über die eigenen literarischen Vorurteile und das bewußte Eingehen auf abweichende Literaturausformungen und Literaturauffassungen, in ihren besonderen Voraussetzungen. Dabei kann uns ein Blick auf heutige und frühere Literaturtheorien behilflich sein. Wir versuchen ihn in der Folge. Wir benützen dazu als veranschaulichende und zugleich systematisierende Hilfsvorstellung das Dreiecksmodell, das in verschiedenen Abwandlungen für Sprache, alle Arten von Zeichen und Kommunikationsformen in den Kommunikationswissenschaften, in der Sprachwissenschaft und neuerdings auch in der Literaturwissenschaft üblich ist.[5]

Für unseren besonderen Gegenstand stellt es sich so dar: Die drei Ecken des Dreiecks werden durch den Autor, die Welt der Gegenstände und durch das Publikum gebildet. Im Zentrum befindet sich das literarische Werk, das die Rolle des Mediums, der Vermittlung zu und zwischen den drei Polen der Dreiecksbeziehung hat. Werk, Autor, Welt der Gegenstände und Publikum stehen in einem unlösbaren Funktionszusammenhang. Man darf im Umgang mit Literatur keinen der Pole dieser Beziehung ohne Schaden für das Ganze von den anderen völlig ablösen und isolieren.

I

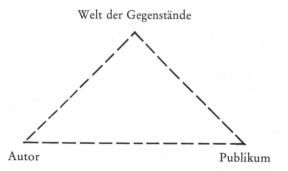

Welt der Gegenstände

Autor   Publikum

Unser bisher recht einfaches Schema wird nun aber dadurch komplizierter, daß das Zentrum »Werk« vielschichtig und vielgesichtig ist. So enthält es, entsprechend den Sprachzeichen, die Ebenen Zeichen und Bezeichnetes, Darstellung und Dargestelltes; wobei das Bezeichnete, das Dargestellte im Werk nicht einfach mit der Welt der außersprachlichen Gegenstände gleichgesetzt werden darf. So sind auch der Autor und das Publikum nicht nur Pole außerhalb des Werks, sondern gehen im sogenannten »Interpretantenbezug«[6] gleichsam in das Werk ein.

Dazu gesellt sich die Erkenntnis, daß die werkimmanente Dreiecksbeziehung und die werktranzendente Trias von Autor, Welt der Gegenstände, Publikum übergriffen und bedingt wird durch den Rahmen sprachlicher, kultureller, politischer, ökonomischer Situationen bzw. Lebensformen.

So ergibt sich schließlich das folgende modifizierte Schema: Der Autor verfaßt sein Werk. Dieses Werk vereinigt in sich Darstellung (Zeichen) und Dargestelltes (Bezeichnetes) sowie die Beziehung auf den Hervorbringenden und auf den Aufnehmenden. Es wird von einem bestimmten Publikum aufgenommen, wirkt auf dieses, wird aber auch von ihm mitbedingt. Und alle diese Komponenten sind einbezogen in soziokulturelle Situationen, Rahmen, welche die Hervorbringung (Produktion), den Bestand (die Existenz) und die Aufnahme, die Wirkung (Rezeption) von literarischen Werken ermöglichen, bedingen, wenn auch nicht eindeutig determinieren.

II

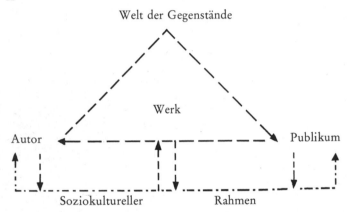

Welt der Gegenstände

Werk

Autor   Publikum

Soziokultureller   Rahmen

Die vieldiskutierten Fragen nach dem Verhältnis von Dichtung und Wirklichkeit, nach dem Vermittlungscharakter und nach dem vermittelten Charakter von Literatur sind im Zusammenhang dieses modifizierten Schemas zu sehen.

In Literaturtheorien der Vergangenheit ist fast jede Komponente des Schemas bereits einmal besonders hervorgehoben worden. So entwickelte bereits Aristoteles in seiner ›Poetik‹ die Lehre von der Dichtung als *Nachahmung,* Widerspiegelung *(Mimesis)* der Wirklichkeit und legte damit den Nachdruck auf die Beziehung zum Dargestellten: »der Dichter . . . muß . . . immer eines von den drei Dingen nachahmen, die es gibt: . . . die Wirklichkeit, entweder so, wie sie war oder ist, oder so, wie man sagt, daß sie sei, und wie man meint, oder so, wie sie sein soll. Ausgedrückt wird dies mit der Sprachform (§ 25).«[7] Die nachzuahmende Wirklichkeit ist von Aristoteles also nicht eng verstanden, sondern als Inbegriff des Erkannten, Gemeinten und Vorgestellten. Jedenfalls ist sie aber etwas Vorgegebenes, und die Sprache dient nur als Mittel. Alle Spielarten und Strömungen des Realismus, bis hin zum sozialistischen Realismus unserer Tage, haben sich immer auf diesen Standpunkt gestellt. Der Naturalist Arno Holz hat ihn besonders zugespitzt, wenn er die Formel »Kunst = Natur – X« aufstellte, wobei X für die Sprachform und ihre notwendige Unzulänglichkeit gegenüber der Naturwirklichkeit steht.[8]

Die Beziehung aufs Publikum, auf die Wirkung, stellte Horaz in den Mittelpunkt seiner Schrift über die Dichtkunst (›De arte poetica‹), wo er die Aufgabe der Dichtung in den immer wieder zitierten Vers faßte: »aut prodesse volunt aut delectare poetae« (nützen, belehren und unterhalten, vergnügen wollen die Dichter).[9] Von da aus zieht sich ein roter Faden bis hin zu Brecht, der im ›Kleinen Organon für das Theater‹ fordert, »daß die Kunst zu Lernendes in vergnüglicher Form vorbringt«, daß das Theater des wissenschaftlichen Zeitalters die Lust an der Veränderung, der Dialektik, an der Umgestaltung der Natur wie in der Gesellschaft weckt und so »Lernen in Vergnügen und Vergnügen in Lernen verwandelt«.[10]

Die Beziehung auf den Autor, den Hervorbringenden, trat früh in der Vorstellung vom erleuchteten, begnadeten Dichterseher (Vates) hervor. Seine Erfahrungen, meint man, reichen über die der gewöhnlichen Menschen hinaus. Bereits in den Fragmenten des Demokrit lesen wir: »Ein Dichter aber, was immer er mit Verzückung und göttlichem Anhauch schreibt, ist gewiß schön . . . Kein Dichter . . . ohne einen Anhauch von Wahnsinn.«[11] Diese Stellen wurden in der europäischen Dichtungslehre immer weitergetragen, auch in rationalistischen Epochen, wie denen der Renaissance und der Aufklärung. Große Autoren, vom blinden Seher Homer über den Autor der ›Göttlichen Komödie‹ bis hin zum Hölderlin der späten ›Hymnen‹ und zu Rilke als Dichter der ›Duineser Elegien‹, wurden damit identifiziert. In der Genieverehrung der Goethezeit hat diese Vorstellung in der Lehre vom Naturgenie, vom Dichter als kleinem Gott (alter deus) eine neue Wendung und einen neuen Aufschwung erhalten und ist zuletzt noch einmal durch Wilhelm Dilthey, ›Das Erlebnis und die Dichtung‹ (1905), epochemachend geworden.

Auch die Beziehung auf das Mittel gegenüber dem Vermittelten, auf die Darstellung gegenüber dem Dargestellten hat eine lange Tradition, in der *literarischen Rhetorik,* in der Lehre von der Rede und den Redefiguren, seit Quintilians ›Institutio oratoria‹. Allerdings trat sie vorübergehend seit der Geniezeit in den Hintergrund und mußte in unserer Zeit sozusagen wiederentdeckt werden.[12] Diejenigen von uns, welche im Geist der Geniedichtung erzogen worden sind, halten deshalb die Betonung des Machens, der literarischen Techniken und Verfahrensweisen für eine zweifelhafte Errungenschaft der heutigen Literatur und bedenken nicht, daß der Vorrang des Machens von der Spätantike bis ins 18. Jahrhundert gegolten hat und z. B. den höfischen Minnesang und die Barockliteratur entscheidend prägte.

Die Vorstellung vom Dichterschöpfer, vom Dichter als Organ der göttlichen oder natürlichen Eingebung, ist in unserer Zeit wohl nicht tot, aber doch auf dem Rückzug. Rudolf Alexander Schröder etwa bekannte sich in seiner Rede ›Dichter und Sprache‹ (1950)[13] noch dazu. Der Dichter bewirke zwar keine Schöpfung aus dem Nichts, wie Gott, aber doch eine Neuschöpfung aus der vorgegebenen Natur, der Schöpfung Gottes. Seine verborgene Kraftquelle sei die Inspiration; Erleuchtung sei »Ursprung und Ziel des dichterischen Wortes«. Sie sei an keine Zeit und an keinen Ort gebunden. Wilhelm Lehmann gab einem seiner Essays den Titel ›Poesie als Einwilligung in das Sein‹ und sagt darin lapidar: »der Welt als Welt inne zu werden, erfand sich die Natur die Sprache, die Dichtung«.[14] Wenn diese zwei Autoren auch noch in unsere Gegenwart hereinreichen, so zeigen doch ihre Geburtsdaten (1878, 1882), daß sie ihr nur noch begrenzt zuzurechnen sind.

Im großen und ganzen bewegt sich das vorrangige Interesse der Literaturtheorie der Gegenwart in drei Richtungen: auf die Darstellung als solche, auf die Rezeption und auf den übergreifenden sprachlichen und soziokulturellen Rahmen hin.

Die Konzentration auf die Darstellung, auf die Zeichenebene als solche, hängt damit zusammen, daß sich in unserem Jahrhundert eine seit dem 18. Jahrhundert vordringliche Auffassung noch einmal verstärkt hat: Ihr zufolge sind das *sprachliche Kunstwerk* bzw. die Sprache schlechthin *autonom,* selbständig gegenüber der außerliterarischen, der außersprachlichen Wirklichkeit. Bereits Kant hatte die Eigengesetzlichkeit des Künstlers, des Kunstschaffens und des Kunsterlebens vertreten.[15] Der Romantiker August Wilhelm Schlegel lehrte in seinen »Vorlesungen über schöne Literatur und Kunst«, die Poesie schaffe sich ihre Gegenstände selbst, sie sei nicht an vorgegebene Gegenstände, nicht an die Nachahmung der Natur gebunden.[16] Die These von der Eigenart, dem Eigenrecht, dem Eigenwert, ja der eigenen Seinsweise[17] der Dichtung und der Dichtersprache verbindet mehrere einflußreiche Richtungen der Literaturtheorie, die seit dem Beginn des 20. Jahrhunderts nach und nach, nicht ohne Querverbindungen, in den verschiedensten Ländern hervorgetreten sind: Da ist die von dem italienischen Ästhetiker Benedetto

Croce ausgehende Schule der ästhetischen Kritik, die in Deutschland und Österreich vor allem durch Romanisten wie Karl Voßler, Emil Winkler [18] und Leo Spitzer [19] wirksam geworden ist. Da ist der sogenannte russische Formalismus [20] und der mit ihm verbundene literarische Strukturalismus in Prag, die wohl schon in den 20er Jahren hervortraten, bei uns aber erst in den letzten Jahren entdeckt worden sind. Sie bemühten sich vor allem um eine sprachliche Begründung des Begriffs der Poetizität, um Unterschiede (Differenzqualitäten) zwischen der Dichtersprache und der Sprache des handelnden Lebens sowie der Wissenschaft. Da ist der New Criticism in den USA, der bei uns zuletzt vor allem durch die ›Theorie der Literatur‹ von Wellek/Warren bekannt geworden ist. Da ist der polnische Philosoph Roman Ingarden, der mit seinem bereits 1931 erschienenen Buch ›Das literarische Kunstwerk‹ den New Criticism beeinflußte, und auch die deutschsprachigen Vertreter der Lehre vom sprachlichen Kunstwerk und von der Kunst der Interpretation. Sie beherrschten nach dem Zweiten Weltkrieg bis zum Ende der 50er Jahre die deutsche Literaturwissenschaft. Ich nenne als prominentesten Vertreter nur Wolfgang Kayser, mit seinem immer wieder aufgelegten Buch ›Das sprachliche Kunstwerk‹, und Emil Staiger, mit zahlreichen einschlägigen Büchern, darunter dem programmatischen über ›Die Kunst der Interpretation‹.

Die Thesen von der poetischen Autonomie und vom sprachlichen Kunstwerk entsprechen literarischen Erscheinungen wie Symbolismus, Neuromantik, absoluter Poesie und zum Teil dem Surrealismus, welche alle mehr oder weniger romantische Traditionen bis in die Gegenwart hinein fortsetzen; sie entsprechen Autoren wie z. B. Ilse Aichinger, Ingeborg Bachmann und Paul Celan. Mit ihrer Konzentration auf die Zeichenebene, auf den Mittelbezug und der Abwendung von der äußerlichen Gegenständlichkeit und dem äußeren Realitätsbezug bieten sich die eben genannten Richtungen, Autoren und Werke der Literaturtheorie hier als passende theoretische Schlüssel an.

Das starke Interesse für Publikum, Aufnahme und Wirkung der Literatur, kurz gesagt, für ihre *Rezeption,* hängt eng damit zusammen, daß Literatur heute mehr denn je in gesellschaftlichen Zusammenhängen gesehen wird. So untersucht man den Lesergeschmack, die Lesegewohnheiten, die Leserschichten. [21] So untersucht man das System der literarischen Institutionen, die zwischen dem Autor und dem Publikum vermitteln, wie Verleger, Buchhändler, Buchgemeinschaften, Büchereien, Kritiker und Schule. [22] Dabei entdeckt man, daß diese Zwischeninstanzen mehr sind als bloße Vermittler, daß sie eigenen Gesetzen folgen und Macht ausüben über den Autor wie über das Buch. So stößt man auf die Tatsache, daß das literarische Werk als eine Ware neben anderen den Gesetzen des Marktes unterliegt. Diese beschränken sich nicht nur auf den Vertrieb, sondern wirken sich auch auf den Autor als Literaturproduzenten aus, insofern er ohne den Verlag, der in seiner Produktion den marktwirtschaftlichen Prinzipien unterliegt, sein Werk gar nicht herausbringen kann.[23] Erforschung des Lesers kann in diesem Zusammenhang zu einem Zweig der Marktforschung werden. Sie funktioniert am besten dort, wo es um große Zahlen geht, bei der Massenliteratur der Heftromane, die mit ihren Millionenauflagen viel mehr Leser erreichen als die sogenannte hohe Literatur. Man hat die sogenannte Trivialliteratur[24] in der Literaturwissenschaft lange Zeit nicht beachtet, dann hat man sie unter dem Gesichtspunkt des Niveaus als minderwertige Unterhaltung abgetan und in ihrer Klischeehaftigkeit und Zurückgebliebenheit angeprangert; so wenn sie etwa die alten Erzählstrukturen der Fabel, des Helden, der Imagination unangefochten konserviert. Doch dann entdeckte man auf der einen Seite Entsprechungen zwischen ihr und der hohen Literatur, etwa im Kriminalroman, und auf der anderen Seite die gesellschaftlich-politische Relevanz millionenhaft reproduzierter Klischees, etwa der schicksalsgläubigen (heilen) Welt der Heimatromane oder brutaler Killer im Dienste des Gesetzes, in der Art von Jerry Cotton.

Die Meinungen dazu gehen auseinander, welche Macht die Vermarktung über die heutige Literatur ausübt und in welchem Maß sie bewußt oder unbewußt politischer Manipulation dient, etwa der Erhaltung und Festigung des herrschenden Systems. Auf der einen Seite steht Robert Escarpit. Er zitiert Diderot: »Ein Schnitzer, den ich ständig diejenigen machen sehe, die sich von allgemeinen Regeln leiten lassen, ist die Übertragung der Grundsätze einer Tuchfabrik auf den Buchverlag.«[25] Auf der anderen Seite steht der ostdeutsche Kritiker der ›Romane vom Fließband‹, Klaus Ziermann, der sie als »imperialistische Massenliteratur« denunziert. Er bringt sie in einen »kausalen Zusammenhang mit der gesamten gesellschaftlichen Struktur« in Westdeutschland und versteht ihre Beschreibung als »einen unmittelbaren Beitrag zur Auseinandersetzung mit der ideologischen Herrschaftspraxis des westdeutschen Imperialismus«.[26] Aber nicht nur die Massenliteratur wird unter dem Gesichtspunkt der Rezeption betrachtet, sondern die Literatur im ganzen. So schlug der Romanist Hans Robert Jauß in seinem Büchlein ›Literaturgeschichte als Provokation‹ vor, die Literaturgeschichte als Rezeptionsgeschichte neu zu schreiben.

Der dritte und vielleicht wichtigste Interessenschwerpunkt der heutigen Literaturtheorie gilt den Rahmen bzw. Situationen, welche

Werk, Autor, Welt der Gegenstände und Publikum umgreifen und zusammen bestimmen. Hierher gehört die sogenannte *linguistische Poetik,* die sich, in Weiterführung der Versuche der russischen Formalisten, mit dem Verhältnis der poetischen Sprache zum Rahmen der jeweils vorgegebenen Sprachkonvention beschäftigt und die Abweichungen als Innovationen bestimmt. Hierher gehören weiter Richtungen der gesellschaftlich orientierten Literaturwissenschaft, welche die literarischen Werke in einer mehr oder weniger vermittelten Weise auf den gesellschaftlich-politisch-ökonomischen Rahmen beziehen, sie nach ihrer Übereinstimmung mit diesem soziokulturellen Rahmen und nach ihrer Abweichung davon untersuchen und die Abweichung zur gesellschaftlichen Veränderung, zur Emanzipation, in Verbindung setzen. In dem Interesse für den Rahmen begegnen einander Strukturalismus und Marxismus und gehen manche Verbindungen miteinander ein.

Einer der Väter der linguistischen Poetik, Roman Jacobson, stellte folgende These auf: Ein Sprachwissenschaftler, der für die poetische Funktion der Sprache taub ist, und ein Literaturwissenschaftler, dem linguistische Fragestellungen gleichgültig und linguistische Methoden unvertraut sind, stellen gleichermaßen Anachronismen dar.[27] Warum? Wenn man Dichtung als Sprachkunst ernst nimmt, so muß man sie nach zwei Richtungen linguistisch exakt abheben können: von der gewöhnlichen Sprache, der Standardsprache, und von der Sprache anderer, besonders vorausgegangener Dichtungen. Wir greifen beispielhaft den Versuch von Manfred Bierwisch mit dem Titel ›Poetik und Linguistik‹ heraus.[28] Nach Bierwisch setzt die poetische Sprache die gewöhnliche Sprache als Basis voraus, von der sie sich als oppositionelle Bildung abheben läßt. Poetische Strukturen wie Vers, Reim, Parallelismus, Antithetik usw. sind gleichsam »parasitäre Strukturen«, die auf dem Boden der gewöhnlichen, der regulären Sprachstrukturen angesiedelt sind. Sie werden aber erst als Abweichung von den Regeln der Normalsprache faßbar. Dabei taucht die Frage auf, wie man poetische Abweichungen von bloß fehlerhaften unterscheiden kann. Bierwisch versucht sie so zu beantworten, daß er für die poetisch wirksamen Abweichungen eine eigene Regularität (Regelhaftigkeit) in der Abweichung fordert. Als Beispiel nun zwei Verse aus dem Gedicht ›Wahrnehmung‹ von Bertolt Brecht, die sich auf den ersten Blick nicht sehr von der gewöhnlichen Sprache unterscheiden:

Die Mühen der Gebirge liegen hinter uns
Vor uns liegen die Mühen der Ebenen.

Beim näheren Zusehen treten eine ganze Reihe von Abweichungen gegenüber dem Typus der Normalsprache hervor: Satz-, Wort- und Lautparallelismus; syntaktische Antithetik, in der Rhetorik unter dem Namen »Chiasmus« bekannt (»liegen hinter uns – Vor uns liegen«), lexikalische Antithetik (Gebirge: Ebenen, hinter: vor); Anordnung der zwei Sätze in zwei Verszeilen untereinander, wodurch die Parallelen wie die Antithesen deutlicher heraustreten als bei der Normalanordnung hintereinander! Zweifellos wird »die poetische Wirkung dieser Verse« durch die beobachteten Abweichungen »zumindest mitkonstituiert«. Diese stützen sich gegenseitig und schließen so Zufall und Willkür aus. Es handelt sich nicht um bloße Unterschreitungen von Normen, wie sie vorlägen, wenn man den zweiten Vers etwa so wiedergäbe:

Vor uns liegt die Mühen des Ebenen

Erinnern wir uns an dieser Stelle an Ernst Jandls Gedicht ›lichtung‹, das im 8. Kapitel vorkam[29] und sich uns eben nach dem Merkmal der Regularität in der Abweichung als nicht fehlerhafte, sondern poetische Abweichung erschloß. Die Regularität besteht in der konsequenten Vertauschung von r und l, die rückgreifend dann auch auf den Titel anzuwenden ist und dadurch eine politische Spitze erhält.

Die Methode der linguistischen Poetik hat sich an diesen Beispielen bewährt. Sie bietet jedoch schwierige und bisher nicht befriedigend gelöste Probleme. Zwei davon seien nur kurz angedeutet:
1. Um Abweichungen in jedem Fall genau bestimmen zu können, müßte man eine vollständige, erschöpfende Beschreibung der Regularitäten der Normalsprache haben, was noch nicht der Fall ist.
2. Wie verhält man sich, wenn die Sprache eines literarischen Werks voll innerhalb der Regularitäten der Standardsprache liegt, wohin Gegenwartsliteratur nicht selten tendiert?[30]
Allen Unzulänglichkeiten und Einschränkungen zum Trotz erweist sich die linguistische Poetik als brauchbarer Schlüssel zur Literatur der Sprachthematisierung, des Sprachexperiments, der Sprachreflexion; für bestimmte Ausprägungen des Expressionismus, für den Dadaismus, für die Konkrete Poesie, kurz gesagt, für all das, was wir im 8. und 9. Kapitel unter dem Titel ›Literatur der Texte‹ besprochen haben. Ergänzend könnte man noch auf ähnlich gerichtete Versuche der mathematischen Ästhetik hinweisen, verschiedene Grade der Ästhetizität bzw. der Poetizität auf dem Wege über die statistische Ermittlung von Maßzahlübereinstimmungen und -unterschiede zu bestimmen.[31]

Die mehr oder weniger vermittelte Beziehung der Literatur auf den Rahmen der gesellschaftlichen Situation haben vor allem marxistische Autoren herausgestellt, ist doch die Politische Ökonomie die Grundlagenwissenschaft des Marxismus.

Marx und Engels gaben in ihrer Kritik an dem Sickingen-Drama des deutschen Sozialisten Ferdinand Lassalle (1859) ein frühes Beispiel dafür. Lassalle hatte in seiner historischen Tragödie den gescheiterten Aufstand des Ritters Franz von Sickingen (1522/23) als Vorläufer der sozialistischen Revolution gedeutet und in seinem Helden also die Tragik des zu früh Gekommenen gestaltet. Marx und Engels verwarfen das vom Standpunkt des historischen Materialismus aus, welcher die Geschichte als Kampf sozialer Klassen um die Herrschaft versteht und diese Klassen auf ökonomische Grundlagen zurückführt. Demgemäß stellte sich ihnen Sickingen nicht als zu früh Gekommener, sondern als Vertreter der untergehenden Klasse der Ritter dar, als reaktionärer Revolutionär ohne Zukunft. Zukunftsträchtig für die historische Entwicklung zum Sozialismus seien damals nur die Bauernaufstände (1524/25) und die Gestalt des Thomas Münzer mit seinen urkommunistischen Ideen gewesen. Nur für sie durfte man also die Tragik der zu früh Gekommenen in Anspruch nehmen. Lassalle verteidigte sich in einem Brief vom 27. 5. 1859 gegen Marx folgendermaßen:

dies ist der Hauptpunkt – möchtest Du auch ganz und gar recht haben gegen den *historischen* Sickingen, so hast Du doch nicht recht gegen *meinen* Sickingen. Und hat der Dichter nicht das Recht, seinen Helden zu idealisieren, ihm ein höheres Bewußtsein zu geben? Ist der Schiller'sche Wallenstein der *historische?*[32]

Lassalle vertritt gegenüber dem Anspruch, der Dichter müsse sich in seiner Darstellung an die Wirklichkeit im Sinne der marxistischen Gesellschaftsanalyse und Geschichtsauffassung binden, die relative Autonomie des Dichters als Gestalter von Möglichkeiten. Marx und Engels gestehen das nicht zu. Sie unterwerfen vielmehr das Drama Lassalles und die Position des Autors selbst den Prinzipien ihrer soziologischen Literaturdeutung: Wenn sich Lassalle auf Schiller beruft, dem er auch stilistisch nachfolgt, wenn er den Anspruch auf relative Freiheit und Eigenständigkeit erhebt, so finden sie darin die Ideologie der Bürgerklasse. Diese ist durch die Trennung von Ideal und Wirklichkeit, Kunst und Realität, geistigem Überbau und sozioökonomischer Basis charakterisiert, entsprechend der Arbeitsteilung im Kapitalismus. In Lassalles Verwechslung von reaktionärer Revolution mit echter sozialistischer Revolution finden sie einen Zusammenhang mit seiner späteren Bereitschaft, sich opportunistisch mit Bismarcks »Revolution von oben«, mit dem preußischen Staatssozialismus zu verbünden.

Damit war die Methode der gesellschaftlichen Entlarvung, der inhaltlichen und formalen Rückführung der Dichtung wie des Dichters auf eine gesellschaftliche Basis grundsätzlich geschaffen. Sie bildet bis heute das Zentrum der marxistischen Literaturtheorie und Literaturkritik.[33] Unterschiede zeigen sich allerdings in der Art der Rückführung von Literatur auf Gesellschaft, in der Vermittlung zwischen Gesellschaft und Literatur.

Eine mächtige Richtung, die sich auf die 1934 proklamierte Doktrin des sozialistischen Realismus berufen kann, geht in der gesellschaftlichen Verankerung der Literatur so weit, daß sie alle Versuche bekämpft, die ihr irgendeinen Sonderstatus innerhalb des gesellschaftlichen Lebens zugestehen möchten, sei er auch noch so relativ verstanden:

> Der marxistische Künstler und Wissenschaftler wird keinen Augenblick vergessen, daß es sich bei ästhetisch-künstlerischen Sachverhalten um ideologische Prozesse handelt, daß diese ideologischen Prozesse den bestimmenden Kern des Kunstwerks ausmachen und daß auch seine ›Struktur‹ dadurch und durch seine Funktion im gesellschaftlichen Lebensprozeß bestimmt ist.[34]

So 1969 Kurt Hager in einem Referat, das den VI. Schriftstellerkongreß der DDR vorbereitete. Er wendete sich damit gegen »den Verzicht auf realistische Gestaltungsweise«, so etwa auf die »durchgehende Fabel«, wobei man sich auf die Kompliziertheit der »modernen Industriegesellschaft« und ihre angebliche »Undurchschaubarkeit« berufe und damit nur der Verschleierung des »Herrschaftsmechanismus« der herrschenden Klasse im kapitalistischen Gesellschaftssystem diene. Er wendet sich damit zugleich gegen den Strukturalismus als »neueste Moderichtung der bürgerlichen Philosophie«, welcher einseitig »Systemstrukturen«, z. B. sprachliche, ästhetische, untersucht und sie dazu »aus der gesellschaftlichen Bedingtheit und historischen Entwicklung« herauslöst. Hager behauptet die unlösbare Bindung der befremdlichen, abweichenden, antigrammatischen Gegenwartsliteratur und des ihr theoretisch zugeordneten Strukturalismus an die Bürgerklasse und an das kapitalistische Wirtschafts- und Gesellschaftssystem.

Georg Lukács, eine Schlüsselfigur der marxistischen Ästhetik und einer der Väter des sozialistischen Realismus, ist ihm darin vorausgegangen. Er be- und verurteilte den Expressionismus und die ihm nachfolgende Moderne, ähnlich wie davor schon die Romantik, indem er sie gesellschaftlich entschlüsselte: als Oppositionsbewegungen gegen das Bürgertum, gegen die Bourgeoisie, welche innerhalb der bürgerlichen Klassengrenzen blieben. Daraus leitet nun Lukács direkt das »zentrale, unüberwindliche Stilproblem« der sogenannten Moderne ab, die »abstrahierende Verarmung an Inhaltlichkeit«. Im Gegensatz zum sozialistischen Realismus, der Hand in Hand mit realen gesellschaftlichen Veränderungen gehe, verschiebe die bürgerliche Moderne die »Frage von der Verwandlung der Wirklichkeit selbst (wirkliche Revolution) auf Verwandlung der Vorstellungen über die Wirklichkeit« und werde damit »eine gedankliche Flucht vor der Wirklichkeit«, vor der »Entscheidung zwischen Bourgeoisie und Proletariat«: »die Gesten, die Ausdrucksformen sind verschieden. Der Klasseninhalt, die Ratlosigkeit vor den Problemen des Imperialismus, die freilich hier idealistisch verzerrt als ›ewige Menschheitsprobleme‹ erscheinen, die Flucht vor ihrer Lösung sind das gleiche.«[35]

Alle charakteristischen Gestaltungstendenzen der literarischen Moderne, wie Abstraktion, Reduktion, Montage, Verfremdung, Dokumentation, Zerstörung von Fabel und Fiktion tut Lukács mithin als bloßen Formalismus ab, als direkte Folgeerscheinung der innerbürgerlichen Scheinopposition. Formalismus ist für ihn gleichbedeutend mit bürgerlicher Dekadenz. Die inhaltliche Verarmung spiegelt unmittelbar den ideologischen Verfall des Bürgertums.

Gegen diese lineare, unvermittelte und lückenlose Reduktion literarischer Erscheinungen auf gesellschaftliche Zustände, welche den Unterschied zwischen ästhetischer und sozialer Ebene gänzlich aufhebt, wendet sich eine Richtung innerhalb der marxistischen Literaturtheorie, zu der außer der Zentralfigur Bertolt Brecht Autoren wie Walter Benjamin, Ernst Bloch, Theodor W. Adorno und Ernst Fischer zählen. Sie wird gegenwärtig für jüngere Autoren wieder besonders attraktiv, wie z. B. zahlreiche Beiträge der Zeitschrift ›alternative‹ zeigen.[36] Gemeinsam ist ihnen die Ansicht, daß die Literatur auf der ästhetischen Ebene zwar keineswegs autark, unabhängig, sei, aber doch relativ eigengesetzlich, autonom. Die Gruppe um und nach Brecht kann sich bei all dem nicht zuletzt auf Marx und Engels selbst berufen. Diese blieben nicht beim Schema einer linearen kausalen Ableitung der »verschiedenen theoretischen Erzeugnisse und Formen des Bewußtseins«, darunter auch der Literatur, aus der »materiellen Produktion des unmittelbaren Lebens« stehen, sondern ergänzen es durch die Annahme einer »Wechselwirkung dieser verschiedenen Seiten aufeinander«, um so »die Sache in ihrer Totalität« zu erfassen.[37]

Damit wird aber die Vermittlung zwischen der Literatur und der gesellschaftlichen Situation und umgekehrt viel stärker zum Problem als bei Lukács und den Dogmatikern des sozialistischen Realismus.

Die mehr oder weniger unvermittelte Identifikation der Literatur mit der materiellen Basis oder ihre einbahnige, direkte Herleitung daraus treten zurück und machen komplexeren Modellvorstellungen Platz. So vertreten Brecht, Bloch, Adorno und Ernst Fischer übereinstimmend die Meinung, daß die heutige Literatur mit ihren besonderen Formen und Verfahrensweisen nicht einfach der Bürgerklasse und dem Spätkapitalismus zugeordnet werden dürfe. Sie überschreite vielmehr vielfach die Klassengrenzen und antworte auf die vorgegebene gesellschaftliche Wirklichkeit, indem sie ihre Widersprüche aufdeckt, statt sie zuzudecken, indem sie in eine dialektische Spannung zu ihr tritt, sich ihr allenfalls esoterisch und hermetisch verweigert und gerade dadurch auf ihre Beschaffenheit zurückverweist, indem sie die fragwürdige Wirklichkeit eben gerade nicht plan widerspiegelt bzw. sich scheinversöhnt mit ihr gemein macht oder sich ihr unterwirft. Im Gegenangriff gegen Lukács und die Dogmatiker des sozialistischen Realismus weisen Brecht und seine Gesinnungsverwandten darauf hin, daß der von Lukács vertretene Realismus gar kein echter und gar kein proletarischer sei, sondern eine traditionalistische Konservierung und Verabsolutierung des bürgerlichen Realismus im vergangenen Jahrhundert. Dies zeigt sich etwa, wenn Lukács sinnliche Gestaltung gegen Brechts gestaltenaufbrechende Verfremdung, Darstellung »lebendiger Menschen« gegen Montagen setzt.[38] Echter Realismus zeige sich gerade nicht in der Weiterführung der etablierten Manier des poetischen Realismus, sondern im Ausprobieren neuer Formen, im Aufbrechen verfestigter Perspektiven. So nennt Adorno pointierend »den Formalismus« den »wahren Realismus«, denn »Realismus in der Kunst ist Ideologie geworden, so wie die Gesinnung sogenannter realistischer Menschen, die nach den nun einmal bestehenden Institutionen, ihren Desideraten und Angeboten sich richten«.[39]

Trotz seiner Entthronung und partiellen Überwindung liefert Lukács noch heute einen markanten Zugang zur modernismusabgewandten Literatur des sozialistischen Realismus, wie sie etwa in der DDR vielfach gepflegt und verstanden wird.

Die Theorie der dialektischen Vermittlung und Entsprechung zwischen Literatur und dem Rahmen der gesellschaftlichen Situation erschließt, in Verbindung mit der linguistischen Poetik, den Zugang zum Expressionismus, zum Dadaismus und zur Avantgarde nach 1945, soweit sie sich als Verbindung von sprachlich-ästhetischer Innovation und politisch-gesellschaftlicher Emanzipation verstehen. Die Hauptrichtungen der heutigen Literaturtheorie eröffnen also jeweils spezifische Zugänge zur Gegenwartsliteratur, so wie die herkömmliche Poetik vor allem der klassischen Literatur und der Literatur des poetischen Realismus angemessen ist. Bindet man sich starr an *ein* poetologisches Modell bzw. System, das man naiv oder dogmatisch auf alle vorkommenden Arten von Literatur anwendet, so erzeugt man zwangsläufig Kurzschlüsse. Die Bekanntschaft mit den jeweilig angemessenen Literaturauffassungen und ihre Anwendung kann dem entgegenwirken. Damit wird keinem hemmungslosen Relativismus das Wort geredet. Die angemessene Auffassung bzw. Theorie soll nur die Verständnisblockierung im vorhinein verhindern und einen angemessenen Interpretationsrahmen bereitstellen, um so Erfahrung und Kritik von innen zu ermöglichen, ohne die eine Kritik von außen kurzschlüssig bleiben muß. Diese Überlegungen wenden sich wohl besonders an den Fachmann, aber auch an den einfach Interessierten oder, wie man früher sagte, an den Literaturliebhaber.

Man kann die Schwerverständlichkeit und Schwerverträglichkeit der Gegenwartsliteratur nicht nur von der Vergangenheit her beklagen und kritisieren. Auch mit dem Blick auf die Zukunft kann man aus verschiedenen Gründen eine verständlichere, verträglichere, leichter und breiter sich mitteilende Literatur fordern. Darüber sollte man aber nicht die noch gegebene literarische Situation vernachlässigen.[40] Auf sie hat sich dieser Versuch bezogen. Sollte es gelungen sein, Wege zu ihrem Verständnis zu eröffnen, dann hat er seinen Zweck erfüllt.

Anmerkungen

12. Die heutigen Literaturtheorien und ihr Zugang zur Gegenwartsliteratur

1 Friedrich, Hugo: Die Struktur der modernen Lyrik. 2. Aufl. Reinbek 1968. (= rowohlts deutsche enzyklopädie 25), S. 18 f.
2 Staiger, Emil: Literatur und Öffentlichkeit, S. 95 f.
3 Sedlmayr, Hans: Verlust der Mitte. Berlin 1955. (= Ullstein-Bücher 39).
4 Die Struktur der modernen Lyrik, S. 13.
5 Z. B. Erben, Johannes: Deutsche Grammatik. Ein Leitfaden. Frankfurt/Hamburg 1968. (= Fischer-Bücherei 904), S. 13 f.; im Anschluß an Karl Bühlers »Organonmodell der Sprache«. – M. Bense: Einführung in die informationstheoretische Ästhetik, S. 10 ff. – Etwas abweichend: Maletzke, Gerhard: Einführung in die Massenkommunikation. Hamburg 1963, S. 37–41. – H. R. Jauss: Literaturgeschichte als Provokation, S. 168–171.
6 Ein Leitbegriff bei Bense: Einführung in die informationstheoretische Ästhetik, z. B. S. 12, über den »Zeichenbezug«. Er entsteht im Bewußtsein »nach einem Schema, nach dem gegebene Signale dadurch zu Zeichen werden, daß sie erst als Mittel, dann im Bezug auf das Objekt und schließlich im Bezug auf den Empfänger (bzw. Interpretanten) zum Zeichen erklärt werden«. Dem »Mittel« entspricht in diesem Schema »Werk«, dem »Objekt« entspricht »Welt der Gegenstände«, dem »Empfänger (bzw. Interpretanten)« entspricht »Publikum« bzw. »Autor«.
7 Aristoteles: Poetik, S. 68.
8 Die Kunst – Ihr Wesen und ihre Gesetze. In: Holz, Arno: Werke. Hrsg. von Wilhelm Emrich und Anita Holz. Bd. V. Neuwied/Berlin 1962, S. 14, 16, 37–38: »minus x immer! Und zwar . . . schon aus dem einfachen . . . Grunde, weil das betreffende Reproduktionsmaterial, das uns Menschen zur Verfügung steht, stets unzulänglich war, stets unzulänglich ist und stets unzulänglich bleiben wird.«
9 Quintus Horatius Flaccus: De arte poetica liber. Die Dichtkunst. Lateinisch und deutsch. Übers. Horst Rüdiger. Zürich 1961, S. 33 (V. 333). Rüdigers Übersetzung: »Freudig zustimmen und nützlich zu sein sind die Ziele des Dichters«. Sie wurde für den gegebenen Zweck durch eine auf die Rezeption dieses Verses gerichtete Übertragung ersetzt.
10 Brecht, Bertolt: Gesammelte Werke in 20 Bänden. Bd. 16. Frankfurt/M. 1967, S. 687, 701; weiter: »Es ist nicht genug verlangt, wenn man vom Theater nur Erkenntnisse, aufschlußreiche Abbilder der Wirklichkeit verlangt. Unser Theater muß die *Lust* am Erkennen erregen, den *Spaß* an der Veränderung der Wirklichkeit organisieren« (S. 774).
11 Fragmente der Vorsokratiker. Hrsg. Hermann Diels. Hamburg 1957. (= Rowohlts Klassiker 10), S. 101.
12 Vgl. dazu Lausberg, Heinrich: Handbuch der literarischen Rhetorik. München 1960. – Ders.: Elemente der literarischen Rhetorik. 2. Aufl. München 1963.
13 In: Gesammelte Werke in fünf Bänden. Bd. 3. Frankfurt/M. 1952, S. 68–103; zitierte Stelle S. 87.
14 Sämtliche Werke. Bd. 3. Gütersloh 1962, S. 159.

15 Eigentliche Kunst ist für Kant »Kunst des Genies«. »Genie ist das Talent (Naturgabe), welche der Kunst die Regel gibt«. Es wird bestimmt durch »die Einbildungskraft (als produktives Erkenntnisvermögen)«. Diese »ist . . . sehr mächtig in der Schaffung gleichsam einer anderen Natur«. Das entsprechende ästhetische Erlebnis »gründet sich auf keinem Interesse«; d. h. es ist unabhängig von jeder anderen, außerästhetischen Interessenbindung bzw. Zielsetzung, sei sie nun religiös, moralisch, politisch, ökonomisch, es ist »reines uninteressiertes Wohlgefallen«. Kritik der Urteilskraft. In: Immanuel Kants Werke. Hrsg. von Ernst Cassirer. Bd. V. Berlin 1922, S. 382, 389, 273.

16 Vorlesungen über schöne Kunst und Literatur. 23. Stunde. In: August Wilhelm Schlegel. Kritische Schriften und Briefe II: Die Kunstlehre. Stuttgart 1963. (= Sprache und Literatur 5), S. 225.

17 Vgl. Müller, Günther: Über die Seinsweise von Dichtung. In: Methoden der deutschen Literaturwissenschaft. Eine Dokumentation. Hrsg. von Viktor Zmegac. Frankfurt/M. 1972. (= Fischer-Athenäum 2001).

18 Das dichterische Kunstwerk. Heidelberg 1924. (= Kultur und Sprache, 3. Band). Auf ihn bezieht sich als Schüler H. Seidler: Die Dichtung. Wesen Form Dasein, 1965.

19 Eine Methode, Literatur zu interpretieren.

20 Russischer Formalismus. Hrsg. Jurij Striedter.

21 Buch und Leser in Deutschland.

22 Wege der Literatursoziologie. Hrsg. von N. Fügen.

23 Haug: Zur Kritik der Warenästhetik. In: Kursbuch 20: Über ästhetische Fragen. Frankfurt/M. 1970, S. 140–158.

24 W. Nutz: Der Trivialroman; W. Langenbucher: Der aktuelle Unterhaltungsroman; Studien zur Trivialliteratur. Hrsg. von H. O. Burger.

25 Das Buch und der Leser, S. 17.

26 Romane am Fließband, S. 7, 23.

27 Linguistik und Poetik. In: Literaturwissenschaft und Linguistik II/1, S. 178.

28 Poetik und Linguistik. In: Literaturwissenschaft und Linguistik II/2, S. 568–586, zitierte Stellen S. 575–579.

29 S. 121/122 dieses Buches.

30 Dazu Baumgärtner, Klaus: Der methodische Stand einer linguistischen Poetik. In: Literaturwissenschaft und Linguistik II/2, S. 371–402.

31 Dazu: Mathematik und Dichtung. Hrsg. Kreuzer/Gunzenhäuser; M. Bense: Einführung in die informationstheoretische Ästhetik; sowie das gut lesbare, leicht faßliche Buch von W. Fucks: Nach allen Regeln der Kunst.

32 Marxismus und Literatur I, S. 82.

33 Dazu P. Demetz: Marx, Engels und die Dichter.

34 K. Hager: Das Neue im Leben gestalten. In: Marxismus und Literatur III, S. 308–309.

35 Lukács: ›Größe und Verfall‹ des Expressionismus. In: Marxismus und Literatur II, S. 19, 21.

36 Vgl. dazu: Materialistische Literaturtheorie I, II, III, in der Zeitschrift ›alternative‹; Gallas: Marxistische Literaturtheorie; Literaturwissenschaft und Sozialwissenschaften. (Bereits der Titel dieses Sammelwerkes enthält einen Hinweis, wenn er auf die Zusammenbildung »Literatursoziologie« verzichtet, zugunsten der Unterscheidung und nachträglichen Zusammenführung der »Literaturwissenschaft« und der »Sozialwissenschaften«, mit ihren spezifischen Methoden). Hierher gehört auch der

marxistische Strukturalist Lucien Goldmann, der die Beziehung zwischen Literatur und Gesellschaft als strukturelle Entsprechung (»Homologie«) zu fassen versucht. Vgl. dazu seine ›Soziologie des Romans‹ und die Diskussion seiner Methode in der Zeitschrift ›alternative‹: Literatursoziologie II.

37 Marx-Engels: Studienausgabe in vier Bänden. Hrsg. von Iring Fetscher. Bd. I. Frankfurt/M. 1971. (= Fischer-Bücherei 6059), S. 91–92. Vgl. auch Anm. 9–11, Kap. 2 (S. 34).

38 Vgl. dazu Anm. 9, Kap. 2 (S. 34).
Zur zitierten Stelle: Lukács: Reportage oder Gestaltung. In: Marxismus und Literatur II, S. 155. – G. Lukács: Willi Bredels Romane. In: Schriften zur Literatursoziologie, S. 313–316.

39 Adorno, Theodor W.: Voraussetzungen. In: Noten zur Literatur III. Frankfurt/M. 1966. (= Bibliothek Suhrkamp, Bd. 146), S. 144 f.

40 So verfaßte Günter Herburger 1972 ein ›Plädoyer für die Einfachheit‹ unter dem Titel ›Gedichte können Schule machen‹. Er wendet sich darin gegen das Elitäre, tritt ein für die »Verführung aller«, für den Reim: »Es müßte sich also ein Kommunismus der Sprache entwickeln, der Wichtigtuerei sprengt . . . ruhig und einfach sagt, was ist, den Überbau vermießt und das Verständnis aller genießt«. In: Süddeutsche Zeitung, 5./6. August 1972, Feuilleton. Dabei wäre allerdings an Brecht zu erinnern, der etwa 1954 auf die Frage: Was haben wir zu tun? meinte, der Stil sei »so einfach wie möglich, so verständlich wie möglich . . ., denn den Kampf für den Sozialismus kann man nicht mit einer Handvoll hochgebildeter Kunstkenner gewinnen . . .« Aber er schränkt sogleich ein: »Gewisse komplizierte Prozesse, deren Kenntnis auch nötig ist, lassen sich nicht *ganz* einfach darstellen . . . Überhaupt brauchen wir gesellschaftskritische, realistische und sozialistische Kunstwerke *verschiedener Art,* verschieden nach Verständlichkeit, verschieden nach den verschiedenen Funktionen«. In: Gesammelte Werke in 20 Bänden. Band 19. Frankfurt/M. 1967, S. 545 f.

Vorbemerkung zu den Kapitelbibliographien

Literaturangaben, die in den Anmerkungen als Kurztitel aufscheinen, werden in der Kapitelbibliographie voll zitiert. Literaturangaben, die in den Anmerkungen vollständig zitiert sind, scheinen in der Kapitelbibliographie nicht auf.

1. Gegenwartsliteratur und Literatur im überkommenen (klassisch-realistischen) Sinn

Aristoteles: Poetik. Übersetzung von Olof Gigon. Stuttgart 1964. (= Reclams Universalbibliothek 2337).
Auerbach, Erich: Mimesis. Dargestellte Wirklichkeit in der abendländischen Literatur. 3. Aufl. Bern 1964. (= Sammlung Dalp 90).
Basis. Jahrbuch für deutsche Gegenwartsliteratur. Frankfurt/M. I 1970, II 1971.
Demetz, Peter: Die süße Anarchie. Deutsche Literatur seit 1945. Berlin 1970.
Deutsche Literatur in unserer Zeit. 3. Aufl. Göttingen 1961. (= Kleine Vandenhoeck-Reihe 73/74).
Die deutsche Literatur der Gegenwart. Aspekte und Tendenzen. Hrsg. von Manfred Durzak. Stuttgart 1971.
Grenzverschiebung. Neue Tendenzen in der deutschen Literatur der 60er Jahre. Hrsg. Renate Matthaei. Köln 1970.
Handbuch der deutschen Gegenwartsliteratur. Hrsg. Hermann Kunisch. 3 Bde. 2. Aufl. München 1971.
Heißenbüttel, Helmut: Über Literatur. Olten/Freiburg 1969.
Jens, Walter: Deutsche Literatur der Gegenwart. Themen, Stile, Tendenzen. 2. Aufl. München 1966. (= Deutscher Taschenbuch Verlag 172).
Kesting, Marianne: Auf der Suche nach der Realität. Kritische Schriften zur Literatur der Moderne. München 1972.
Kunisch, Hermann: Die deutsche Gegenwartsdichtung – Kräfte und Formen. München 1969. (= Sammlung dialog 25).
Kurz, Paul K.: Über moderne Literatur. Standorte und Deutungen. 3 Bde. Frankfurt/M. 1967, 1969, 1971.
Marks, Hannah: Moderne Dichtung verstehen. München 1966. (= Wissen und Verstehen 2).
Mayer, Hans: Deutsche Literatur seit Thomas Mann. Hamburg 1967. (= rororo Taschenbuch Ausgabe 1063).
Staiger, Emil: Literatur und Öffentlichkeit. In: Der Züricher Literaturstreit. Eine Dokumentation. (= Sprache im technischen Zeitalter 22/1967), S. 90–97.
Staiger, Emil: Die Kunst in der Fremde der Gegenwart. In: Geist und Zeitgeist. Zürich 1964, S. 31–59.
Tendenzen der deutschen Literatur seit 1945. Hrsg. Thomas Koebner. Stuttgart 1971. (= Kröners Taschenausgabe 405).
Vormweg, Heinrich: Die Wörter und die Welt. Über neue Literatur. Aufsätze. Neuwied 1968.

Weber, Dietrich: Deutsche Literatur seit 1945 in Einzeldarstellungen. 2. Aufl. Stuttgart 1972. (= Kröners Taschenausgabe 382).
Wellershoff, Dieter: Literatur und Veränderung. Köln/Berlin 1969. (= pokket 1).

2. Geschichtliche, gesellschaftlich-politisch-kulturelle Voraussetzungen und Zusammenhänge

Ansichten einer zukünftigen Germanistik. Hrsg. von Jürgen Kolbe. München 1969. (= Reihe Hanser 29).
Böhme, Helmut: Prolegomena zu einer Sozial- und Wirtschaftsgeschichte Deutschlands im 19. und 20. Jahrhundert. Frankfurt/M. 1968. (= edition suhrkamp 253).
Fügen, Hans Norbert: Die Hauptrichtungen der Literatursoziologie. 5. Aufl. Bonn 1971. (= Abhandlungen zur Kunst-, Musik- und Literaturwissenschaft, Bd. 21).
Gansberg, Marie-Luise: Völker, Paul Gerhard: Methodenkritik der Germanistik. Materialistische Literaturtheorie und bürgerliche Praxis. Stuttgart 1970. (= Texte Metzler 16).
Germanistik – eine deutsche Wissenschaft. Frankfurt/M. 1967. (= edition suhrkamp 204).
Kritik in der Zeit. Dokumentation. Hrsg. Klaus Jarmatz. Halle/Saale (1969). Darin: Alfred Kurella: Der Frühling, die Schwalben und Franz Kafka, S. 532–544; Alexander Abusch: Erkennen und Gestaltung, S. 708–733.
Literaturwissenschaft und Sozialwissenschaften. Grundlagen und Modellanalysen. Stuttgart 1971.
Lukács, Georg: Schriften zur Literatursoziologie. Hrsg. Peter Ludz. Neuwied 1961. (= Soziologische Texte 9).
Marxismus und Literatur. Eine Dokumentation in drei Bänden. Hrsg. von Fritz J. Raddatz. Hamburg 1969. (= Rowohlt Paperback 80, 81, 82).
Parteilichkeit der Literatur oder Parteiliteratur? Materialien zu einer undogmatischen marxistischen Ästhetik. Hrsg. von Hans Christoph Buch. Hamburg 1972. (= rowohlt. das neue buch 15).
Wege der Literatursoziologie. Hrsg. von Hans Norbert Fügen. 2. Aufl. Neuwied/Berlin 1971. (= Soziologische Texte 46).

3. Verfahrensweisen und Techniken im Gedicht

Adorno, Theodor W.: Rede über Lyrik und Gesellschaft. In: Th. W. Adorno: Noten zur Literatur I. Frankfurt/M. 1958. S. 73–104.
Burger, Heinz Otto und Reinhold Grimm: Evokation und Montage. Drei Beiträge zum Verständnis moderner deutscher Lyrik. Göttingen 1961.
Friedrich, Hugo: Die Struktur der modernen Lyrik. Von der Mitte des 19. bis zur Mitte des 20. Jahrhunderts. Erweiterte Neuausgabe. 2. Aufl. Reinbek 1968. (= rowohlts deutsche enzyklopädie 25/26 a).
Das zeitgenössische Gedicht zwischen Autor und Leser. Hrsg. von Hilde Domin. Frankfurt/M. 1969. (= Fischer Bücherei 1060).
Heselhaus, Clemens: Deutsche Lyrik der Moderne von Nietzsche bis Yvan Goll. Die Rückkehr zur Bildlichkeit der Sprache. Düsseldorf 1961.
Knörrich, Otto: Die deutsche Lyrik der Gegenwart 1945–1970. Stuttgart 1971. (= Kröners Taschenausgabe 401). Dort auch weitere Literaturangaben.

Zur Lyrik-Diskussion. Hrsg. von Reinhold Grimm. Darmstadt 1966. (= Wege der Forschung 111).
Theorie der modernen Lyrik. Dokumente zur Poetik I. Hrsg. von Walter Höllerer. Reinbek 1965. (= rowohlts deutsche enzyklopädie 231/232/233).
Weinrich, Harald: Linguistische Bemerkungen zur modernen Lyrik. In: Akzente 15 (1968), S. 29–47.

4. Verfahrensweisen und Tendenzen im Drama

Brook, Peter: Der leere Raum. Möglichkeiten des heutigen Theaters. Aus dem Englischen von Walter Hasenclever. Vorrede von Siegfried Melchinger. Hamburg 1969.
Carl, Rolf-Peter: Dokumentarisches Theater. In: Die deutsche Literatur der Gegenwart. Hrsg. von M. Durzak. Stuttgart 1971, S. 99–127.
Dietrich, Margret: Das moderne Drama. Strömungen. Gestalten. Motive. 2. Aufl. Stuttgart 1963. (= Kröners Taschenausgabe 220).
Dietrich, Margret, und Paul Stefanek (Hrsg.): Deutsche Dramaturgie von Gryphius bis Brecht. München 1965. (= List Taschenbücher 287).
Durzak, Manfred: Dürrenmatt. Frisch. Weiss. Deutsches Drama der Gegenwart zwischen Kritik und Utopie. Stuttgart 1972.
Esslin, Martin: Das Theater des Absurden. Reinbek 1965. (= rowohlts deutsche enzyklopädie 234/235/236).
Esslin, Martin: Jenseits des Absurden. Aufsätze zum modernen Drama. Wien 1972.
Franzen, Erich: Formen des modernen Dramas. Von der Illusionsbühne zum Antitheater. 2. Aufl. München 1970.
Grimm, Reinhold, und Jost Hermand (Hrsg.): Deutsche Revolutionsdramen. Frankfurt/M. 1969.
Grimm, Reinhold (Hrsg.): Episches Theater. Köln 1966.
Heidsieck, Arnold: Das Groteske und das Absurde im modernen Drama. Stuttgart 1969. (= Sprache und Literatur 53).
Hoppe, Hans: Das Theater der Gegenstände. Neue Formen szenischer Aktion. Basel/Stuttgart 1971. (= Theater unserer Zeit 10).
Hüfner, Agnes (Hrsg.): Straßentheater. Mit Einleitung von A. Hüfner. Frankfurt/M. 1970. (= edition suhrkamp 424).
Kesting, Marianne: Das epische Theater. Zur Struktur des modernen Dramas. Stuttgart 1959. (= Urban Bücher 36).
Kesting, Marianne: Panorama des zeitgenössischen Theaters. 50 literarische Portraits. München 1962. (= Piper Paperback).
Kesting, Marianne: Das deutsche Drama seit dem Ende des Zweiten Weltkriegs. In: Die deutsche Literatur der Gegenwart. Aspekte und Tendenzen. Hrsg. von M. Durzak. Stuttgart 1971, S. 76–98.
Koebner, Thomas: Dramatik und Dramaturgie seit 1945. In: Tendenzen der deutschen Literatur seit 1945. Hrsg. von Th. Koebner. Stuttgart 1971. (= Kröners Taschenausgaben 405), S. 348–461.
Klotz, Volker: Geschlossene und offene Form im Drama. 5. Aufl. München 1970. (= Literatur als Kunst).
Melchinger, Siegfried: Drama zwischen Shaw und Brecht. Ein Leitfaden durch das zeitgenössische Schauspiel. 3. Aufl. Bremen 1959.
Melchinger, Siegfried: Theater der Gegenwart. Frankfurt/M. 1956. (= Fischer Bücherei 118).

189

Mittenzwei, Werner: Gestaltung und Gestalten im modernen Drama. Zur Technik des Figurenaufbaus in der sozialistischen und spätbürgerlichen Dramatik. Berlin/Weimar 1965.

Pörtner, Paul: Experiment Theater. Chronik und Dokumente. Zürich 1960.

Rischbieter, Henning, und Ernst Wendt: Deutsche Dramatik in West und Ost. Seit 1945. Velber b. Hannover 1965. (= Reihe Theater heute 16).

Rischbieter, Henning (Hrsg.): Friedrichs Theaterlexikon. Bearb. von K. Gröning und W. Kließ. Velber b. Hannover 1969.

Rischbieter, Henning (Hrsg.): Theater im Umbruch. Eine Dokumentation aus ›Theater heute‹. München 1970. (= dtv-report 640).

Rühle, Jürgen: Das gefesselte Theater. Vom Revolutionstheater zum sozialistischen Realismus. Köln/Berlin 1957.

Steiner, George: Der Tod der Tragödie. München 1962.

Szondi, Peter: Theorie des modernen Dramas. 4. Aufl. Frankfurt/M. 1967. (= edition suhrkamp 27).

Sinn oder Unsinn? Das Groteske im modernen Drama. Basel/Stuttgart 1962. (= Theater unserer Zeit 3).

Taëni, Rainer: Drama nach Brecht. Möglichkeiten heutiger Dramatik. Basel 1968. (= Theater unserer Zeit 9).

Theater hinter dem ›Eisernen Vorhang‹. Basel/Hamburg/Wien 1964. (= Theater in unserer Zeit 6).

Theater in unserer Zeit. Kritische Beiträge zu aktuellen Theaterfragen. Hrsg. von Reinhold Grimm, Willy Jäggi u. a. Bd. 1 ff. Basel (u. a.) 1959 ff.

Vostell, Wolf (Hrsg.): Aktionen, Happenings und Demonstrationen seit 1965. Reinbek 1970. (= Rowohlt Paperback).

Wiese, Benno von: Deutsche Dramaturgie vom Naturalismus bis zur Gegenwart. Tübingen 1970. (= Deutsche Texte 15).

Zipes, Jack: Das dokumentarische Drama. In: Tendenzen der deutschen Literatur seit 1945. Hrsg. von Th. Koebner. Stuttgart 1971. (= Kröners Taschenausgaben 405), S. 462–479.

Einige Anthologien:

Deutsches Theater der Gegenwart. 2 Bände. Hrsg. von Karlheinz Braun. Frankfurt/M. 1967.

Homo viator. Modernes christliches Theater. 2 Bände. Köln/Olten 1962 und 1963.

Spectaculum. Moderne Theaterstücke. Bd. 1 ff. Frankfurt/M. 1958 ff.

Theater heute. Die deutsche Theaterzeitschrift. 1960 ff. (Jedes Heft bringt auch ein modernes Theaterstück.)

5. Verfahrensweisen und Techniken im Erzählen

Adorno, Theodor W.: Standort des Erzählers im zeitgenössischen Roman. In: Th. W. Adorno: Noten zur Literatur I. Frankfurt/M. 1958, S. 61–72.

Baumgart, Reinhard: Aussichten des Romans oder hat Literatur Zukunft? Frankfurter Vorlesungen. Neuwied/Berlin 1968. – Auch als Taschenbuch: München 1970. (= sonderreihe dtv 89).

Bender, Hans: Programm und Prosa der jungen deutschen Schriftsteller. Mainz: Akademie der Wissenschaften. Wiesbaden 1967. (= Akademie der Wissenschaften und der Literatur Mainz. Abhandlungen der Klasse der Literatur. Jg. 1967, Nr. 1).

Hillebrand, Bruno: Theorie des Romans. II. Von Hegel bis Handke. München 1972. (= Modelle und Methoden).

Kayser, Wolfgang: Die Anfänge des modernen Romans im 18. Jahrhundert und seine heutige Krise. In: Deutsche Vierteljahrsschrift für Literaturwissenschaft und Geistesgeschichte 28 (1954), S. 417–446.

Weiss, Walter: Zur Thematisierung der Sprache in der Literatur der Gegenwart. In: Festschrift für Hans Eggers zum 65. Geburtstag. Hrsg. von Herbert Backes. Tübingen 1972. (= Beiträge zur Geschichte der deutschen Sprache und Literatur, 94. Bd., Sonderheft), S. 669–693.

Welzig, Werner: Der deutsche Roman im 20. Jahrhundert. Stuttgart 1967. (= Kröners Taschenausgabe 367).

6. Bevorzugte Gattungen I:
   Kurzgeschichte, Reportage, Protokoll

Kurzgeschichte:

Anderle, Hans Peter: Mitteldeutsche Erzähler. Eine Studie mit Proben und Porträts. Köln 1964.

Bender, Hans: Ortsbestimmung der Kurzgeschichte. In: Akzente 9 (1962), S. 205–225.

Braem, Helmut M.: Die Short Story (Einleitung). In: H. M. Braem (Hrsg.): Amerikanische Erzähler. Short Stories. Eine Anthologie. Stuttgart 1964, S. 3–49.

Brandt, Thomas O.: The Modern German ›Kurzgeschichte‹. In: Monatshefte (Wisconsin) 44 (1952), S. 79–84.

Doderer, Klaus: Die Kurzgeschichte in Deutschland. Ihre Form und ihre Entwicklung. Wiesbaden 1953. Nachdruck: Darmstadt 1969.

Doderer, Klaus: Die angelsächsische Short Story und die deutsche Kurzgeschichte. In: Die neueren Sprachen. N.F. 2 (1953), S. 417–427.

Doderer, Klaus: Die Kurzgeschichte als literarische Form. In: Wirkendes Wort 8 (1957/58), S. 90–100.

Ebing, Hans Adolf: Die deutsche Kurzgeschichte. Wurzeln und Wesen einer neuen literarischen Kunstform. Bochum 1936.

Essen, Erika: (Nachwort zu:) Moderne deutsche Kurzgeschichten. 5. Aufl. Frankfurt/M. 1963, S. 54–56.

Gillespie, Gerald: Novelle, Nouvelle, Novella, Short Novel? A Review of Terms (I). In: Neophilologus 51 (1967), S. 117–127.

Höllerer, Walter: Die kurze Form der Prosa. In: Akzente 9 (1962), S. 226–245.

Kilchenmann, Ruth J.: Die Kurzgeschichte. Formen und Entwicklung. 2. Aufl. Stuttgart 1968. (= Sprache und Literatur 37).

Kuipers, J.: Zeitlose Zeit. Die Geschichte der deutschen Kurzgeschichtenforschung. Groningen 1970.

Langgässer, Elisabeth: Das Kreuz der Kurzgeschichte. In: Süddeutsche Zeitung. 9. 12. 1949.

Lorbe, Ruth: Die deutsche Kurzgeschichte der Jahrhundertmitte. In: Der D.U. 9 (1957), H. 1, S. 36–54.

Motekat, Helmut: Gedanken zur Kurzgeschichte. In: Der D.U. 9 (1957), H. 1, S. 20–35.

Piontek, Heinz: Graphik in Prosa. Ansichten über die deutsche Kurzgeschichte. In: Merkur 13 (1959), S. 275–283.

Schnurre, Wolfdietrich: Kritik und Waffe. Zur Problematik der Kurzgeschichte. In: Deutsche Rundschau 87 (1961), S. 61–66.

Skorna, Hans Jürgen: Die deutsche Kurzgeschichte der Nachkriegszeit im Unterricht. Ratingen 1967.

Ulshöfer, Robert: Unterrichtliche Probleme bei der Arbeit mit der Kurzgeschichte. In: Der D.U. 10 (1953), H. 6, S. 5–36.

Unseld, Siegfried: ›An diesem Dienstag‹. Unvorgreifliche Gedanken über die Kurzgeschichte. In: Aspekte 2 (1955), S. 139–148.

Waidson, H. M.: The German Short Story as a literary Form. In: Modern Languages 40 (1959), S. 121–127.

Wiese, Benno von: Novelle. Stuttgart 1963. (= Sammlung Metzler M 27), S. 74–84.

Einige Anthologien von Kurzgeschichten:

Bingel, Horst (Hrsg.): Deutsche Prosa. Erzählungen seit 1945. München 1965. (= dtv sr 46).

Fehse, Willi (Hrsg.): Deutsche Erzähler der Gegenwart. Eine Anthologie. Stuttgart 1959.

Wiese, Benno von (Hrsg.): Deutschland erzählt. Von Arthur Schnitzler bis Uwe Johnson. Frankfurt/M. 1962. (= Fischer Bücherei 500).

Wolff, Lutz-W. (Hrsg.): Fahrt mit der S-Bahn. Erzähler der DDR. München 1971. (= dtv 778).

Reportage, Interview-Protokoll:

Aberle, Gerhard: Stehkneipen – Gespräche an der Theke. Frankfurt/M. 1971. (= Fischer Taschenbuch 1194).

Arnold, Heinz Ludwig: Gruppe 61. Arbeiterliteratur – Literatur der Arbeitswelt? Stuttgart 1971. (= Edition Text und Kritik).

Astel, Arnfried: Ottweiler Texte. Literatur aus einer Jugendstrafanstalt. Dokumentation (und Kommentar) von Arnfried Astel. In: Akzente 18 (1971), S. 385–423.

Gothe, Lothar und Rainer Kippe: Ausschuß. Protokolle und Berichte aus der Arbeit mit entflohenen Fürsorgezöglingen. Köln/Berlin 1970. (= pokket 18).

Ihr aber tragt das Risiko. Reportagen aus der Arbeitswelt. Hrsg. vom Werkkreis. Reinbek 1971. (= rororo 1447).

Runge, Erika (Hrsg.): Bottroper Protokolle. Vorwort von Martin Walser. Frankfurt/M. 1968. (= edition suhrkamp 271).

Tscheliesnig, Klaus (Hrsg.): Lehrlingsprotokolle. Vorwort von Günter Wallraff. Frankfurt/M. 1971. (= edition suhrkamp 511).

Wallraff, Günter: Industriereportagen. Als Arbeiter in deutschen Großbetrieben. Reinbek 1970. (= rororo sachbuch 280/6723).

Wallraff, Günter: 13 unerwünschte Reportagen. Erw. Neuaufl. Köln 1971. (= pocket 7).

7. Bevorzugte Gattungen II:
   Das Hörspiel, das Neue Hörspiel, das Fernsehspiel

Fischer, Eugen Kurt: Das Hörspiel. Form und Funktion. Stuttgart 1964. (= Kröners Taschenausgabe 337).

Frank, Armin P.: Das Hörspiel. Vergleichende Beschreibung und Analyse einer neuen Kunstform, durchgeführt an amerikanischen, deutschen, englischen und französischen Texten. Heidelberg 1963. (= Frankfurter Arbeiten aus dem Gebiet der Anglistik und der Amerika-Studien, H. 8).

Hautum, Hans L.: Symbolische Formen im Hörspiel. In: Der Deutschunterricht 18 (1966), H. 1, S. 54–67.

Jedele, Helmut: Reproduktivität und Produktivität im Rundfunk. Dissertation Mainz 1952.

Klempt, Heinrich: Günter Eich: Träume. Versuch einer Interpretation. In: Der Deutschunterricht 12 (1960), H. 6, S. 62–72.

Klose, Werner: Das Hörspiel im Unterricht. Hamburg 1962.

Klose, Werner: Das Hörspiel. Eine neue Form des Wortkunstwerkes. In: Der Deutschunterricht 10 (1958), H. 3, S. 57–71.

Klose, Werner: Die Kunst des Hörspiels. In: Muttersprache 70 (1960), S. 58–60.

Klose, Werner: Chiffren der Wirklichkeit im Hörspiel Günter Eichs. In: Der Deutschunterricht 18 (1966), H. 1, S. 68–78.

Knilli, Friedrich: Das Hörspiel. Mittel und Möglichkeiten eines totalen Schallspiels. Stuttgart 1961. (= urban bücher 58).

Müller, Gottfried: Dramaturgie des Theaters, des Hörspiels und des Films. Würzburg 1954.

McWhinnie, Donald: The Art of Radio. London 1959.

Neues Hörspiel. Essays, Analysen, Gespräche. Hrsg. von Klaus Schöning. Frankfurt/M. 1970. (= edition suhrkamp 476).

Reclams Hörspielführer. Hrsg. von Heinz Schwitzke. Stuttgart 1969.

Sanner, Rolf: Zur Struktur des literarischen Hörspiels. In: Wirkendes Wort 17 (1967), S. 173–185.

Schwitzke, Heinz: Das Hörspiel. Dramaturgie und Geschichte. Köln/Berlin 1963.

8. Die Literatur der Texte und die Problematisierung der herkömmlichen Gattungen I

9. Die Literatur der Texte und die Problematisierung der herkömmlichen Gattungen II

Arnold, Armin: Zur Linguistik des Expressionismus: Von Marinelli zu August Stramm. In: Die Literatur des Expressionismus. Sprachliche und thematische Quellen. Stuttgart 1966. (= Sprache und Literatur 35), S. 16–56.

Brinckmann, Richard: Abstrakte Lyrik im Expressionismus und die Möglichkeit symbolischer Aussage. In: Der deutsche Expressionismus. Formen und Gestalten. Göttingen 1965. (= Kleine Vandenhoeck-Reihe 208), S. 88–114.

de Saussure, Ferdinand: Grundfragen der allgemeinen Sprachwissenschaft. 2. Aufl. Berlin 1967.

Die deutsche Sprache im 20. Jahrhundert. Göttingen 1966. (= Kleine Vandenhoeck-Reihe 232–234).

Döhl, Reinhard: Konkrete Literatur. In: Die deutsche Gegenwartsliteratur. Hrsg. Manfred Durzak, S. 257–284.

Heißenbüttel, Helmut: Über Literatur. Olten/Freiburg 1966.

Helbig, Gerhard: Geschichte der neueren Sprachwissenschaft. München 1971.

Lyons, John: Einführung in die moderne Linguistik. 2. Aufl. München 1971.

Mon, Franz: Texte über Texte. Neuwied/Berlin 1970.

Schmidt, Siegfried J.: Konkrete Dichtung. Theorie und Konstitution. In: Poetica 4 (1971), H. 1, S. 13–27.

Text und Kritik, Zeitschrift für Literatur: H. 25 (1970): Konkrete Poesie, H. 30 (1971): Konkrete Poesie II.

10. Literatur und gesellschaftlich-politisches Engagement I:
Positionen

11. Literatur und gesellschaftlich-politisches Engagement II:
Verfahrensweisen

Adorno, Theodor W.: Engagement. In: Th. W. A.: Noten zur Literatur III.
Frankfurt/M. 1965, S. 109–135.
agitprop. Lyrik, Thesen, Berichte. Hamburg 1969.
Baumgart, Reinhard: Engagement. In: R. B.: Aussichten des Romans oder
hat Literatur Zukunft? Frankfurter Vorlesungen. München 1970
(= sonderreihe dtv 89), S. 101–122. Erstausgabe Neuwied und Berlin
1968.
Bormann, Alexander von: Politische Lyrik in den sechziger Jahren. Vom
Protest zur Agitation. In: Die deutsche Literatur der Gegenwart.
Aspekte und Tendenzen. Hrsg. von Manfred Durzak. Stuttgart 1971,
S. 170–191.
Böll, Heinrich: Frankfurter Vorlesungen. Köln/Berlin 1966.
Brecht, Bertolt: Kleines Organon für das Theater. In: Gesammelte Werke,
Bd. 16. Werkausgabe. Frankfurt/M. 1967, S. 661–708.
Buch, Hans Christoph: Von der möglichen Funktion der Literatur. In:
Kursbuch 20 (März 1970), S. 42–52.
Eisenreich, Herbert: Reaktionen. Essays zur Literatur. Gütersloh 1964.
Enzensberger, Hans Magnus: Poesie und Politik. In: H. M. E.: Einzelhei-
ten 2. Frankfurt/M. 1964 (= edition suhrkamp 87), S. 113–137.
Enzensberger, Hans Magnus: Gemeinplätze, die Neueste Literatur be-
treffend. In: Kursbuch 15 (November 1968), S. 187–197.
Fischer, Ernst: Zeitgeist und Literatur. Gebundenheit und Freiheit der
Kunst. Wien/Köln/Stuttgart/Zürich 1964 (= europäische perspektiven).
Frisch, Max: Öffentlichkeit als Partner. Frankfurt/M. 1967 (= edition
suhrkamp 209).
Glaser, Horst Albert: Formen des Engagements. In: Tendenzen der deut-
schen Literatur seit 1945. Hrsg. von Thomas Koebner. Stuttgart 1971
(= Kröners Taschenausgabe 405), S. 139–156.
Grass, Günter: Über das Selbstverständliche. Politische Schriften. Mün-
chen 1969.
Jarmatz, Klaus: Literaturpolitische Probleme der 2. Bitterfelder Konferenz.
In: Weimarer Beiträge 1968, 3. H., S. 453–473.
Jens, Walter: Literatur und Politik. Pfullingen 1963 (opuscula 8).
Scharang, Michael: Zur Emanzipation der Kunst. Neuwied/Berlin 1970
(= Sammlung Luchterhand 27).
Vormweg, Heinrich: Das überprüfte Engagement. In: H. V.: Die Wörter
und die Welt. Neuwied und Berlin 1968, S. 114–137.
Weiss, Peter: Rapporte 2. Frankfurt/M. 1971 (= edition suhrkamp 444).
Wellershoff, Dieter: Literatur und Veränderung. München 1971 (sonder-
reihe dtv 100).

12. Die heutigen Literaturtheorien und ihr Zugang zur Gegenwartsliteratur

alternative. Zeitschrift für Literatur und Diskussion: materialistische Literaturtheorie I, II, III; H. 67/68, 69 (1969), 78/79 (1971); Literatursoziologie
II: Lucien Goldmanns Methode zur Diskussion gestellt, H. 71 (1970).
Bense, Max: Einführung in die informationstheoretische Ästhetik. Reinbek
1969. (= rowohlts deutsche enzyklopädie 320).

Buch und Leser in Deutschland. Eine Untersuchung des DIVO-Instituts. Gütersloh 1965. (= Schriften zur Buchmarkt-Forschung 4).

Demetz, Peter: Marx, Engels und die Dichter. Ein Kapitel deutscher Literaturgeschichte. Berlin 1969. (= Ullstein-Taschenbücher 4021/22).

Escarpit, Robert: Das Buch und der Leser. Köln/Opladen 1961.

Fucks, Wilhelm: Nach allen Regeln der Kunst. Diagnose über Literatur, Musik, bildende Kunst – die Werke, ihre Autoren und Schöpfer. Stuttgart 1969.

Gallas, Helga: Materialistische Literaturtheorie. Kontroversen im Bund proletarisch-revolutionärer Schriftsteller. Neuwied/Berlin 1971. (= Sammlung Luchterhand 19).

Ingarden, Roman: Das literarische Kunstwerk. 3. Aufl. Tübingen 1965.

Jauß, Hans Robert: Literaturgeschichte als Provokation. Frankfurt/M. 1970. (= edition suhrkamp 418).

Kayser, Wolfgang: Das sprachliche Kunstwerk. 10. Aufl. Bern 1964.

Langenbucher, Wolfgang R.: Der aktuelle Unterhaltungsroman. Beiträge zur Geschichte und Theorie der massenhaft verbreiteten Literatur. Bonn 1964.

Literaturwissenschaft und Linguistik. Ergebnisse und Perspektiven. Hrsg. Jens Ihwe, 4 Teile, Frankfurt/M. 1971/72. (= Ars poetica, Texte Band 8). – Auswahl in zwei Bänden. Frankfurt/M. 1972. (= Fischer-Athenäum Taschenbücher 2015/2016).

Literaturwissenschaft und Sozialwissenschaften. Grundlagen und Modellanalysen. Stuttgart 1971.

Lukács, Georg: Schriften zur Literatursoziologie. Hrsg. von Peter Ludz. Neuwied 1961. (= Soziologische Texte 9).

Marxismus und Literatur. Eine Dokumentation in drei Bänden. Hrsg. von Fritz J. Raddatz. Reinbek 1969.

Mathematik und Dichtung. Versuche zur Frage einer exakten Literaturwissenschaft. Hrsg. von Helmut Kreuzer zusammen mit Rul Gunzhäuser. 3. Aufl. München 1969.

Nutz, Walter: Der Trivialroman, seine Formen und seine Hersteller. Ein Beitrag zur Literatursoziologie. Köln/Opladen 1962.

Russischer Formalismus. Hrsg. von Jurij Striedter. München 1971. (= Uni-Taschenbücher 40).

Seidler, Herbert: Die Dichtung. Wesen Form Dasein. 2. Aufl. Stuttgart 1965. (= Kröners Taschenausgabe 283).

Spitzer, Leo: Eine Methode, Literatur zu interpretieren. Aus dem Englischen von Gerd Wagner. 2. Aufl. München 1970.

Staiger, Emil: Die Kunst der Interpretation. 5. Aufl. Zürich/Freiburg 1967.

Staiger, Emil: Literatur und Öffentlichkeit. In: Der Züricher Literaturstreit. Eine Dokumentation. (= Sprache im technischen Zeitalter 22 (1967), S. 90–97.

Studien zur Trivialliteratur. Hrsg. von Heinz Otto Burger. Frankfurt/M. 1968.

Wege der Literatursoziologie. Hrsg. von Hans Norbert Fügen. 2. Aufl. Neuwied/Berlin 1971.

Wellek-Warren: Theorie der Literatur. Berlin (W.) 1963. (= Ullstein Buch 420/21).

Ziermann, Klaus: Romane vom Fließband. Berlin (O.) 1969.